U0152933

利他衝動

The ALTRUISTIC URGE

驅策我們幫助他人的力量

Why We're Driven to Help Others

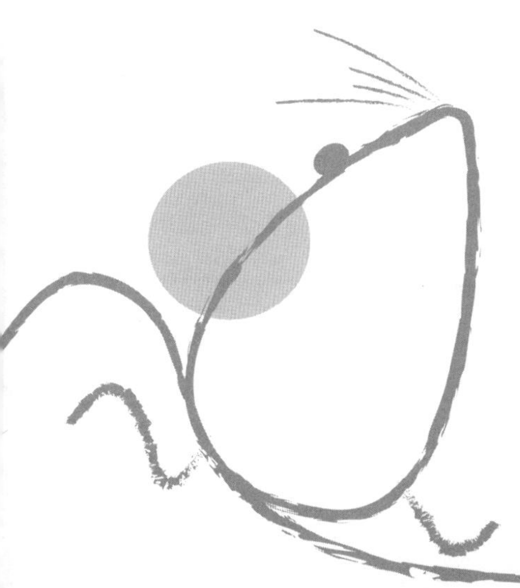

Stephanie D. Preston
史蒂芬妮・普雷斯頓——著
蔡承志——譯

感謝你，布倫特（*Brent*），和我心所愛的女孩們

目錄

序言

人們常說，最古怪的新聞都來自佛羅里達。如果你瀏覽網路上的怪誕故事，很可能會看見以下這類新聞標題：

- 佛羅里達男子偷了一輛汽車，發現車上有個嬰兒之後，他讓嬰兒平安下車，然後男子成功逃離。
- 佛羅里達男子駕駛贓車被捕，落網時他胸前竟然緊抱著一隻猴子。
- 佛羅里達男子闖入監獄與友人們消磨時光。
- 佛羅里達男子偷了蜜蜂，因為他以為那些蜜蜂是被「遺棄」的。
- 孕婦在佛羅里達州救了遭鯊魚攻擊的丈夫。
- 佛羅里達男子從鱷魚口中救出一隻小狗後，他嘴裡的雪茄竟然還沒掉。

除了炫示佛羅里達人惹人發笑、引起關注甚至鼓舞人心的滑稽行徑之外，這些真實故事還有一個共通特點：它們表現出一種演化成形的自然衝動，樂於接近和照護與我們關係密切的、我們關心的，或者類似無助嬰兒的人，這種衝動有時還會擴展到成年陌生人、寵物和野生動物身上。

這種營救本能經常出現在人類英勇行為故事中，就像佛羅里達那名孕婦，當她看到鯊魚背鰭，並且水中出現她丈夫的血跡後，「毫不猶豫地」縱身躍入水中，把他拉到安全地點；紐約市的韋斯利．奧特里（Wesley Autrey），他在一名年輕男子癲癇發作跌落地鐵軌道後，毫不遲疑地跳下救援，幫忙避開不斷逼近的列車。這樣的英勇救援行為，也見於其他物種，好比千里達的一隻狗，在屋子失火時不斷吠叫，拉扯飼主褲腿以喚醒他，救了牠人類夥伴的性命。然而這隻狗後來又跑回燃燒的房屋，結果不幸喪生，或許是為了援救寵物鸚鵡。

這些個體看起來很英勇，有時可能有點瘋狂，甚至愚蠢。一個物種怎麼會演化出損己利人的傾向，以可能危害本身生命的方式，來幫助其他個體呢？為什麼這種傾向會存在於跨物種的情況？這種衝動與同理心（也稱為「共情」）暨助人性格或深刻思考有什麼關係？而這些屬性，一般總認為與我們特有的人類付出能力相互關聯。反過來說，倘若我們這般不顧一切地受驅策去拯救他人，為什麼對世界各地其他人的苦難，又表現得視而不見呢？

我寫這本書的宗旨是為了描述一種特定形式的利他行為之本質，稱之為「利他衝動」（altruistic urge），並透過一項能闡釋其演化、心理學和神經基礎之綜合式理論來予論述，這套學理也就是「利他反應模型」（altruistic response model）。如今已經有大量篇幅著墨我們的同理心、利他行為或甚至於就廣義人類道德方面的普遍能力。而本書的不同，在於我決定不嘗試解釋廣大範疇的人類善行。就只提出一個觀點，那就是在人類的基因組中，有種特定型態的利他行為已經存在了相當悠遠的時期，並且是跨越物種的，這種利他行為強烈地影響著我們的幫助動機——甚至表現出英勇舉止。這種特定形式的利他行為——也就是「利他衝動」，尚未經過深入探討，因此值得我們投入時間和注意力，來判定那是什麼、何時發生，以及——同樣重要的是——何時不會發生。因此，本書在解釋「利他反應模型」的同時，也批駁了針對此提議的常見顧慮，例如：**我可不像隻老鼠！我不是個有關愛之心的人或慈母！我不會感受幫助的衝動！人們很可怕，所以你的理論一定是錯的！你以為這能解釋所有的利他行為嗎……它不能！我們幫助他人是由於打勝仗是必要的！**諸如此類。

將利他行為分門別類

利他行為分為多種類型，但我們並沒有為所有類別命名，因此容易造成混淆。我希望從一開始就解決這個問題，好讓讀者知道這本書是在談什麼（還有不談什麼）。問題主要不在於科學本身，而是在於貧乏的語義，我希望語義能更加明確，就像鳥類學家創建出具有明確分組和命名的鳥類物種分類一樣。我讀研究所時的教授埃莉諾·羅什（Eleanor Rosch）便曾解釋，民眾先天上都會把鳥類等事物往不同抽象層級做分類。我們多數人對「鳥」都有個共通概念，牠是種長了翅膀的小動物，我們心中所呈現的這種形象，就是我們日常遇見的所有鳥類的平均特徵。舉例來說，北美居民或許會認為典型的「鳥」就是種燕雀或鳴禽，好比麻雀或者美洲雀。鳥綱所屬其他各目的鳥兒，都與鳴禽具有共同的祖先，這讓牠們全都被歸類納入相同的脊椎動物綱；然而，比起其他鳥類，有些鳥和典型的鳥類並不是那麼相似，像是不能飛行的企鵝和鴕鳥。因此，若是你見到一隻鴕鳥走過街頭，或許會驚呼：「看！鴕鳥！」卻不是「看！一隻鳥！」這是由於儘管嚴格來講鴕鳥也是鳥，不過你也知道，那個一般稱法會讓你的朋友感到困惑。他有可能仰望林木而不是看向街頭。

比起非專業人士，鳥類專家會使用更明確的鳥名，也因此，對鳥類之物種形成不是那麼感興趣的普通人，有可能在散步時向朋友指出「漂亮的鳥」，而每天早上在廚房窗前看戶外鳥類的已婚人士，或許又會指稱「紅色鳴禽」或「藍黃金剛鸚鵡」（Charlie，「查理」指代藍黃金剛鸚鵡。相傳邱吉爾曾養過一隻這種鸚鵡，名叫查理），而賞鳥人就會興奮地相互竊竊私語，低呼林柳鶯（wood warbler）或靛藍彩鵐（indigo bunting）。提到鳥類時，你可以有不同層次來據以指稱你的意思，人們直觀地理解這一點，並根據他們的知識、聽眾和情境來改變他們對鳥類的稱呼。

利他行為的概念在許多方面也都和鳥類的情況類似。利他行為有很多不同類別。某些形式的利他行為更像你心中認定的典型類別，而另外有些形式就可能只在特定環境中觀察得到。

大多數人聽到「利他行為」這個單詞時，有可能會想像一位放棄世俗財產來扶貧濟困的聖者，或者一位從燃燒的建築物中救出陌生人的英雄；生物學家有可能會設想地松鼠的呼叫示警，或工蜂對蜂后的輔佐貢獻；經濟學家則可能斟酌一名學生在實驗室實驗中向陌生人捐贈了多少金錢。至於我，甚至會把向心情煩悶朋友提供的溫暖擁抱考量在內。即便你認可這些行為，就你個人而言，或許仍有可能不會將這些行為貼上「利他」的標籤。但與鳥類不同的是，即便是專研利他行為的學者，也沒有真正遵循一套大家都能認同，也可以在教科書上找到或在課堂上熟記的利他行為類型分類法。當科學家嘗試劃分利他行為的類型之時，他們通常會在不同物種或看來不同的行為間劃定界線。起初物種也都是這樣劃分的——將相似的鳥類放在一起。但在這一點上，生物學家們也根據來自化石和翅膀形態學的證據，來決定什麼才算鳥（即便當人們設想鳥類時，企鵝從來不曾浮現在腦海當中）。

就利他行為，這類事例是有必要發生的。我們需要根據行為的外觀或功能等事項作為證據來定義分類法，同時還得考量它們的演化以及在大腦和身體中如何媒介調節。例如，即使一隻螞蟻可以救出另一隻受困的螞蟻，就像一個人能夠解救被惡人綁在火車軌道上的受害者，然而兩者是否相同？是否依賴相同的神經生理機制？是否演化自具有相同目的的共通基因或基因組？此外，外觀看起來不同，但出現在同一物種或發展時期的事物，假使並不是以相同的方式和機制出現，或許就不應該被群集在一起。因此人們總會假設，凡是人類或大猿做得到，而猴子或狗做不到的事情，必定代表一種必須動用大型頭腦的單一新興歷程。但是，許多受讚譽的行為同樣存在於鳥類或老鼠當中，牠們的腦子確實非常小。就像你不會假設，由於翼龍、渡鴉、蝙蝠和蝴蝶都有翅膀而且會飛翔，因此牠們屬於同一類群並具有共同的祖先，相同道理，除非從生物學、心理學和神經科學等各方面來檢視證據，我們也不會假設種種利他行為形式都屬於同一類。

本書的論述重點是一種特定類型的利他行為，我的研究表明，這是援助行為分類中的一個自然類型。這個類型我稱之為**利他衝動**，指的是任何動物或人感到迫切需要接近某位急需援助的弱勢受害者的情況。這種反應衝動似乎有悠久的演化淵源——就像可以追溯至獸腳類恐龍的鳥翅。利他衝動有別於社會科學上經常描述的種種利他行為，那些形式關注的是人類有意識地思考後決定付出的獨特能力。利他衝動並不會讓我們變得特別。它實際上還讓我們變得更像其他物種。不好意思。不過倘若了解了這種具體又強大的動機，也就可以解釋看似荒謬的舉止，好比英勇行為和前面那些佛羅里達州開場事例。倘若理解這種動機，我們就能運用這些知識，來幫助迫切需要協助而非先天激發我們行動欲望的苦難民眾——甚至是地球本身。

儘管理應廣泛應用行為科學來理解利他行為，不過我也認為，關於該舉止的外觀和感覺的資訊也連帶有關。動物行為學之父尼科・廷貝亨（Niko Tinbergen）認為，生理學家拚命努力希望能顯得「科學」，卻只見樹不見林。有關這種細胞或那種神經系統束的研究急劇增加，然而就該元素內置的動物或行為相關資訊則仍很欠缺。廷貝亨期望這個問題能藉由融合動物行為學和生理學的新興領域來解決，並以基礎神經生理學來支持充實的行為描述，但我不確定他的夢想是不是實現了。

鑽研利他行為的研究人員仍努力希望顯得更「科學」（這又是個不能妥善掌握語意內涵要點的詞彙），他們藉由為適用的實驗室實驗增添大量控制條件，得出具統計顯著性的結果。他們關注的是看似難解但同時又容易控制、測量並做比較的人類舉止——而不類似我們在真實世界或遠古過往相互付出的舉止。有關人類利他行為的現有研究，多半涉及中上階層的高教育白人學生，他們毫無理由便將實驗者的一些錢財贈予另一名大學生。當關注焦點極大程度擺在金錢，期刊編輯有時就會拒絕刊載不牽涉金錢的實驗，因為經濟學家質疑，不涉及金錢的舉止，怎麼可能真有成本或者是可以衡量的。科學在這個歷程當中依然見樹不見林。研究人員無法理解，也無從設想我們相互關懷的最根本方式。他們不認為情感支持或緊緊擁抱等舉止隸屬利他行為類別，因為這些行為看來並不奇特。（倘若我們生活中的關懷舉止多不勝數，導致無法引人注意，那我們確實很幸運。）

我們必須扭轉這種偏差。事實上，大部分的援助多是以關懷照護與我們最親近的人為主，然而這並不意味著那很平庸或者沒有價值；事實上，這就讓它顯得真實又很重要。這是人類蓬勃興盛的基礎。以一種令人感覺良好並能提振精神的方式，來與他人保持情感上和身體上的親近，是相當困難也很重要的，於是有些人花了幾十年歲月來尋求治療，以設法改善處境。億萬年來，照護行為對我們祖先的生存至關重要。它們是利他行為之根源的重要組成部分——人類物種的起源。

概覽

本書的設計初衷是為了解釋利他衝動，指稱我們在特定情境下「本能地」感受的驅力，並模擬了我們祖先關照無助後裔的（迄今依然重要的）需求。我對這種利他衝動已經描述得夠多次了，但還是蒐集到一些相同的顧慮，主要出自認為利他行為必定很怪異、很特別，而且必須出自擁有一顆優秀大腦（或者一種罕見奉獻精神）的人士。因此我在本書中重點解釋了利他反應模型，同時也探討了這類常見的批評。底下是本書預覽：

- 導論部分詳盡描述了剛分娩的囓齒類動物（科學家稱之為「產後雌親」（maternal dam）如何將新生幼崽帶回安全巢穴。這種行為顯然是適應產生的，我們對這種照護行為的神經生物學已有深入認識，它與利他反應十分雷同。本書的其餘部分主張，像這樣護送後裔的行為是理解利他反應的基礎，而這種反應可以在類似的情境中發生。

- 第一章提供了利他反應模型的概述，並預覽了本書其餘部分。
- 第二章解釋為什麼我們如此高度重視的某種行為，有可能也出現於其他物種（甚至是大鼠），或許是由於腦子本身在千萬年間的演化方式，並與其他表現照護行為的哺乳類動物的腦子具共通特徵。
- 第三章解釋了利他反應模型如何適用於某特定形式的利他行為，同時不必然影響我們一般所研究的利他行為類型，比如經過深思熟慮的援助或金錢捐贈。利他衝動偶爾會涉入這其他類型，不過就那些類型而言，這並不是必要的或充分的條件。
- 第四章解釋如何可以將某事物描述為一種「衝動」或甚至是本能，而不意味著那種行為是固定的、完整呈現的、與內容脈絡無關的，或僅只適用於「原始」物種。
- 第五章簡要地總結了支持利他衝動的神經機制，以及它們與其他以獎賞為動機之行為的已知神經機制之間的重疊。
- 第六和第七章探討了受害者和觀察者的情境和特質如何影響表現利他反應的可能性，而這也某程度反映了照護本能的起源。
- 第八章描述了目前最受歡迎的有關利他行為如何演化、受到激勵以及在腦中發生的現有理論。我將利他反應模型與這些演化和神經心理學理論做了比較和對照，以驗證這個模型在其他觀點背景下的優勢。

- 結論部分重申了基本模型，描述我們知識的不足處和仍有必要進行的研究，同時也解釋了為什麼我刻意不擴展這一模型來解釋人類道德觀。

利他行為對許多人各具不同涵義。在這裡，我描述了人類物種的起源，這個物種會不加思索便受驅使去幫助最需要幫助的受害者。真是個令人印象深刻的壯舉。

致謝詞

首先要感謝我的家人，在那數年期間，當我把家庭共聚的日子和週末時光都抽出來工作，他們懷抱著愛、智慧和獨立來支持我。感謝我的爸媽，那麼多年以來，他們為我提供充滿愛與激勵的家……幫助我理解相互關照的意義和價值。我非常感謝哥倫比亞大學出版社我的編輯群埃里克·施瓦茨（Eric Schwartz）和米蘭達·馬丁（Miranda Martin）。

神經解剖部位、神經肽和神經傳導物質的縮寫

部位	首字母縮寫
前扣帶皮層（Anterior cingulate cortex）	ACC
基底外側杏仁核（Basolateral amygdala）	BLA
多巴胺（Dopamine）	DA
背外側前額葉皮質（Dorsolateral prefrontal cortex）	DLPFC
海馬迴（Hippocampus）	HPP
內側杏仁核（Medial amygdala）	MeA
內側前額葉皮質（Medial prefrontal cortex）	mPFC
下視丘內側視前區（Medial preoptic area of the hypothalamus）	MPOA
依核、依伏神經核（Nucleus accumbens）	NAcc
眶額皮質（Orbital frontal cortex）	OFC
催產素（Oxytocin）	OT
前額葉皮質（Prefrontal cortex）	PFC
室旁核（Paraventricular nucleus）	PVN
導水管周圍灰質（Periaqueductal gray）	PAG
前扣帶皮層膝下區（Subgenual region of the anterior cingulate cortex ）	sgACC
腹側蒼白球（Ventral pallidum）	VP
腹側蓋區（Ventral tegmental area）	VTA
腹內側前額葉皮質（Ventromedial prefrontal cortex）	VMPFC

導論

勤奮不懈雌親的奇特案例

在一項如今已成為經典的一九六九年研究中，任教聖費爾南多谷州立學院（San Fernando Valley State College）的生理心理學家威廉．威爾森克羅夫特（William E. Wilsoncroft）探討母親大鼠銜回牠們新生幼崽的動機。而在此之前，追溯至二十世紀早期，便已有研究表明，這些產後大鼠「雌親」極度渴望接近並碰觸牠們自己的幼崽。牠們甚至還會把屬於另一隻（無親緣關係的）雌親的新生幼崽銜回窩巢。這項研究論述道，取回幼崽的本能十分強烈，促使才剛生產的雌親願意學習複雜的迷宮，來趨近初生幼崽，牠們甚至穿越帶電的電網來接近牠們的幼鼠。新手母親實際上就是不惜接受電擊來趨近幼崽。與其他誘人獎賞相比，這種動機的相對強度獲得了驗證，就算面對飲食甚至性的誘惑，雌親更願意穿越更多電網來趨近牠們的幼崽。這項本能——科學研究稱之為「子代取回」（offspring retrieval）——在這些大鼠產子之後馬上清楚表現出來。

在這項實驗當中，威爾森克羅夫特關心的課題是要判定，大鼠雌親會不會像按壓橫桿取得食物顆粒那般壓桿來爭取趨近幼崽。那隻幼崽是實驗者沿著一條小滑道送到測試室內的，而食物顆粒則是大鼠條件化實驗中比較典型的獎賞品項。為測量雌親爭取趨近並取回幼崽的動機，威爾森克羅夫特起初在雌鼠懷孕期間便訓練牠們按壓橫桿來取得食物顆粒，好讓牠們了解這套系統如何運作。接著到了分娩隔天，雌親便逐項接受測試，第一項是六次壓桿，每次都能獲得原來的食物顆粒獎賞，隨後六次壓桿則是以每隻雌親各自的幼崽為獎賞，由實驗者沿著食物顆粒滑道送達。就如食物顆粒的情況，雌親從條件化測試室分別取得幼崽，隨後便嘴銜幼崽的「頸背」，將牠們銜回隔壁巢室，而這也正是四腿哺乳類動物的常見做法（見圖0.1）。隨後，實驗者替換掉雌親自己的幼崽，取代以另一隻雌親在相同時候產下的非親族幼崽。雌親一隻接一隻壓桿，接收一隻從滑道滑下的非親族幼崽，然後又盡責地將幼崽送回窩巢安全處所，重新開始另一個序列（壓桿、接收幼崽、帶回窩巢）。

表面看來，實驗者創造出了一種往復式幼崽輸送帶，幼崽會一再循環回到熱切的雌親那裡，而雌親也隨時準備要迎接更多。重點是要認識到，實驗進行到這裡，雌親不再為所做舉止獲得任何食物獎賞，幼崽和牠並無親緣關係，而且牠們也完全沒有義務按壓橫桿。雌親大可以在食物顆粒和牠的後裔不再出現之後靜坐休息。陌生幼崽本身就是雌親按壓橫桿得到的獎賞。

實驗持續了三個小時。雌親銜回一隻又一隻非親族幼崽，直到疲憊的實驗者判定，雌親的幼崽取回反應不會減弱才停止。如同他們在正式發表的論文中以幽默口吻指出，「唯一真

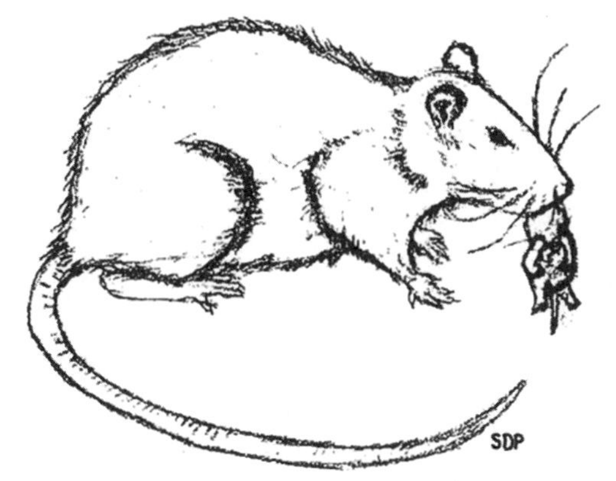

圖0.1　插圖顯示嚙齒類雌親如何嘴銜幼雛，這時牠們通常是將幼崽攜回窩巢。

引自普雷斯頓的作品：Stephanie D. Preston, "The Origins of Altruism in Off spring Care," *Psychological Bulletin* 139, no. 6 (2013): 1305– 41, https://doi.org/10.1037/a0031755 , published by APA and reprinted with permission, License Number 5085370791674 from 6/10/2021.

正的滅絕事件，顯然只發生在『實驗者』身上，他們厭倦了將幼崽從巢箱取出並擺上輸送裝置。」威爾森克羅夫特的圖表顯示，在整段一百八十分鐘實驗當中，典型雌親約每三十秒就銜回一隻幼崽（圖0.2）。更令人嘆服的是，表現最好的雌親銜回的幼崽數量，比普通雌親的成果多兩倍，總計達六百八十四隻，過程中行進了約一千兩百公尺，其中半數時間（六百公尺）還是把幼崽銜在口中拖著走。

這項簡短的報告很引人入勝，總字數說不定比我的描述還要少。文中令人難忘的地方，當然了，就是幼崽如何一次次滑下滑道，進入窩巢，接著又回頭再來的有趣影像，這就像孩子

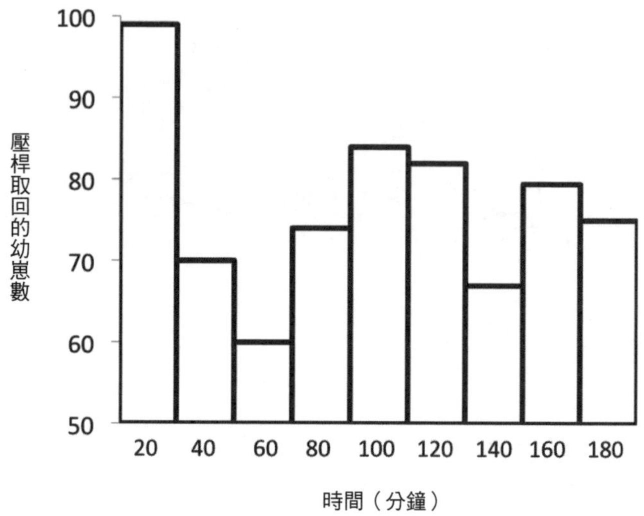

圖 0.2　這幅直方圖引自威爾森克羅夫特一九六九年的原始研究。描繪實驗期間在實驗者放棄之前，雌親銜回的幼崽數量。

引自普雷斯頓的作品：Stephanie D. Preston, "The Origins of Altruism in Offspring Care," *Psychological Bulletin* 139, no. 6 (2013): 1305–41, https://doi.org/10.1037/a0031755, published by APA and reprinted with permission, License Number 5085370791674 from 6/10/2021.

們來到水上樂園一再登上園中最好的滑梯頂端一樣。這篇文章也以比較老式的科學風格撰寫，研究者採用了對話式的生動筆調，隨興提出實驗細節，凌駕了今天所能容許的程度。不論報導最頑強雌親所表現的具體量化壯舉，或者透露因疲憊而無法繼續實驗的是實驗者，這類敘述在今天都難得見到，儘管這些特徵極大強化了我們對這種現象的理解。威爾森克羅夫特還特別說明，進行時並沒有幼崽受到傷害，這是個溫馨的附註，考慮到當時動物虐待還不是個特別引人關注的議題，也或許這本身就是我們關切新生兒福祉的跡象。這類細節以及當時研究中的其他奇特描述，好比有些雌親如何糊里糊塗試圖將自己的尾巴帶回窩巢，對於理解這種行為的生物和神經基礎至關重要。這些細節充分說明了子代取回的強烈動機狀態以及這種行為近乎固定和反射性的特質，這些是無法單從幼崽取回平均數的摘要統計中推斷出來的。總而言之，我之所以喜歡這篇老式簡短論文，是由於它讓我們深刻又難忘地感受到，雌親分娩之後致力趨近幼崽的偉大力量——即便這些幼崽並不是牠生的，即便並沒有獎賞。

我選擇這項研究作為本書的核心，不只由於它很有趣又富有教育意義，還因為它與一種備受推崇但認識有限的人類行為雷同：利他反應。本書描述了這些雷同之處並不是出於偶然或是比喻，而是反映了我們身為具有照護特性的哺乳類動物的演化歷程，激勵我們對他人的緊急需求提供援助。事實上，已經有相當多的跨物種子代照護神經生物學相關研究數據，讓我們能夠更全面地了解人類的利他行為，包括腦部和行為方面的寫照。

奇特實驗設計的好處

從實驗室類推到現實生活，威爾森克羅夫特的研究顯然就是以一種人為情境來產生出比任何野外自然狀況都更密集的幼崽取回行為。野外的大鼠雌親從未有機會在一個下午營救或銜回好幾百隻非親族幼崽。我們有可能觀察到牠在穴道中銜回牠自己的一些幼崽，或者倘若是在雌親共同生活，那就有可能銜回幾十隻。因此，這個實驗犧牲了那種行為的若干「生態效度」。然而，牠們銜回幼崽的絕對極端程度，只有在這種人為條件下才觀察得到，這也闡明了哺乳類動物如何演化出確保幼崽安全的強大動機。了解這一銜回動機的真正力量——以及它激勵雌親採取行動的獎賞功能——對於理解利他衝動至關重要，而這一點單憑在野外觀察了幾次發生在自然狀況下的幼崽取回行為，是無法推斷出來的。實際上，這套幼崽取回系統有多重屬性，這些從觀察自然行為是推導不出的，而這單獨一項頗具見地的研究，則能表達出這些屬性。

倘若你在野外觀察到一隻雌親在自然狀況下銜回牠的幼崽，你或許不會假設牠也會銜回非親族幼崽。合理的假設是，這種幼崽取回行為僅限於自己的子代，因為演化讓有益於本身共通基因之行為享有特權。然而，事實真相還更有趣也更複雜。藉由對不同物種進行系統性的嚴謹觀察和實驗，展現出相當程度的變異性，釐清了子代照護是侷限於有親緣關係的新生兒呢，抑或也能類推到非親屬個體身上。例如，若是一個物種通常不會遇到無親緣關係的新生兒，那麼該物種也就不必具備能區辨幼崽親疏的神經生物學機制，以此來判別幼崽與自己有沒有親緣關係，從而得以避免照護非親族幼崽。

因此，雌親有可能受激使在「無意間」銜回任何新生兒，就像牠們在威爾森克羅夫特實驗室裡的表現。這些意外事件通常不會對該物種產生長期危害，因為這種機會很小，甚至並不存在。相反，倘若某個物種周遭都是有親緣關係的子代，就像許多「非親扶養」（alloparental）物種那樣，牠們也照護姪甥女、姪甥兒、堂表手足和群體的其他成員，那麼廣泛提供照護，也就具有遺傳上的益處，因其共通基因以及群體所提供的互惠支持。在孤立的地下穴道裡獨自扶養一個嬰兒，與在能提供相互照護的群體中撫養你的嬰兒，似乎有很大的不同，但在這兩種情況下，都沒有生物學上的壓力，來演化出迫使你只關注有親緣關係子代的機制。

就另一種情況，羊群在同一時間產下許多無親緣關係的羔羊，這些羔羊需要護育。由於護育成本高昂，而且同時存在許多無親緣關係的羔羊，於是羊演化出了一種複雜的能力，能夠立刻辨認並照護只屬於它們自己的羔羊。因此，只有透過像威爾森克羅夫特的實驗以及跨物種比較的能力，我們才能知道，照護不見得都得仰賴親緣關係。於是，我們也能了解，就像人類的利他行為，在合宜的情況下，即便是對陌生人，也可以提供主動照護。

如果你在野外觀察到一隻雌親在自然狀況下銜回牠的幼崽，你或許也會認為，銜回是編碼納入雌性動物DNA中的行為模式。除了性別的問題之外，要判定雌性動物是否在其一生中的任何時期都會取回幼崽，或者只發生在產下幼崽之後才這樣做，都需要進行大量研究。事實上，本書後面所描述的研究業已證實，即使是未曾交配的雌鼠和雄鼠，也會照護新生幼崽，表現出撫慰、刺激和安全防護行為。這些未曾交配的雌鼠和雄鼠，並不處於「產後」狀態，因此確實需要時間來適應眼前出現這種陌生的、奇異的幼崽，以補償牠們沒有母體激素的處境。然而，一旦被激活，即使是非產後大鼠也會照護幼崽，甚至是無親緣關係的幼崽，就像人類男女都可能在他們一生當中幫助完全陌生的人一樣。

倘若你在野外觀察到一隻雌親在自然狀況下銜回牠的幼崽，或許你也不會知道，這種銜回行為是否經過演化來對幼崽的求救呼喊本身做出反應（無論這是必要的抑或是充分的因素），或者是否可以因應幼崽分離、遇險或痛苦等任何合理線索（例如，視覺、嗅覺或失去某種感知）而表現出來。雌親當然能感知情況的眾多層面，但研究顯示，幼崽的超音波痛苦呼叫聲非常凸顯而且具有驅策力，就像痛苦和疼痛呼叫聲，也會激勵我們去幫助嬰兒和其他人。

如果你在野外觀察到雌親在自然狀況下銜回牠的幼崽，你可能還會認為，儘管這種銜回行為看似固定的本能反射，實際上卻是由內建於大鼠DNA內的自動機運動程式產生的。事實上，幼崽取回行為業經證明是由一種很強烈的動機狀態所驅使，這種狀態類似於接近其他引人渴求的和有獎賞特性的需求物品（好比美味的食物或成癮藥物）的驅動力是很類似的。與子代照護之動機和獎賞事項連帶有關的腦區，和推動看似自私之驅力（例如吸毒成癮者追求更多藥物的動機）所動用的腦區是相同的。因此，大鼠雌親不只是施行一種基因編碼的本能運動程序。雌親是受了驅使、激勵才去銜回受難的和分離的幼崽，就像我們有時受驅使去拿到最後一片披薩或幫助需要援手的陌生人一樣。

總括而言，儘管威爾森克羅夫特的研究與現實有點不符，然而倘若我們只觀察了野外幼崽取回行為的自然序列過程，那麼我們就無法妥善解釋，甚至還可能嚴重誤解這種行為是如何演化，以及它是如何受腦子和身體歷程的支持。這也就是為什麼威爾森克羅夫特的研究是如此優雅的部分理由：因為它只需在實驗室中花一個下午，就能以設計出色、或許可說是有趣的實驗，來披露這麼多底層機制相關信息。

為什麼我們要關切大鼠銜回幼崽？

一般人對大鼠的神經生物學通常不太感興趣，也看不出威爾森克羅夫特研究和人類利他行為之間有什麼連結關係。不過我們勤奮不懈的雌親案例，卻是理解人類救援行為的關鍵要素。它能說明，在完全陌生的人遭逢苦難、身處險境或亟需協助之時，為什麼我們會自發救援，而且對此感覺良好，並闡明這種強迫驅力的演化和神經生物學基礎。這個勤奮不懈雌親的事例，是理解「利他衝動」的關鍵要素。

人們經常在人類和其他物種之間劃分人為界限，因為我們認為自己是「特殊」的：我們身處一種虛構的、串列的、從簡單到複雜的演化進程的終點。因此，我們認為大鼠的舉止是產生自硬連線的基因程式，採用以規則為基礎的方式施行，而我們的援助反應則被認為是映現出一種深思熟慮的理性選擇。在解釋利他行為等值得稱讚的人類行為時，這種假設尤其普遍。有時，人們會承認像大猿這樣的靈長類動物或有可能表現出諸如利他行為等基於關懷的行為的原始跡象，不過也僅只於此。畢竟，大猿看起來與我們相似，而且據說牠們與我們有深厚的遺傳關係。說不定海豚也算在內，因為牠們的大腦也高度發達。然而這些報導和紀錄片並沒有告訴你，我們與囓齒類的遺傳關係和我們與大猿的遺傳關係，只疏遠了百分之一。我們與南瓜的遺傳關係為百分之七十五。因此，這種遺傳上或審美上的重疊，並不是物種間潛在共通性的最終決定因素。人類中心的利他行為觀被嚴重低估了，就連囓齒類也相當程度擁有與人類共通的生物機制，而且這些機制很複雜、各具變異特徵，對環境脈絡能靈敏反應。

當人們聽說了大鼠有銜回幼崽的本能，或者人類具有「利他衝動」時，有可能因此產生出一種錯誤的印象，以為這種行為不明智而且僵化，也因此與我們自己出手援助的理性選擇有別。實際上，本能都被設計成具有靈活彈性，並受到各種因素的影響而出現變異，好比早期發育、個別差異、受害者身分和情境特徵等因素，這些我在本書後面篇幅會著墨描述。舉例來說，儘管實驗中的囓齒類雌親表現得非常勤奮，這卻不意味著牠們在現場出現掠食者時，仍會挺身銜回幼崽，就好比我們在商場見到迷路的學步兒時，倘若上前幫忙會讓我們看起來像是綁架犯，這時我們就不會靠過去。這一機制本身被設計成在最低程度的意識思考下運作，同時對環境脈絡仍能靈敏反應，這是由於腦子的運作方式一般也就是這樣。這個機制速度很快……而且很聰明。

當然了，人類擁有非人類動物所不具備的認知能力。[1]有時我們能夠進行卓越的理性思辨和抽象推理，創造出獨特的革新，好比高樓大廈和橋樑、比指甲小的電腦晶片，以及幫助偏遠飢民的跨國慈善機構。就另一方面，我們與其他哺乳類動物的生物遺傳大半是共通的，也因此在某些情況下會受到相同本能的影響，特別是在悠久歲月當中，對人類祖先都很重要的事項，好比確保無助新生兒的安全、生存和防護保障。

因此，深入了解子代取回行為是如何演化，還有在不同背景脈絡下，甚至在古怪的大鼠實驗情境下，它是如何在腦中和體內處理，我們能看到這些行為其實是多麼能適應，多麼複雜又富靈敏彈性。這項事實應該能緩和抗拒心態，讓我們採信人類行為與其他物種（包括囓齒類動物）之間存有共通性的觀點。事實上，就大多數社會性物種，子代照護機制的設計都允許照護非子代，同時依然確保個體不會因為過度投入照護非親族而危及本身生存或因此受害。因此，子代照護機制中存有某種「生物宿命」，並不會為我們的自由意志敲響喪鐘，也不會危害我們對靈活、敏感系統的堅持。這個系統本身包含驚人的複雜性——即便在我們的囓齒類夥伴當中也是如此——使得照護「本能」在跨物種情況下也顯得合理又能長久延續，而且當我們感到幫助的衝動時，也同樣適用於其他人類。

總結

即便是威爾森克羅夫特這項簡單、引人入勝的研究，也讓我們學到有關人類幫助本能的許多知識。這項研究只納入了五隻受了訓練能從迴轉滑道銜回幼崽的雌鼠。藉由關注這項研究的重要細節，並將其與有關子代照護和人類利他行為的新近研究結合在一起，就可以領略，這種哺乳類動物的照護機制，是如何讓我們準備好對沒有親緣關係的陌生人做出利他反應。

利他反應模型提出，我們對有援助需求的旁人所表現的利他反應，衍生自祖先保護無助子代的需求，就此人類在很大程度上是與其他照護幼崽的哺乳類動物共通的。這個理論根植於好幾百項研究所提供的資訊，但我將本書的重心擺在澄清此處提出的常見疑慮。例如，我向各位擔保，利他衝動並不意味著人們總是樂於助人。完全不是這樣。我要澄清，利他反應模型並不涵括所有人道援助，而只涉及與子代取回最近似的特定類型。我描述了就不同個體和在不同情境下利他衝動如何相異，因此那並不是永遠適用的封閉不變的反應。將一種行為稱為「本能」，並不意味著它就是種反射式的、適應性低落的，或者粗疏遲鈍的方式，而是一種先天上就將個體和情境納入考量的方式——就連大鼠也是如此。

下一章會概略敘述「利他反應模型」，說明它和其他相似的理論有什麼關係，以及為什麼現在有必要著眼探究。隨後幾章就會詳述該模型的具體涵義，以緩解一些常見疑慮，好讓讀者更充分地領略這項理論。一旦理解了「利他反應模型」，我們也就能更深入理解因應需求趕往伸援的這種非常人性化又很理性的衝動。

註釋

1 我們在科學上使用「非人類動物」一詞，因為人類本身也是動物，即便一般人多半只用「動物」來與「人類」區分。這個詞看來仍累贅且沒有必要，不過我們必須不斷提醒自己，人類是動物，與其他物種有很多共通之處。

第一章

利他反應模型

導論中那些勤奮不懈的雌親所表現的行為，描繪了人類利他反應的前身。表現照護行為的哺乳類動物很早就演化出了取回子代的需求，而這種取回和照護的反應，也可以受成年陌生個體觸動活化，我們稱之為「利他行為」。照護子代顯然是有適應性的，因為它能促進付出者和接受者的共通基因。這點毫無爭議。然而，取回無助嬰兒的本能在我們的基因、腦中和體內的內建方式，並沒有確切指明我們應該幫助誰，只規範了在某些特定情況下（例如，在扮演父母的狀態下、當面臨新生兒相關需求時）我們會感到哪些刺激具有促進作用。由於這種基因傳承，當我們處於類似嬰兒照護的情境下——當一個無助的受害者需要我們提供即時幫助時，一種利他衝動就會施加於那名陌生人或甚至另一個物種個體身上。

類似無助嬰兒的情境一般都包括一名弱勢、痛苦、無助、急需觀察者提供援助的受害者。這些具體的情況或要件，能保障我們不至於幫助可能意圖操縱我們或能夠自助的陌生人。總之，一個真正弱勢和無助的他人，通常是個嬰兒或孩子，不然就是個喪失行為能力的個體。這些規定還能防止我們在有可能自行解決或不需要立即關注的情況下，採取緊急行動或付出高昂代價來幫忙。

為了讓利他衝動轉化為實際行動（畢竟，我們並不總是秉持衝動行事），觀察者也必須知道適當的反應方式，並且要有信心行動會成功。在囓齒類動物中，子代取回行為神經迴路會防範老鼠在害怕、受脅迫或不確定的情況下銜回幼崽。相同道理，人類在不知道該怎麼辦，或者預測他們幫不了忙時——甚至可能會讓受害者或自己的處境更糟糕之時——也不會倉促行動。這種成功可能性計算，可以透過腦中的隱式動作規劃程序來實現，甚至不需要深思熟慮，即使我們的決策有時也伴隨著有意識的思考。因此，在感到衝動要趕向我們幫得上忙的受害者那邊，以及避開我們幫不了忙的受害者之間，便存在一種自然的對立關係，這就解釋了為什麼即便我們繼承了幫助的衝動，卻仍然矛盾地表現出驚人的英雄氣概和令人尷尬的冷漠。

所有這些特徵構成了利他反應模型的定義：一個無助的、弱勢的受害者，迫切需要觀察者能夠提供之援助。只有當結合在一起時，這些屬性才能將一種未必可信的人性本善概括論述，轉換為一種獲得科學支持的論點，明確闡釋人們在何時、為什麼以及如何感到必得提供協助，並準確述說了人們何時、為什麼以及如何感到受驅使必須提供幫助，以及何時我們袖手旁觀，甚至造成傷害。

表現照護行為的哺乳動物之雷同處

我們匆忙趕往迫切需要協助的弱勢對象的衝動，一般被認為可以與囓齒類動物銜回幼崽的行為相提並論。因此，科學家認為，利他衝動是直接演化自哺乳類動物對新生兒的反應傾向，就這方面，凡是擁有共同祖先的各個物種，在腦部和行為組織上都是相似的。

在我看來，嚙齒類動物的子代取回與人類英勇行為有幾點相似。兩種實際舉動都涉及相仿的運動行為，發生在相似的情況之下，並依循腦中的相仿機制。重點在於，子代取回和利他反應都動用相同的腦區：具體來說，那是下視丘的一些分區與隸屬中腦邊緣皮質系統（mesolimbocortical system）的杏仁核、依伏神經核、扣帶皮層膝下區、前額葉皮質等結構協調工作，驅使個體對苦難、無助或年幼的他人伸出援手。幫助這些受苦受難的他人，反過來又為母鼠和我們提供了就人類行為上的生理獎賞感受，而這就驅使我們希望將來再次出手伸援。

幼崽取回和利他行為都由相同的神經傳導物質和神經激素來調節反應。例如，催產素能降低趨近受害者時引發的焦慮感，並強化受害者和照護提供者之間的感情紐帶，而多巴胺則能激發人們接近受害者，並使隨後的親密接觸引發獎賞感受——而這就進一步回饋鼓舞未來的反應，就像我們觀察勤奮的雌親所見。

從演化神經科學來看，我們在本書中使用的部分神經區域或名稱標籤是否合宜仍有爭議，好比「邊緣系統」和「爬蟲腦」（reptilian brain）等概念的有效性。我會在第二章討論這些問題，但這種爭論並不影響我的核心論點。神經區會隨著時間和物種的不同而出現變化，包括在腦中的確切位置、結構形式和互連方式，不過相似之處仍足以讓研究人員鑑別出兩個物種的這些區域是「相同的」。[1]例如，一種名為多巴胺紋狀體（dopaminergic striatum）的腦部結構有可能在千萬年間追蹤獎賞並激勵生物趨向有價值的物件。這個系統的確切結構——包括多巴胺受體的位置、數量以及其形式——會隨著時間和物種的不同而有所不同，循此來因應每個物種的需求和生理環境，然而該腦區在效能上依然是相同的，而且就各不同物種它也都發揮相同的整體功能。催產素的情況也是如此，它參與分娩過程和子代照護作用已有數億年。這種激素在種種哺乳類動物中基本相同，甚至在某些魚類和鳥類中也都雷同。我們預期某一處腦區在大鼠、人類和其他物種的運作方式會有一些差異，但一般原則仍保持不變，這就利他反應模型議題而論業已充分。

釐清利他行為的類型

在囓齒類動物中，子代照護系統包括主動的和被動的照護。被動照護的定義是養育，也就是我們刻板印象中通常與女性連結的行為，或者是關懷照顧，好比撫慰、慰藉、提供溫暖和食物以及歡欣觸摸。在動物模型中，被動照護就類似由靈長類動物學家弗蘭斯·德瓦爾（Frans de Waal）和菲利波·奧雷利（Filippo Aureli）針對大猿類群描述的安慰行為，這包括打架之後朋友表現的安慰行為，靈長類動物學家將此解釋為同理心的表現。被動照護已經與人類的利他行為連結在一起，心理學、生物學、人類學和哲學領域的理論描述了早期原始人類或靈長類動物中照護者和子代之間的共通感受和同理心，如何支持了我們對同理心、同情和憐憫的總體能力——所有這些都能栽培養成人類的利他行為。

利他反應模型認同被動照護過程（例如：感受同理心和撫慰他人）可以由受害者的需求來觸動活化並激發協助行為。然而，在接受這一比較不容辯駁的事實之後，利他反應模型還進一步解釋了為什麼人們有時會提供更昂貴、更主動和更英勇的協助。這種主動幫助比基於同理心的利他行為所提供的扶持來得更迅速，並且不一定需要類似同理心這樣的中介情感狀態。就嚙齒類動物而言，取回幼崽和搭建巢穴這樣的舉止就是「主動的」幼崽照護。有關動物模型中的被動子代照護和促進人類幫助的主觀情感狀態（好比同理心和同情心）之間的關係已經有眾多著述討論，卻幾乎沒有研究將動物的主動子代照護與人類的利他反應連結起來（不過請見麥可・努曼〔麥可Michael Numan〕談合作的論述）。

我完全承認主動照護並不能代表或解釋所有形式的利他行為。動物生物學中的大多數利他行為，都產生自一種比較簡單的共通基因公式，這種公式不必然從子代照護延伸而來。有時人們還會花幾天甚至幾週的時間，下達深思熟慮的決策，自掏腰包捐錢給完全合意的慈善機構。人們還會幫助熟人，僅僅是因為他們想更深入了解他們，享受他們的陪伴，或者由於他們需要日後的互助。有時人們出手幫忙只是因為有人要求他們這樣做，或者因為他們被教導要做「正確的事情」。所有這些情況都是利他行為的形式，這些情況已經由其他研究人員做了若干詳細解釋；然而，它們並不屬於本文所描述的「利他反應」。

根據利他反應模型，只有根源自希望迅速行動來幫助無助新生兒之動機的協助行為，才能由利他反應模型來予解釋。

話雖如此，即使這本書中關於利他反應的事例，主要集中在具體的和立即的身體行動上——最像「幼崽取回」的行動——不過這個機制通常還涉及更抽象形式的利他行為。例如，如果你從電視廣告得知一位陌生人的困境，並且由於那人的脆弱和苦難處境，加上你當下就能提供協助，於是你感到不能不採取行動，那麼即使是你花了好幾個小時才決定的財務捐贈，也涉及「利他衝動」以及其他經過深思熟慮的刻意認知歷程。人們心存偏見假設認定，只有人類才能做出利他的決策，而且他們這樣做是有意為之，因為這種經過深思熟慮的明確選擇，正是我們能夠直接觀察並提出報告的唯一類型。然而，倘若受害者觸動了你並牽動你的心弦（就這樣理解吧），那麼醞釀出你初始驅力的反應迴路，依然強烈影響了結果，即便你在心中其實也考慮了其他因素。由於文獻中存在這樣的偏見，讓我們假設人類只藉由意識歷程來提供幫助，因此這本書便專注論述這種古老的幫助衝動，但也不否認經過深入研究的策略推理的或自私形式的利他行為。利他反應並不是由利他者所採取的行動類型來定義，而是取決於激發他們提供幫助的情況特徵。

本能的性質

人們之所以不喜歡像「利他反應模型」這樣的學理，其中一項原因是，他們自然而然地排斥人類擁有「本能」的這一主張。這個詞讓人想到了一種經過遺傳編碼，無法由個體、背景脈絡或情境來掌控或調節的行為。這種簡單又合乎法則的歷程，接著就被約束於只適用非人類動物，因為我們相信我們的選擇是優越的、理性思維的產物，其他物種並不具備這種能力，特別是嚙齒類動物。與其他哺乳類動物共有一種本能，並不意味著我們就和大鼠一樣，它只代表人類共享一種高度適應性和必要的驅力，來保護所珍愛的事物，而這有時就會促成利他式援助。

利他反應模型確實指稱人類具有一種適應性幫助「本能」，也就是當能夠相助時，他們就會出手照顧有需求的無助人士。這種本能甚至還被認為與我們和大鼠、小鼠以及猴子等看似無關之物種所擁有的共同祖先有連帶關係。甚至在這本書中，我也一直使用「本能」這個詞，並不刻意避開這種錯誤描述。但是為了探討這種誤解，我特別以整章篇幅來解釋，即使是哺乳類動物的「本能」也嵌植於一些表觀遺傳機制當中，從而使它們變得複雜、依賴於背景脈絡，並深受經驗影響而非僵化的簡單法則。甚至大鼠也擁有這些相當複雜的表觀遺傳機制（事實上，我們是研究了大鼠的照護行為才得知有這些機制）。因此，情況並非大鼠擁有一套愚蠢、反應不敏銳的簡單版本取回本能，而我們則擁有一套複雜而且反應敏銳的版本。大鼠和人類都擁有生物學上複雜的「本能」，這種本能在設計上對個體的生活情境相當敏感，並且在反應不合理時，是可以被推翻的。

迴避與趨近幼崽的對立狀況，讓（大鼠或人類的）成年個體在情況看來太怪異、引人嫌惡或危險之時，不再對無助新生兒做出反應。例如，面對與自己疏遠的、和自己爭奪資源的，或者遭受太嚴重看似無從紓解之苦難的人士的需求，人們往往無動於衷，即便受害者明顯需要幫助也不例外。因此，對人類利他行為理論——特別是具有反應「衝動」者——的最強烈反對意見之一，是一項不可否認的事實，那就是我們並不總是樂於助人並表現善意。事實上，這卻是利他反應模型的一個優點，因為支持子代取回之神經迴路設計，既包括一種在不確定或不安全條件下避免幫助（同時抑制趨近反應）的分支，同時也包括一個趨近分支，可以在類似子代照護的情境中產生一種運動動機的衝動來回應（例如，受害者遭受苦難、很脆弱、處於幼態狀況、無助，需要觀察者提供即時幫助）。這種利他衝動並不反映出某種忽略我們頑固的理想化現實觀；現實是，神經系統中內建了一種自然對立，解釋了我們兼具英勇表現和冷漠態度的兩相矛盾又具適應性的能力。

衝動理念也能解釋個別差異，因為人們在感知情境方式上先天互異，好比情境看起來與子代需求的相似程度有多高，或者依照預測反應是否能夠成功。有些人往往因為害怕或高估風險（例如，面對焦慮或恐懼症）而不敢行動，另有些人則經常倉促動手處理狀況（例如，處於狂躁狀態，試圖給人留下深刻印象，或具備卓越的技能和能力之時），即便情勢看來對他們不利。這些個別差異，就像衝動本身，也反映了每個人的基因和環境狀況，構成反應方式的巨大差異。

讓處境類似於子代取回狀況的屬性（例如，無助、脆弱、痛苦、迫切需要）不必然都存在，也不見得都是明顯的「全有或全無」要件。每種特徵在現實世界中都是以連續的、獨立的、相互依存的和可累加的方式存在，當一起協同作用，就會產生最強烈的反應；不過這些屬性可以相互替代，並依然能產生反應。例如，一個喪失意識躺在鐵道上的受害者，並不會痛苦尖叫，但我們仍能知道受害者很容易受害，因為我們了解，喪失意識本身就是種極度脆弱、急需援助的處境，所以我們會感受伸援的衝動。或者，一個家人在屋裡尖叫，很可能讓我們衝過房屋到另一側去援救，即使最終發現他們只是踢疼了腳趾或扭傷了踝關節，這些情況雖然不像列車迎面而來那麼緊急，卻仍會引發反應。

本能也受到你本人過去經驗的影響。例如，當你是在主題樂園聽到大聲尖叫，你的反應就會大大減弱，但如果有人在那處樂園攀爬高達六公尺的攀岩牆，你的反應則會增強。當人們在暗巷行走或是夜間在房中搜索入侵者時，一聽到大聲噪音就會受到驚嚇，但在整理櫥櫃或監督忙來忙去的幼童時並不會。這種高效能的動態神經設計，經過經驗形塑演化成形，讓我們能夠快速評估情境及其背景脈絡，在真正的緊急情況下，通常就能產生出適應性反應。

這個系統中內建了一些系統性的偏誤，這有時確實會引發問題。例如，由於我們遇上嬰兒啼哭等情況時，天生傾向會認定對方受傷，於是，當有人頭部受了創傷，卻沒有出血或啼哭等明顯受傷跡象，而只表現出奇特舉動或訴說頭疼，我們的反應就嫌不足。反過來說，對於嬰兒或未成年人模樣的個體，我們常可能表現出過度的反應。例如，廣受歡迎的廣播節目《這個美國生活》（*This American Life*）的第679集，標題為〈營救女孩〉（Save the Girl），描述了不同事件，講述人們堅決要營救一個甜美、年幼、天真的女孩，結果卻釀成混亂和傷害。第一幕記錄了一個越南成年女性的故事，她從寮國來到美國與未來丈夫見面，卻在入境時被扣留了一年多，這是由於她孩子般的外貌，使人們堅信她是需要受保護免遭性交易人口販賣的兒童。

我們的系統也包括了相互牴觸的反應傾向，這些會在原本有可能採取行動時讓我們住手，好比演化出一種傾向，讓我們避開傳染病跡象，例如令人作嘔的怪異傷害、疾病或血液，即使受害者蒙受的問題並不具傳染性（例如，手臂或腿肢嚴重骨折不可能傳染給幫助者，但我們的反感仍然可能抑止接近）。因此，演化出的本能有可能誤導我們。當人們的發育、文化和個人經驗累積過程，使得利他反應展現出成本高昂的情事，可以預期這就會導致反應不足的偏誤。這種偏誤的結果並不總是理想，但也不必然就是適應不良的，因為人類順應環境來轉移和改變行為的哺乳類動物能力，通常是利於適應的，往往還對我們有益。

舉個例子說明個人經驗會如何改變行為。我第一次沒有父母陪同，獨自前往紐約市時，遇到一個情緒激動的男子前來搭訕，他講了一段冗長的故事，說明他經歷連串不幸事件，現在急需金錢購買汽油。由於他令人信服的激動表現，我相信了他的故事，滿心同情給了他二十美元鉅款。然而我離開之後，便意識到他的故事恐怕是假的。往後我就不再這麼天真了。毫無疑問，首先，一個真正的紐約客是不會被搭訕的，但倘若發生，他或她或許不會耐心地站在那裡聽陌生人講述他的困難，而且最後也肯定不會付出這麼大一筆錢。相同道理，當我造訪羅馬時，我的羅馬朋友堅決要我在地鐵上特別注意我的背包，把它放在前方，緊靠身體。我的母親沒有聽到這段告誡，結果在羅馬地鐵月台遭扒手偷竊，頓時失去所有現金、信用卡和護照。後來我四處旅行時都更加謹慎，每次只攜帶少量現金，並把錢擺在不容易接近的地方。相反情況，我的印度朋友看到我在公共場所和陌生人交流，心中深感不安，這是由於她年輕時受教得知應該避免與乞討錢財的陌生人互動所致。儘管有這些可預測的偏誤，這有可能是我們歷經一生才學到的，但擁有利他衝動仍然可能有利於適應，因為我們的保護衝動對生存至關重要，並且對危險和情境脈絡已經能靈敏反應。

取回和利他行為的神經基礎

跨物種研究業已檢視了子代照護的生物學基礎。但我們的神經和激素相關細部資料大半出自以實驗室囓齒類動物進行的實驗，好比那群勤奮不懈的雌親。自早期以來，研究技術已取得長足進展，最初是透過行為條件化或者腦部重大損傷來定義，迄今科學家已經能夠測量基因表現，記錄單一細胞的活動，並針對清醒、活動的動物來刺激各處腦區。時至今日，這些動物照護模型的主要研究人員，已經針對這種腦部系統提出一些出色的綜述論文，也因此，為因應本書目的，我要以概括方式來描述這個系統，並強調涉及利他反應的屬性。

主動式子代取回是以一種雙重神經迴路來支持，這種迴路能同時支援子代的迴避和趨近作用，並內建於被稱為中腦邊緣皮質系統的古老腦迴路中，這套系統一般都含括杏仁核、依核、內側前額葉皮質、下視丘（特別是內側視前區），以及支持身體和生理反應的下行運動和自主神經區域（圖1.1）。簡而言之，由於存在迴避和趨近的對立神經迴路，當動物受到懷孕和分娩激素的促發影響，或者對新生兒習以為常之時，牠們就可以從迴避引人嫌惡的奇異幼崽的「預設」模式，轉換為趨近並照護牠們。對引人嫌惡的新生幼崽的迴避作用之所以被視為「預設」反應，理由在於尚未成為父母的囓齒類動物通常會避開幼崽。神經迴路的這個迴避分支包括圖1.1下半部的神經連結，從杏仁核的活化連接到腦幹中的下視丘前部（下視丘前核）和導水管周圍灰質，而這就會改變心率並支持對新生兒的恐懼所致畏縮退避。

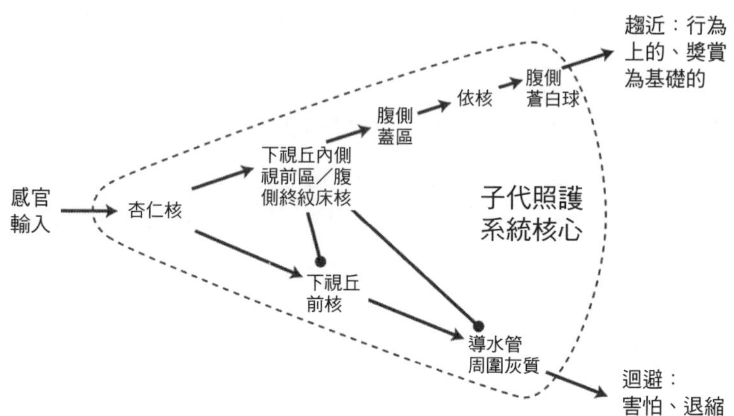

圖1.1　本圖所示為支持子代照護的神經迴路，引自囓齒類幼崽取回行為研究，統稱為子代照護系統。

引自普雷斯頓的作品：Stephanie D. Preston, "The Origins of Altruism in Offspring Care," *Psychological Bulletin* 139, no. 6 (2013): 1305–41, https://doi.org/10.1037/a0031755, published by APA and reprinted with permission, License Number 5085370791674 from 6/10/2021.

相較而言，當囓齒類雌親因為懷孕和分娩的神經激素影響而受促發，牠們就變得具有極高動機來趨近和照護幼崽，而這就抑制了迴避通路（杏仁核抑制了下視丘前核），並啟動了圖1.1上半部所呈現的趨近迴路。在趨近迴路中，杏仁核觸動活化了下視丘內側視前區和腹側終紋床核（vBST），而後者又觸動活化了多巴胺腹側紋狀體系統（dopaminergic ventral striatal system）。儘管這些區域都參與了反應，卻只有下視丘內側視前區（MPOA）經認定為取回幼崽的要項，它能抑制迴避系統並觸動活化以獎賞為本的趨近系統。這個趨近迴路的其他區域受了損傷，就會修改、改變或減弱反應，但只有對MPOA的損傷才會完全抑止反應。就有關人類這組迴路的研究來講，這種與MPOA的必要連結是很不利的，因為MPOA非常小又深植腦中，於是要對人類做這項紀錄就變得非常困難。儘管如此，仍有足夠的多方面證據表明，人類對嬰兒的啼哭聲會產生較大的下視丘反應，特別是對自己孩子的啼哭聲。

未曾交配的雌、雄性囓齒類動物尚未經過懷孕和分娩激素促發，然而只要逐漸適應幼崽一段時期，牠們也會開始照護幼崽，這點依然受到相同腦區與神經激素之改變的支持。這與人類的情況並沒有太大不同，就人類來看，缺乏照護經驗的人，包括新手父親，通常會認為嬰兒很奇異、很可怕，如果母親不在附近提供協助或接手，他們就有可能逃避責任。再者，人們通常不會覺得真正無助的新生兒像較大的嬰兒那麼有吸引力，因為大嬰兒看來不會那麼脆弱。我們在嬰兒食品罐上看到的很吸引人的嬰兒，實際上並不是新生兒，而是三到六個月大的寶寶，擁有娃娃臉的典型特徵，好比豐滿圓潤的臉頰、較大和較圓的頭部和眼睛，還有胖嘟嘟的小巧四肢和鼻子。人們甚至還認為，其他物種的新生兒也不如稍大的寶寶那麼可愛。

真正的哺乳類動物新生兒彼此相像得令人驚訝。例如，新出生的小狗和小貓彼此很相像，而且和小型囓齒類動物幼崽也相當類似，因為牠們都有光滑、小巧、皺縮而且大半光禿無毛的身體，還有閉合的雙眼。人類嬰兒還帶了具有極高吸引力的氣味，能吸引母親接近。我告訴我心懷質疑的大學生們，「新生嬰兒很可口，散發出像是甜蜜鮮桃一般的香氣……你滿心就想把他們『吃掉！』」這不僅只是種比喻，這種說法披露了氣味如何能夠激活這種子代照護系統，還有這與氣味激勵我們趨近比較可以直接攝食的獎賞（好比美味食物）的方式是如何雷同。這是由於雙方都仰賴能激勵人們趨近任何類型獎賞品項的相同神經系統。

子代取回序列為幼崽和雌親提供了多種演化和遺傳優勢。讓幼崽聚集在地下巢穴，可以減輕掠食風險，同時為牠們提供營養、溫暖和刺激，幫助牠們成長並發育出強大的壓力和免疫系統。因此，主動和被動照護結合就能提高幼崽的適應度，從而也提高雌親的適應度。雌親透過與幼崽的感情紐帶、親密接觸，以及牠們的氣味得到生理上的獎賞，[2]就很像人們可以藉由哺乳、擁抱和撫愛自己的孩子那般感到安心和平靜。因此，新生兒不是沙袋一樣任由雌親四處搬動的無自主性物件；他們具有魅力、能帶來報償，並是雌親尋求緊密結合的社交夥伴。這些報償對於激勵照護人員在後續場合中趨近照護上，扮演至關重要的角色，能教導他們趨近的好處，於是在懷孕和分娩期間的強烈激素分泌消褪之後，這種行為仍能延續下去。

綜上所述，由威爾森克羅夫特及其同事詼諧描繪的子代取回序列，並非隨機行為或有趣的小型實驗室展示。他的描述傳達一種非常刻板化又如同誇張漫畫的畫面，展現出自然、強大而且具有獎賞的本能，這對於表現照護行為的哺乳類動物在自然條件下的生存和繁衍至關重要。

重點要明白，這種「子代照護系統」並不是腦中的獨立實體，也不是只為此演化並專門致力於這個反應。每當生物體迴避嫌惡結果並趨近令人渴望和帶來獎賞的結果時，中腦邊緣皮質系統都會參與其中，這些時機包括當囓齒類動物和人類觀察食物和濫用藥物，還有引人注目的人士、令人渴望的產品、巧克力、葡萄酒、零食、金錢……當然還有寶寶。當囓齒類動物和人類獲取並積累食物或財貨之時，這處腦系統也會參與其中，因為兩類都是在危險條件下珍視和囤積的品項。這套腦系統甚至起初有可能並非演化來支持子代取回，因為對子代的長期照護，有可能是直到三疊紀晚期方才出現，至於確保食物和配偶的需求，則是始終存在的。因此，取回反應有可能是搭便車依附在一套既有的系統之上，而那套系統原本就能以快速、直觀方式來激勵能夠取得獎賞的行為。

這裡提出的同源性（homology）將囓齒類動物子代取回系統的特徵，映射到人類對嬰兒以及與他們相似之陌生人的反應上頭。當我們關心受害者或者與他們建立起感情紐帶，而且感到安全並有充分自信能做出反應之時，就會湧現反應的衝動，這得到了腦中子代取回照護迴路的支持。不過我們面對有援助需求的陌生人通常會比較遲疑，這就是文獻中著名的「旁觀者冷漠」（bystander apathy）效應。當我們營救了嬰兒或陌生人之後，心中也會感到愉悅，因為營救通常以救助者與受害者之間令人安心的親密接觸劃下尾聲。例如，當一位母親抱起她從鞦韆跌落嚎啕啼哭的孩子時，通常這會有一段讓雙方都平靜下來的親密安撫接觸。這就意味著，不論是主動或被動形式，照護先天上就是相互交織的，因為主動照護激發被動照護，接著回頭循環又促成主動照護。人類利他行為研究中有關付出的獎賞形式，一般都側重採用金錢回報、付出所激發的溫馨熱情或提升的社會地位。然而，就一個古老的神經生物學層面，趨近、支持有援助需求人士，也為我們帶來內在獎賞，並由此獲得強大的激勵。這在我們早期的演化歷史中更為重要。

能助長反應的受害者特性

由於利他反應衍生自子代取回，因此當成年陌生人的處境模擬了迫切需要幫助的無助子代的狀況，我們也就更有可能伸援。當然了，嬰兒本質是脆弱的。他們無法為自己做太多事。他們還具有「幼態」特徵，如大頭大眼、小巧的鼻子和四肢，這些都經證明具有引人注目的吸引力。嬰兒還會在不自覺間、沒有狡猾欺瞞下，清楚地傳達出痛苦和需求。這種脆弱、無助、生理幼態延續和明顯痛苦的結合，激使我們提供援助。優秀的照護人員不會等到自己準備就緒才回應哀傷苦惱的嬰兒，像是等到讀完書本精彩篇章或者多闔眼睡上幾個小時之後。必須對快速變化的需求做出頻繁、急切的回應，才算得上成功的嬰兒照護，這會令人精疲力盡，讓新手父母的生活分崩離析，卻也解釋了何時以及為什麼我們會幫助完全陌生的人。當情況看來就彷彿無助子代的處境，當受害者看來確實很無助，也合理地需要幫忙，而觀察者可以協助也預期能幫得上忙時，就會出手相助。

能助長反應的觀察者特性

伸援者同樣具有某些促進利他反應產生的特徵。已經有廣泛的研究，探討人類利他行為受同理心或利他性格「特徵」的影響程度，因此這裡我就不再關注。我們假定利社會人格特質能修飾利他衝動。成年人在關切和想要幫助陌生人的程度之間確實有很大的差異。這些個別差異根源自種種不同的因素，這種種因素在任何特定情況下便能協同預測利他反應的可能性。例如，同理心和利他行為都會受到種種影響而改變，包括童年時期同理關懷的經驗，以及一個人的世界觀、道德概念和悲痛調節能力等。然而，人格特質則被視為一個人相對穩定的屬性，也因此它們無法解釋為什麼有人在一種情況下會做出反應，在另一種情況下卻不會。例如，父母有可能對自己的孩子非常具有同理心、很冷靜又有耐心，對其他成年人則很不耐煩，這種對其他人苦難的總體感受，使用人格特質檢測一般都是測不出來的。

利他反應模型的一種關鍵屬性是，反應取決於觀察者預測反應能夠成功的程度，而這種預測是基於他們的專才和能力（例如：「我能游泳嗎？」「我的力量夠不夠把那個人拉回來？」「有時間嗎？」「我的錢夠嗎？」）以及情況能否解決的感知

（例如：「我出手援助能解決問題嗎？」「這是個長期的問題嗎？」「受害者能復原嗎？」）。與和同理心或性格特質有關的利他行為解釋相比，利他反應模型獨一無二地強調了觀察者在運動上的專長。當人們的運動系統隱含地預測，所需反應可以在期限內成功完成，並不會不當地造成傷害或危及自己，這時即便在危險情況下，他們也會趕忙出手伸援。這種計算是由運動系統迅速、輕鬆地執行，也幾乎不需要明確的推理。如果觀察者預測反應不起作用，則子代照護系統中那個很惱人但也非常有用的「迴避」分支，影響就變得強烈，結果該個體也就不會提供幫助。

我們對苦難並不見得都會反應，這似乎很不幸或令人遺憾。然而系統的這些特性，卻反映一種重要的神經系統設計，這是種適應性規劃，能防範太虛弱、太遲緩或者思緒混亂的個體倉促衝進洋流或闖入燃燒的建物。成功的內隱預測並不是專門保留給體能高超的或英勇的案例。這種預測能擴充到日常形式的利他行為，好比在繁忙市街上停步，詢問路邊彎身倚靠建築物的人需不需要幫忙。路上有援助需求的陌生人就像新生幼崽，我們不確定潛在風險，還可能高估種種狀況的可能性，好比他們具有攻擊性、患了傳染病、假裝受傷，或者遭逢我們無法應對的問題，例如急症緊急情況，或者類似思覺失調或成癮等慢性狀況。實際上，這些問題通常不像大家預測的那般棘手，但總體而言，我們對風險的感知偏差，通常是有適應性的。觀察者用來預測自己反應能否成功的內隱計算，能防範我們陷入困境，卻也釀成不採取行動的尷尬處境。

為什麼我們現在必須考慮利他反應

關於我們的幫助驅力有個一般命題，那就是它萌生自照護我們弱小子代的需求，這項主張和現有許多利他行為理論都相符，這是件好事。數十年甚至幾個世紀以來，生物學家、心理學家、哲學家和人類學家總認為，照護子代的本能歷經演化史，從我們自己的子代擴展到了具有密切關聯的以及相互依存的群體成員，而這就能為伸援者以及他們的群體帶來利益。舉例來說，許多著名的學者，從休謨（Hume）到達爾文等，都已經把人類的同理心、同情心、分享和幫助，與父母本能聯繫在一起。最近有些書籍也提倡了這項觀點，例如弗蘭斯·德瓦爾（Frans de Waal）、莎拉·赫迪（Sarah Hrdy）、阿比蓋爾·馬什（Abigail Marsh）等人的著述。因此，以子代照護為本的利社會性一般觀點並不新鮮，而且已經為大多數比較心理學家所接受。另有一點還更接近這項主張，史蒂芬妮·布朗（Stephanie Brown）描述了麥可·努曼（Michael Numan）提出的這種子代照護系統，包括趨近和迴避分支，是如何解釋了人類代價高昂的、漫長延續的幫助，好比有時戀人伴侶、父母和子女會為了照顧年幼、生病或年邁的親人，做出巨大犧牲。相同道理，努曼還寫到子代照護系統如何能擴展來解釋人類的合作。因此，另有些人也將嚙齒類動物子代照護的神經生物學基礎擴展到人類的利他行為，使得利他反應模型這一要素變得較不具爭議。那麼，這項提案究竟是如何定義的呢？

利他反應模型的獨有特色是將利他反應本身與子代取回的形式、功能和神經激素基礎串連起來。這種特異性或許看來彷彿是誤導，因為科學家一般都會採取足夠含糊的方式來避免犯錯，如此則往後出現新資料或新邏輯，他們就不會受到責難。然而，現在探索這種同源性的潛在好處，超過了放棄我的「合理否認」選項的潛在成本。

我之所以集中論述子代照護和利他反應表現的雷同之處，是基於好幾種不同的理由。雌親取回幼崽的方式，在功能上和結構上都與主動、英勇形式的利他行為非常類似，因此我們起碼必須探討它們萌生自相同機制的可能。迴避和趨近幼崽的對立性，也恰巧地反映了最受歡迎的利他行為解釋，這些解釋迄今仍未統一：旁觀者冷漠和以同理心為基礎的利他行為。這兩種現有理論都有助於我們對人類利他行為的理解，然而在文獻中，卻很少匯聚論述，有時甚至還提出對立的主張。大多數理論學家要嘛專注探究，為什麼我們在群體中對陌生人表現冷漠，否則就對比論述，當我們對重視的受害者湧現較多同理共鳴，而較少有苦難感受時，就會出手援助。有關幼崽取回與利他反應表現具有同源性的提案，能同時解釋，即便我們對受害者湧現同理心，為什麼有時候身在群體當中依然未能採取行動，還有反過來講，即便身在蒙受苦難的群體當中時，我們依然做出反應。根據利他反應模型，解釋幫助的最佳要素並不是旁觀者的數量或受苦難的程度（即便兩者都有貢獻），而是根據一種自發的、預測的、動態的、綜合的神經歷程來解釋，自發地將他人的影響與自己的專才統整成內隱的反應決策。

利他反應模型還幫助促成比心理學、神經科學或經濟學更具生態學意義的典型。這些領域通常都只針對「實驗用款」（house money）之深思熟慮捐贈決策來研究利他行為。這裡提出的同源性，還要更有生態屬性，因為它強調了明顯的運動反應，儘管這些運動反應幾乎在所有動機過程中存在，卻也往往被忽視，特別是對我們早期祖先至關重要的動機歷程。

另有一點也讓利他反應模型很重要，因為它是探討英勇舉動本身的唯一理論——最難理解的利他行為形式。英勇舉動在功能上和結構上都有別於其他大多數利他行為形式，包括呼叫示警、理毛、食物分享、贈送禮物以及人類捐贈時間或金錢。英勇舉動也發生在理論上會削弱我們行動衝動的緊張和激發狀態。此外，英勇舉動也不能以利他行為的演化理論來解釋，因為這通常是針對無關且無法回報恩情的陌生人。此外英勇舉動與以同理心為基礎的利他行為也並不一致，因為英雄幾乎總是表示，當時是不假思索就倉促行動，沒有時間沉浸在同理心或同情感受中，也無暇設想對方的感受。

有些性擇理論指出，雄性演化出英勇傾向是為了吸引伴侶，這些理論並不能解釋，為什麼在幾乎所有形式的利他行為當中，雌性數量都超過雄性，唯一例外是最偏向體力的形式，還有，為什麼我們偏向幫助年幼和弱勢的受害者。英雄們確實因為表現勇敢行為而受到讚揚和獎賞，但這些獎賞也不太可能就是我們受激勵採取行動的主因或初始原因。早在生活在大型社會群體或者從向公眾宣揚善行而獲益之前，哺乳類動物就開始照護受撫養的子代。英勇舉動也不是個「安全的選項」，因為根據定義，這是發生在通常會導致準英雄喪命或受傷的潛在危險狀況。卡內基英雄獎章（Carnegie Medals for Heroism）有四分之一是死後追授的，因為英雄在行動中殉難了（其中九成為男性）。因此，利他反應模型可以將英勇表現所獲得的社會或性獎賞納入為更大解釋寫照的一部分，但毋須假設這些驅力是促使反應衝動演化的初始原因或最強大因素。

綜合考量，英勇舉動並不能與說明同理心或利他行為的現有解釋契合，包括親屬選擇（kin selection）、互惠利他、以同理心為基礎的利他行為、性選擇，甚至一般的照護表現。英勇舉動也難以在實驗室中研究，因為它本質上罕見而且具有體力要求。相較之下，有關利他行為的心理學和經濟學研究，多半都只要求參與者（毋需任何理由）按一個按鈕來捐款給虛構的受害者或不認識的學生。因此，英勇舉動本身幾乎從未被研究過，唯一例外就是我們如何看待真實英雄者的描述性或現象學案例研究，例如：有關英勇舉動的性別差異或者第二次世界大戰中利他行為者的研究。由於英勇舉動向來都很難解釋，所以我們能得到最大收益的做法就是，擬出理論來探討主動援助（以及它如何演變跟如何在腦中和體內處理）而且要能輕鬆地與比較被動的援助形式融合，還必須能與現有的利他行為理論，像是整體適應度（inclusive fitness）、互惠性、旁觀者冷漠和基於同理心的利他行為等相互整合。由於利他反應在形式、功能和神經生物學各方面，都與囓齒類動物的幼崽取回十分相似，因此探討這些潛在相似之處能帶來很大的效益。

到現在為止，確實還沒有其他任何神經生物學解釋，能說明人們為什麼感到受驅策甘冒極高風險來幫助完全陌生的人。利他反應模型能解釋這點，還有種種更普遍、更世俗，但在日常生活中卻也很重要的援助舉動，好比為陌生人開門，幫助年長者拿雜貨，或者捐款餵養遠在另一片大陸上的飢兒。利他反應模型也預測了我們的內在偏見和冷漠，這可以用來增強援助力道，因應真實世界中需求最殷切的情況。

利他反應模型旨在透過考慮子代取回如何解釋人類英勇行為，並以能與現有理論相符的方式，來糾正我們對利他行為理解的不公允之處。其中一些想法有可能事後證明是錯的。但藉由提供具體的、可檢驗的假設，我們至少能夠推動該領域的發展，使其不再停滯於經常陷入的模糊猜測處境。如今已經有相當多的證據表明，照護是如何在不同物種中運作，而且還能與人類利他行為相提並論。基於這般豐沛的證據，就可以結合參照人們傾向發揮主動、冒險甚至英勇舉動來幫助陌生人的相關理論，來拓展關於我們共情、憐憫和體貼天性的理論。

摘要

本書提出子代照護和人類利他反應之間存有同源學理，這個模型的基礎取決於一項事實：不論是不同物種或不同情境，我們在趨近、取回並照護需要幫助的其他弱勢個體時，都存有共通的神經和行為歷程。

利他反應模型似乎相當簡單。而且它和解釋人類付出的（並將親職照護置於我們的共情和利他能力之核心的）眾多整合理論也都能一致相符。人們有時會覺得與照護連帶有關的利他行為觀點「感覺很正確」，特別是對雙親來說。然而，仍有些人會感到這項理論先天就有問題。對於將與女性親代相關的行為擴展到男性親代和非親代的身上，有可能讓人們感到不安，他們或許並不認為人類具有本能，也可能不認為人類特別友善。鑑於這些顧慮的重要性，本書的大部分內容都致力探討解答這些潛在的陷阱，以揭示——儘管存有這些顧慮，卻也正因為如此——利他衝動仍是明智的。

以下各章大致沿襲本摘要的結構，這些篇章分別驗證並提出以下論述：子代照護和人類利他行為反映了具有共同祖先是很合理的、主動和被動照護與其他利他形式之間的區別、本能的性質、支持幫助驅力的神經和激素系統、決定我們何時會採取行動的受害者和觀察者特點，以及這個模型如何與現有觀點相關，還有為何現在需要它。倘若工作進行得好，則原本就樂意相信以照護為基礎的跨物種利他行為觀點人士，就能深入認識我的框架中更具體和微妙的層面，而尚未能認同的人士，就可能會認為這是個合理的、經過實證支持的觀點。讓我們開始吧。

註釋

1 科學家使用「同源性」或「同源性的」等術語來描述兩個不同物種因有相同的祖先，導致身體結構看起來相似，卻不完全是種巧合，意味這種結構並非在兩個關係疏遠的物種中獨立生成。到下一章我們還會更詳細地談論這一點。

2 請注意，當我們將幼崽或若干巧克力稱為「獎賞」時，我們並非指稱這是對「善行」的具體獎酬，而是指與任何能激勵我們再次趨近的物件緊密關聯的增強性質，而這有可能並非在意識上體驗得到。

第二章

子代照護和跨物種利他行為的相似之處

利他反應模型的基本假設是，我們的行為反映了極其漫長——歷經數億年——的演化歷史，在這段期間，我們的哺乳類動物祖先所關注的是他們自己和子代的基本生存。因此，相較於專注探究我們「獨特」能力的人類行為模型，我關注的是人類與其他物種「共通」的事項。類似「心智理論」和站在他人視角這樣的有意識認知歷程，在人類利他行為中當然也扮演了一定的角色。然而，人們強調這些歷程，是由於它們相當容易被意識到，而不是因為它們已被證明能夠解釋更多的人類行為。我們在模擬子代照護的情況下湧現的幫助衝動還更難觀察，因為它是內建在深刻影響行為的原始神經系統中，即使我們無法見證其開展。

本章描述了當我第一次閱讀囓齒類動物子代照護相關論述時，其中關於初生幼崽取回和人類利他回應的雷同之處，是如何誘發我的興趣。導論中我們勤奮不懈的雌親如何銜回幾十隻幼崽，還有人類本身對陌生人的救援行為，在形式、功能和神經激素基礎上又是如何雷同。這些相似之處表明，我們至少應該考慮它們是不是「同源的」，意味著它們反映了共通的祖源，並且不僅僅是巧合相似，而是分別演化而來的。

同功性對比同源性

本章用多種方式解釋了，為什麼我認為子代之取回和照護，與人類幫助完全陌生的人的衝動是「同源的」。生物上的

「同源性」指稱，兩個遠緣物種可以存在相似的身體部位或歷程，起因是該兩物種擁有共同的祖先，而該祖先也具有這項特徵，並在彼此分道揚鑣之前，將那項特徵傳遞給了雙邊後續物種。我認為取回子代和利他反應就是這種情況。因為這種同源性在我的論證中佔了核心地位，在本章中我也就此做詳細解釋。

幼崽取回和人類英勇行為是有可能「看起來」很像，不過這種相似性是巧合的、方便的，或者只是詩意的。生物學家使用「同功性」或「同功的」用語來指稱，當互異物種或遺傳品系間具有兩種相仿身體部位或歷程，不過並非出自共同祖先的情況，有可能在互異物種中獨立出現，因為那是處理雙方面臨雷同問題的明智解決方案。例如，你比較鳥類和蝙蝠時就會發現，牠們都有翅膀並能飛翔。鳥類和蝙蝠都有四肢，這一事實是「同源性的」，因為這兩個物種都衍生自一種共同的祖先，這個祖先演化出了四足動物世系（並有別於其他類群，好比鯊和魚）。然而，蝙蝠前肢的實際結構與鳥類並不相同。蝙蝠的翅膀是皮膚伸展覆蓋在展開的手指和前臂骨上而成；鳥類的翅膀則是由沿著前臂軸線外展的羽毛所構成，並不涉及任何指骨。因此，即使鳥類和蝙蝠都有雙翅並能飛行，人們依然認為牠們是在各自的遺傳分支內獨立演化出這些相仿之處。這種同功性造成了奇怪的結果，例如，就遺傳而論，鳥類實際上還更類似於鱷魚，而蝙蝠則更類似於嚙齒類動物。應用到利他反應舉止，我們設想在子代取回和人類英勇行為之間存有「同源性」，並假設子代取回和英勇行為不僅「外表」看來相仿，它們還具有共同的哺乳類動物祖先。我將回顧這項假設的證據，並特別強調這相同的神經區域都涉及子代照護和人類利他行為。

取回和救援之間的表面共通性

從表面上看，我們勤奮不懈的雌親這般迅速、急切地趨近和銜回無助的幼崽並將牠們帶回巢穴，這種舉止在外觀和功能上都與人類的英勇行為十分神似。這兩種情況都包含一個脆弱、身陷苦難險境、急切需要協助並表現痛苦神色的個體，而且這種處境會被某人觀察到，受內心驅使接近並幫助受害者轉危為安。無論是幼崽取回或者是人類英勇行為，通常都在抵達安全地點後由救援者將受救援個體貼近摟抱才結束。最後的趨近接觸繼續保護受害者免受傷害，同時在生理上使雙方平靜下來，防止出現有害的激動狀況，並獎賞了施援者，進一步激勵他們在未來繼續趨近。例如，圖2.1描繪了真實生活中的一次救援場景，發生在布魯克菲爾德動物園（Brookfield Zoo），一名三歲男孩跌入圍欄，被一隻名叫賓蒂胡亞（Binti Jua）的雌性大猩猩救了起來。牠當時正在照顧自己的寶寶，見小男孩喪失意識，便把他抱起來，邊搖哄邊帶他到安全處所，保護他免受較年長雌性大猩猩的傷害。儘管這是一隻大猩猩和一個小男孩，並不是大鼠和幼崽，或者人類的母親和幼兒，但起碼在結構上和形態上，明顯與我們的相互救助和照護存有雷同之處。

圖 2.1　本圖臨摹自一段影片，記錄了動物園裡一隻雌性大猩猩抱起墜入牠圍欄的一名三歲男童，並把他帶到安全處所，保護男孩免受另一隻大猩猩傷害。

引自普雷斯頓的作品：Stephanie D. Preston, “The Origins of Altruism in Off spring Care,” *Psychological Bulletin* 139, no. 6 (2013): 1305–41, https://doi.org/10.1037/a0031755, published by APA and reprinted with permission, License Number 5085370791674 from 6/10/2021.

幼崽取回和人類英勇行為同樣被描述為更像是衝動，而不是理性的、經過深思熟慮的慎重決定。威爾森克羅夫特研究中的那些雌親表現出一種強烈的、甚至並不理性，還有些固執的驅力，來取回無助的、身陷險境的幼崽，而且這種驅力在新生幼崽極度無助時也不會減弱。這種衝動的強度指出，大鼠為了處理保障無助子代的強大壓力，因應演化出一種機制，而這與人類英雄所述，為因應（甚至與自己完全無關的、陌生的）受害者面臨的緊急狀況，心中湧現的一種「衝動」相符。

總而言之，幼崽取回和人類英勇行為具有許多外表上和功能上的共通特徵：弱勢的苦難受害者以急迫感和即時感來強化反應，促使採取實際行動趕往受害者並帶他們轉危為安，最後還以能令雙方平靜並帶來報償的親密接觸結束。

此外，哺乳類動物的社交行為也存有深刻的相似之處，這表明了我們的行為與其他物種的行為有種同源性。舉例來說，我在湯姆·因瑟爾（Tom Insel）的實驗室擔任研究助理時，研究了田鼠之單配式（一夫一妻式）感情紐帶關係的神經激素基礎，安排了動物之間的社交互動，後來還為這些互動錄影進行編碼。隨後，在亞特蘭大的耶基斯國家靈長類研究中心（Yerkes National Primate Research Center in Atlanta）隨奧雷利和德瓦爾做研究時，我負責錄製並編碼恆河猴之間的社交互動。就這兩件事例，我們可以輕鬆自發辨識出優勢者和從屬者的社會腳本，情節就像典型青少年電影那般上演。到處都有佔據優勢地位、體型更大、更有自信，也比較可能在打鬥中獲勝的「惡霸」。當惡霸接近較無優勢、體型較小、沒有那麼自信的從屬個體時，可以隨心所欲輕鬆拿走從屬者的食物或伴侶。優勢的猴子甚至會將從屬的猴子從任意地點驅趕開來，讓牠們坐到看來沒有任何特殊屬性的位置；驅趕移位本身似乎就是目的，以增強社會階層。從屬者大半時間都設法避開優勢個體，而且很快就會自願放棄爭奪事物以免挨打。把這些囓齒類動物或恆河猴的情景拿來與青少年電影的霸凌場面相提並論，或許也不完全是種擬人論，電影中的惡霸會在餐廳走近瘦弱、緊張的孩子，緊瞪著他看，直到小個子讓座並放棄自己的寶貴食物。這類社會動態不只外觀相似，也受到相仿的（好比涉及杏仁核、下視丘、睪固酮和升壓素等的）神經和神經激素歷程的促進。因此，我們知道，囓齒類動物、非人類靈長類動物和人類的社會行為大半是共通的，這證明了我們的更廣泛社交行為在神經和行為上都表現了同源性。

系出同源的哺乳類動物腦部

究其要義，這種利他反應模型根植於一種信念，那就是任憑時光推移，演化仍會保存神經結構和功能。哺乳類動物的腦子歷經數億年時光才形成。在這段過程中，現存的結構和功能侷限了後續能建造什麼還有它能如何施行，就像現存住家的營造方式侷限了未來的翻新做法。如同聰明的承包商，演化優雅而有效率地改動現有的結構，並重複利用現有的結構來解決新問題。因此，我們從哺乳類動物祖先那裡繼承的神經歷程，即便在我們無法自覺地觀察那種歷程之時，也能強烈地影響自身行為。

很難相信我們的神經和認知歷程，很大部分都與其他物種（特別是囓齒類動物）共通。畢竟，我們的腦子看起來非常不同。囓齒類動物的腦子很小很光滑——約略就像你的指尖一般大。對於隨興的觀察者來說，那些腦子和人腦很不一樣，我們的腦子相形更大、更圓、腦迴也更多（見圖2.2）。大鼠的新皮質也遠比人類的小，不過牠們仍是有新皮質的，而且它能與比較古老的（諸如杏仁核和依核等）腦區協調工作，以類似方式來促使下達決策，以避開或接近先前帶來愉悅或不快的事物。如果你還抱持懷疑態度，就請考量這項事實：我們所有的醫療藥物，好比血管張力素轉化酶抑制劑ACE inhibitor和俗稱百憂解的氟西汀（Prozac），都是在大鼠和小鼠身上開發、測試，隨後才被視為對人類很安全，而且是具有療效的。如果我們的中樞神經系統迥異，這種做法也就毫無意義了。

綿羊的腦子就外表看來和人腦十分類似，即便我們認為綿羊確實是非常愚蠢（「咩～！」）由於雙方十分相像，生物學老師便使用羊腦當教具，藉由實驗室觀察和解剖練習來教導孩子有關人腦的知識。當然了，我們在神經解剖課堂上解剖的羊腦比人腦小——更像拳頭大小，還不到小香瓜尺寸——不過結構和功能相似程度相當高，我們對分娩（包括懷孕、生產、辨識自己的子代、護理和照護）的神經激素歷程相關知識，大半

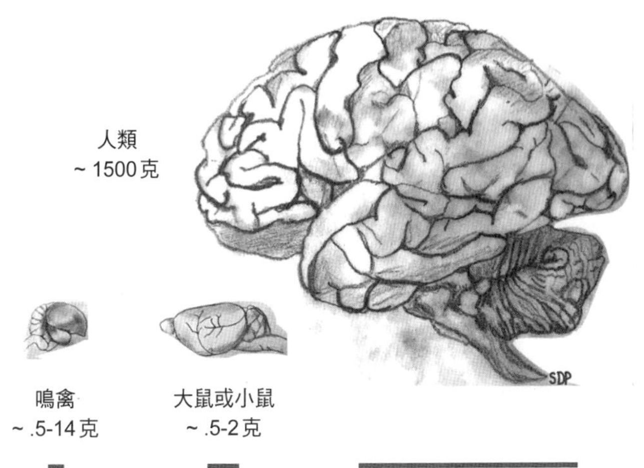

圖2.2 圖示比較了鳥類、嚙齒類和人類腦子的相對大小和複雜程度，突顯出醒目的尺寸差異，不過腦區劃分和功能則是非常相似。

繪圖：Stephanie D. Preston, CC-BY-SA-4.0.

都得自對綿羊進行的研究。倘若我們的神經系統和大鼠或綿羊的體系十分不同，那麼從牠們身上，我們也學不到任何有用的人類神經歷程知識。因此，儘管種種哺乳類動物的腦子大小或腦迴有表面上的差異，它們所包含的一般腦區基本上全都相同，也執行雷同的平行互連功能，使用相同的神經傳導物質和激素來處理相仿類型的資訊——甚至在大鼠和人類之間也是如此。

研究甚至還表明，就同理心和利他行為的背景脈絡，大鼠和我們並沒有那麼不同。就像人類，大鼠和小鼠目睹同類受苦或悲痛時，也會感到壓力和不安。如同人類的情況，受害者和觀察者之間這種同理的、情感的映射共鳴，也促使觀察者安撫並協助最初的受害者。進一步申論這種同源性，當大鼠和小鼠身處底下這種我們會伸援的相同處境，牠們也比較會幫助同類：當受害者有親緣關係、彼此相似、熟悉，或者觀察者經歷了類似的創傷，並能夠對這種苦難類型感同身受時。在一項研究當中，當單配式草原田鼠安撫熟識的、蒙受壓力的同籠友伴時，牠腦中相當於人類在共情痛苦感同身受時不斷被激活的一處腦區（前扣帶皮層），以及涉及照護的神經激素催產素，也參與其中（若籠友是陌生個體就不會），這些就與支持大鼠之幼崽取回以及人類之利他行為的歷程雷同。囓齒類和人類不僅擁有相當類似的腦部，而且對其他個體的苦難和需求，也會做出相似的反應——這點在牠們做出反應，以及沒有做出反應時，都能獲得驗證——從支持照護行為和人類利社會性的相同神經區域和神經激素就能見識得到。

不難想像，同源性的那些層面，可以依循神經激素系統的演化更往前追溯。舉例來說，就連螞蟻也會以複雜又聰明的方式來救援同類掙脫陷阱，而且手法會根據另一隻螞蟻有多相像、陷阱的類別，以及營救牠們解困的相關解決方案而改變。抱持質疑是有道理的，而且我不願意斷言這些螞蟻的救援行動和人類英勇行為是真正同源的。不過它們的外觀和功能肯定是類似的，底層機制也是共通的（也就是受困螞蟻釋出激素，路過的螞蟻察覺，導致該觀察者表現出傳染性壓力反應並實際做出反應）。螞蟻的傳染性壓力反應映照出了我們先前以人類驗證的傳染性壓力，在那項研究中，一個人遇上壓力事件（一場公開演說，內容包括難解的算術）感受壓力並釋出皮質醇（cortisol）激素，同時也誘發共情觀察者釋出皮質醇。因此，要嘛這種運用傳染性壓力來促進援助的功能，在中樞神經系統演化之前早就存在，否則就是這道問題的解決方法有嚴重侷限，導致各類群獨立產生出相似的解決方案（這是同功而非同源的）。

我相信人類的腦部系統和功能與其他哺乳類動物具有同源性，這一事實並不排除人類具備獨有特質。當我在密西根州寒冷冬日，坐在溫暖屋裡看著鳥兒和松鼠可憐兮兮地瑟縮藏身樹枝下方躲避嚴寒大雨，這時我當然會感激人類擁有這麼出色的工程和建築技能。但過度強調我們的「特殊性」，會使人們忽略重要的相似之處。保障生存的重要技能已經「燒炙」嵌入哺乳類腦中。例如，腦子十分擅長憑藉經驗來學習如何避免懲罰、尋求獎賞以及整合感知和感覺來做出適應性選擇。這種遺傳意味著我們許多行為都可以透過未經深思但依然複雜的計算來予調節，而這些計算是與其他物種共通的。因此，人們的決定受到先前情感體驗的重大影響，遠比我們願意相信的還更高，反過來講，其他物種則能夠進行比我們所理解的還更複雜的歷程。

當非人類動物因應生態需求，必須具備特殊技能時，牠們還可能凌駕人類。舉小腦為例，小腦與運動行為和運動學習有關，而海豚和虎鯨等鯨豚類動物的小腦比較大，能幫助牠們在三維空間長距離巡游（見圖2.3）。人們通常願意承認，就海生非靈長類動物而言，海豚聰明得古怪，就此他們舉一項事實來解釋，海豚就如同靈長類動物，也是社會群體生活。然而有些小型齧齒類動物，即便並沒有納入我們的「聰明」物種清單（例如：黑猩猩、倭黑猩猩、海豚和渡鴉），同樣擁有神經特化屬性，並產生出令人驚奇的行為。例如，梅式跳囊鼠（Merriam's kangaroo rat）的海馬迴尺寸大於與牠親緣關係密切的旗

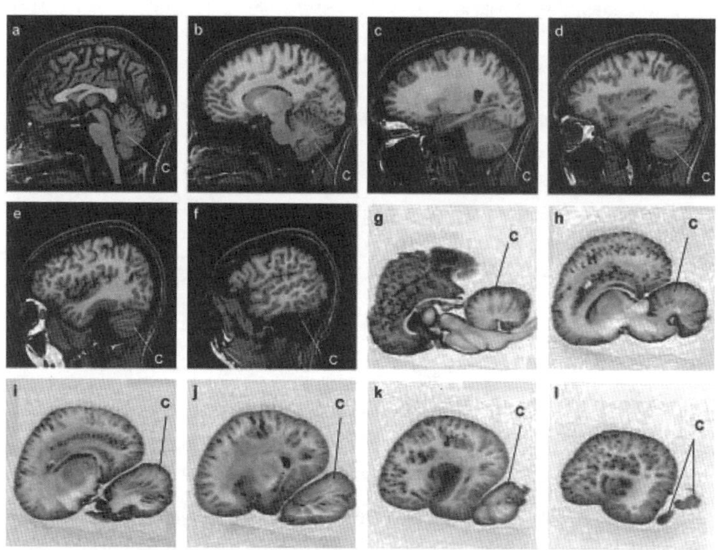

圖2.3　人類和瓶鼻海豚的小腦圖像，驗證了在三維空間游動的水生物種，支持空間導航和記憶的腦區相對尺寸有增大現象。

引自洛里．馬里諾的作品：Figure 1 in Lori Marino et al., "Relative Volume of the Cerebellum in Dolphins and Comparison with Anthropoid Primates," *Brain, Behavior and Evolution* 56, no. 4 (2000): 204–11, https://doi.org/10.1159/000047205, with permission from Karger Publishers, CC-BY-SA-4.0 License 5073741342007, 5/21/2020. The final, published version of this article is available at https://www.karger.com/?doi=10.1159/000047205.

尾跳囊鼠（banner-tailed kangaroo rat）等其他物種。體型較小的梅式跳囊鼠面對體型和力量都較強大的物種侵入窩巢掠奪時，無力保護牠貯藏的種子，只能看著自己在沙漠盆地費力尋覓、貯藏好幾個月的糧食被劫匪搶走。

為了應付這個問題，梅式跳囊鼠演化出了一種特化本領，能在沙漠各處儲藏小批種子——這些位置牠們都記在心中，遇有乾旱時期，就可以有效挖出這些「零散儲糧」。北美星鴉（Clark's nutcracker）也有相仿處境，這是種棲居寒冷高地的儲食型鳥類，那裡整個冬天積雪，很難找出如今覆蓋在雪下的種子儲備，就像在洛磯山脈的情況。到了秋季高峰儲糧季節，估計這些鳥類可以每小時儲存多達五百顆種子，距離遠達二十四公里，還能記住單一冬季多達一萬顆種子的位置，如此牠們才能熬過漫長的不生產季節。就像儲食型梅式跳囊鼠，北美星鴉也擁有較大的海馬迴（也稱為背內側皮層），其中所含神經元也相對較多，超過不儲藏糧食的鴉科鳥類（好比魯莽的西叢鴉〔California scrub jay〕）的前腦總體積和體型的比例。

哺乳類和鳥類的特化海馬迴，對於神經同源性論證至關重要，這是由於演化出哺乳類動物的演化支在三億多年前就與鳥類分道揚鑣。因此，哺乳類和鳥類腦中有種可以明確辨識的腦部結構，棲身腦中一處相對雷同的空間位置，負責調節空間學習，並在必要時專門用來幫助各物種在牠們的特有生態背景脈絡中取得食物。海馬迴是人類阿茲海默氏症的受影響腦區，會導致嚴重的記憶喪失。鳥類的海馬迴據信與哺乳類和人類的形式同源，因為它在細胞組成、排列、互連、神經化學和細胞類型等各方面都具有相似的屬性——甚至在很久以前分道揚鑣的分支類群當中也是如此。海馬迴負責儲存食物的特化功能，被認為是從不儲存食物的祖先獨立演化而來（例如，在鴉科從山雀科分化之前，牠們的共同祖先並不儲存食物），後來各科所含物種都獨立演化出了這項特化功能。這種類比與海馬迴本身主要為同源的觀點並不衝突，因為當脊椎動物有必要出現空間記憶特化功能之時，演化始終會依賴同一腦區，而不是將使命隨機分配給任意現有結構或專為此任務創造的全新腦區。就實際而言，演化是基於已經能夠執行這項使命的內側蒼白球（medial pallidum）中的細胞和功能來（一次又一次地）建構。

取回與救援之間的共通生理特徵

人類的大腦和神經系統在哺乳動物譜系演化了數億年，促使發展出某些特定行為，包括避險、求偶和覓食以及撫養後代。就大部分情況，這些都是在沒有受惠於明確的、有意識的深思熟慮情況下完成的。每當我們的技能庫中出現新的行為或能力之時，它都會重新利用現有的遺傳、神經和激素機制來實現那項目標，通常是藉由對相同基因表現方式的微小改變。因此，就像發明一座新的城堡來取代你的小屋一樣，你也可以「發明」一種解決生態新問題的新做法，不過就這兩種情況，只做細微改動一般效率都更高，效果也更好，並能妥善地解決問題。腦子和房屋都處於嚴格約束解決方案的既定條件當中。

舉例說明這種神經重複使用的狀況。子代取回體系大半仰賴中腦邊緣皮質系統，透過多巴胺、催產素、升壓素、阿片劑（opiate）等神經激素和神經傳導物質來發揮作用。中腦邊緣皮質系統不只專門調節我們取得密切關聯子代的驅力。凡是有機生物受驅使去追求某種預期會令人愉快或從經驗中獲得獎賞的情況，它都參與其中。這些獎賞範圍從新生嬰兒到酒精，還有遭濫用的藥物，甚至到人類最近才發明的漂亮昂貴包包和鞋子。在工業化西方社會中，優勢階層人士可能認為理所當然能取得像食物、水、伴侶和後代這樣的獎賞，然而這些品項是生存必須的，在自然界並不總是能夠獲得。因此，中腦邊緣皮質系統採取了快速學習和高度激勵的程序，來確保哺乳類動物能察覺、記住並追尋這些必需品。當人們下達幫助他人的決策時，即使這個決策需要一種現代和抽象形式的援助，例如金錢，這個系統也會參與作用。

子代照護的某些方面與其他激勵獎賞的更普遍要件不同。例如，子代照護有可能因為懷孕和分娩歷程而特別增強，並可能特別需要在非常明確的下視丘核團（內側視前區）中進行活動。即便如此，系統大半部分在跨物種和跨背景脈絡下仍是共通的。許多科學家都認為，中腦邊緣皮質系統參與了照護和人類的一些利社會行為，但只有利他反應模型將幼崽取回與利他反應特別聯繫起來。這種關聯對於許多讀者來說可能太過具體。但這種反應似乎確實擴展到新手媽媽照護新生兒之外的情境。

非雌親個體表現的照護舉止

闡述英勇舉止的理論似乎都有個問題，那就是動物模型中最好的應援者是產後雌親，然而人類的利他行為則是由廣泛範圍的個體表現出來——其中多數英雄都是男性。此外，尚未成為父母的學生以及較年長成年人通常也都會慷慨伸援，即便他們並不處於產前狀態。為了維持同源性，子代照護的神經激素機制必須在其他情況下發生。

就利他反應模型來說，這並不是個問題，因為就連囓齒類至關重大的幼崽取回舉止，除了剛生產的雌親之外，雄鼠和未交配雌鼠也都會執行。通常，這些非親代個體會先避開奇異的幼崽，牠們顯然散發出一種強烈且引人嫌惡的氣味。偶爾甚至還有非親代雄鼠會想要吃掉無助的幼崽。我做單配式田鼠研究時就曾親眼見過（圖2.4）。田鼠就像大鼠，也是囓齒類動物，不過牠們是模擬人類一夫一妻制的優良動物模型，因為我們可以拿單配式田鼠和非單配式田鼠物種的腦子和行為來做比對（如同我們前面也拿儲存和不儲存糧食的囓齒類和鳥類來做比較），並由此判定必須增添什麼項目。我的工作是拿未曾交配的雄性田鼠趨近非親族幼崽的行為，來與牠們和關係緊密伴侶交配過後表現的行為來做比較。單配式草原田鼠明確地改變了行為：交配之前，牠們會避開圍欄對面角落的幼崽；交配之後，牠們會趨近陌生幼崽，甚至還與牠們依偎在一起並為牠們理毛，如同我們勤奮不懈的雌親表現。偶爾會有未交配雄鼠看來彷彿就要張口吃掉幼崽，這時我還真的必須終止交配前的過程。不過交配後朝照護行為的轉變十分驚人。（在一項很有趣的後續研究中，我們拿糖果來替換幼崽，嘗試控制牠們那種幼小、褐色長條形物件的視覺特性，沒有任何雄鼠想要趨近、依偎或吃掉那些糖果，即便嚴格來講，那些糖果是唯一可以吃的選項，或許這還更清楚說明了這些糖果作為食物的特性，而不是它們和幼崽的相似性。不過我離題了。）

雄性和未交配雌性囓齒類個體，可以依循多種方式轉入親代模式，這所有方式都反映出了底層子代照護系統的迴避與趨近的對立性。倘若我們人為給予雌性牠們在懷孕、分娩期間一般會經歷的激素，則該雌性就有可能轉而表現出照護行為，進

圖2.4　圖示描繪雙親撫育的田鼠，親代彼此關係緊密並秉持與子代照護系統重疊的神經激素機制來共同撫育子代。

本圖由普雷斯頓重新繪製。Redrawing by Stephanie D. Preston under CC-BY-SA-4.0 from photograph with CC license at https://www.flickr.com/photos/30793552@N04/7523368472.

一步顯示激素在子代照護中的因果角色。即便雄性或者未交配雌性，只要有機會習慣奇異的幼崽，牠們也都可能轉變並表現出照護行為，這在一九六〇年代已經由傑．羅森布拉特（Jay Rosenblatt）率先表明（後來還重複驗證了好幾百次），也見於我們為非親代動物施用與母性照護連帶有關的激素之時。羅森布拉特只是讓這些非親代個體和無血緣關係的幼崽接觸一段較長時間。約過了一週，非產後大鼠便從迴避幼崽轉變成較不主動迴避，乃至於好奇趨近幼崽，最後竟為牠們提供一個母親會表現的養育照護。比起人類新手父母和臨時保母的情況，這種變遷並沒有太大不同，人類同樣得花時間來適應新生兒，最後才能找到立足點、建立緊密關聯，接著發展成為自信的照護提供者。大鼠的這種照護變遷更讓人印象深刻，因為大鼠並不是單配式物種，野外的雄鼠和未交配雌鼠，通常不會共同撫育嬰兒。

非囓齒類動物表現的照護舉止

到目前為止，我們都集中研究普通實驗室大鼠。儘管囓齒類和人類的動機歷程全都相仿，哺乳類的同源性在囓齒類動物之外也應該可以見到。如今確實有針對綿羊、猴子、人類甚至鳥類的研究，披露了跨物種照護舉止的相仿神經、激素和行為歷程。就連與我們在演化樹上關係疏遠的非哺乳類物種，好比烏賊、鱷魚、小丑魚和響尾蛇，已知都會藏匿、保護牠們的年幼孩子，讓子代在最脆弱的早期免受掠食殘殺，而這就與大鼠雌親的表現相同。單配式物種（好比草原田鼠、狨猿〔marmoset〕和檉柳猴〔tamarin〕）的雄性個體在成為父親並撫育子代時，也如同我們取回子代的雄性大鼠，會出現催產素、升壓素，和催乳素增加以及睪固酮減少的情況。這類改變不必歷經懷孕和分娩，只牽涉來自伴侶、嬰兒和先前育兒經驗的綜合提示。

這組機制的精確規範在不同物種之間確實有所不同，這樣才能匹配各自的生態背景脈絡。舉例來說，母羊會快速分辨出自己羔羊的獨特標誌，這樣才不會錯養了大約在同一時間誕生的其他羔羊。猴、猿和人類等靈長類動物有可能在發育較早期的年輕階段便提供照護，這是肇因於社會群體能從非親扶養（alloparental care）獲益的狀況，此外「當臨時保母」還能促發往後撫育自己子代所需過程。不過物種間差異或生殖條件的不同，並不會減損這裡提出的同源性，這是由於相同的相關神經區和神經激素也參與了這個歷程，即便個別事例的受體確切數量和位置或有改變。如同食物儲存型動物的空間記憶，已有人提出子代的非親扶養或親代扶養會在需要時獨立出現。然而，我之所以認為這些是同源的，因為它們發生在相同的神經區並牽涉相同的神經激素，這只需要對基因轉錄方式等事項做小幅改變，並不是全新的歷程。

照護是由雄性提供的

好幾位研究撫育照護的科學家都表明，人類父親在孩子誕生後，儘管並沒有經歷支持女性產後照護的懷孕、分娩或哺乳歷程，卻也會體驗相似的激素和行為改變，人類男性當了父親之後會出現孕酮增加和睪固酮減少的情況。男性可能需要多點時間來習慣，激勵他們親近嬰兒，因為他們通常並不像圍產期女性那般經歷了劇烈的激素變化，不過果真發生變化之時，這些調整都是藉由修改相同的基礎系統來實現的。

男性成為父親之後，也會像母親一樣，對嬰兒的哭鬧變得敏感，而且這種傾向還會延續下來：也就是說，一旦成為老練的父親，終身就都是老練的父親。舉例來說，當催乳素增多且睪固酮減少時，人類父親抱娃娃的時間就會比較長，而且對嬰兒哭鬧也會更表關切。在另一項相仿研究中，已經當父親的男性表現的父嬰同情心和對嬰兒伸援意願較高，超過尚未當上父親的男性，而且他們的反應隨著催乳素增多而加強，睪固酮減少而減弱（不過父親在嬰兒哭鬧時睪固酮會增多）。睪固酮含量減少有可能代表朝向養育呵護和社交傾向轉移，不過這些激素反應對環境很敏感。舉例來說，遇上必須扮演保護或競爭角色時，當父親的依然會啟動相當強度的睪固酮反應，不過必要時仍能暫時抑制睪固酮並提增雌激素以表現溫柔呵護。

當然了，就人類而言，男女有可能依循不同方式來提供幫助，男性或許會比較明顯偏向體力和保護方面，更高程度受到升壓素或睪固酮的支持，而較少仰賴催產素。舉例來說，卡內基英雄基金委員會（Carnegie Hero Fund Commission）英雄獎章男性受獎人所救援的對象較常是個陌生人，較少是他們認識的人，而救援對象也較常是非常年輕或年老的弱勢個體。男性往往體型比較魁梧、力量比較強大，速度也比較快，因此利他反應模型假定男性更有可能感知需要這類技能才能應付的緊急狀況，激活神經迴路中的趨近分支並凌駕迴避分支。有時男性會較高程度受睪固酮驅使來採取行動，睪固酮和體能、冒險以及展現個人高超本領的驅力有關。舉例來說，馬丁．戴利（Martin Daly）和瑪戈．威爾遜（Margo Wilson）的「生活史理論」（life history theory）便論稱，男性睪固酮的改變是演化來促進力量、權力和專門技能的展示，以此來吸引潛在配偶並戰勝競爭對手（而這反過來也增加了他們英年早逝的風險）。

進一步探究生活史理論，有些研究人員認為，英勇舉止的演化出現是要幫助男性受到關注、頌揚並獲遴選為更高品質的伴侶。我們的英雄確實得到大眾的廣泛關注，獲頒榮譽獎章，接受公眾儀式表揚甚至現金獎勵。舉例來說，奧特里因為救了一位癲癇發作跌落地鐵軌道的學生而出名。他接受了公眾儀式表揚，由紐約市長予以頌揚，還獲頒一萬美元獎金，並在全國各地幾乎所有報紙和各大媒體上現身。後來奧特里成為學界研究英勇義舉的指標性人物。因此，在高度要求體能的危險情境下成為英雄似乎真的會帶來獎賞，不過說起來媒體的關注並不總是令人愉快。表彰英勇舉止的這些獎賞確實是有的，不過這並不代表奧特里這樣的英雄，是為了那些獎賞才行動，或者說那些獎賞是他做出這類反應的原始演化原因。在所屬群體成員面前表現出像英勇舉止這般高貴行為，來討好他人、吸引伴侶的需求，起初或許還無足輕重，直到人類歷史的比較晚近階段，當我們開始在愈來愈大的社會群體中生活時，才變得重要；相較而言，在此之前很久，女性和她們的男性伴侶或家庭成員，都必須保護子代直到他們長大成熟。在當前背景下，看起來英勇是能帶來社交和求偶上的好處，也有助於為利他反應帶來好處，不過這些看來都不如照護的效益那麼強大或古老。另有一點與這種利他反應模型還更有關，奧特里有子女，他還說自己擅長應付狹窄空間（也就是他預測，當列車通過時，自己與那個年輕人能一起安全擠在鐵軌和列車之間那處狹窄空間），所以他很可能是一位理想的觀察者，畢竟他在工會工作時，必須擠進這種空間侷促的地方。

照護是提供給非親屬的

就連威爾森克羅夫特的雌親都願意銜回非親族幼崽，於是這種行為也明顯可以運用於我們自己的親緣子代之外。綜觀不同物種和實例，即便簡單數學都暗指，我們應該更願意幫助自己的子代和其他親屬個體，但就許多情況下，個體仍會照顧非親族。這並不見得就是適應不良，因為這種照護的延伸，會發生在沒有要迴避這種照護的沉重選擇壓力情況下，甚至這樣伸援對個體本身也有一些好處。

儘管大鼠和小鼠都能辨識親族——通常是藉由氣味和熟悉程度，這種機制還能避免近親交配——不過囓齒類動物大概也沒有迴避照護非親族的沉重選擇壓力，這讓牠們也能對非親族幼崽做出相仿的反應。囓齒類是「隱蔽物種」，住在地下穴室，不大可能與所屬社會群體之外的非親族新生兒接觸。因此，或許囓齒類動物只是在不大可能出現的反常人為環境下，好比威爾森克羅夫特的實驗中，才表現出這種行為。雖然這個機制並不防止照護非親屬，卻也不代表利他反應是適應不良的，由於這些奇特的狀況在自然界很少出現，遭利用的現象也就難得發生。

有些生活在合作、社會或甚至「真社會性」群體（好比螞蟻）的物種會為其他個體提供照護，納入為牠們社會結構的一環。這種社會結構被假定為對整個群體有利，因為群體可以共享不可預測的食物供應，或以數量安全優勢來抵禦掠食者。舉例來說，當土撥鼠見到危險掠食動物時，牠們會發出警戒呼叫來警告群體其他成員，發訊通知其他個體撤回地穴以保平安。倘若牠們的群體較小，也就只能有較少個體來發現掠食動物，結果牠們就會有較多個體遇害。倘若群體的相互關聯性較低，冒險讓自己曝光來營救牠們的效益就會降低。猴類也會發出警戒呼叫來警告群體成員注意危險。疏林草原的猴類甚至還會發出不同的叫聲，代表不同掠食種類，這樣群體成員就能知道，好比，如果是鷹就抬頭看並低伏躲進草叢，如果是蛇就盯視地面並動身跑開。當個體得依靠其他成員的行動生存時，該機制對於其反應的要求就不會那麼嚴格，即便那個物種在技術上能識別自己的子代並與之建立連結。

社會性靈長類動物有可能比威爾森克羅夫特的囓齒類動物更能自發表現照護行為，因為牠們甚至在進入親代狀態（這會涉及激素和腦部的大幅改變）之前，就已經提供照護。舉例來說，猴類照護是由年輕個體、非親族未交配雌性來提供，此外雄性偶爾也會提供。儘管如此，母體激素依然很重要，會激發並強化雌性對嬰兒的興趣、撫育、保護和處置。舉例來說，豬尾獼猴甚至在沒有當父母的時候也會照顧嬰兒，不過浸浴在親職激素中的懷孕母猴，對嬰兒還會表現出更高的興趣，並提供更多照護，甚至在分娩之前、增添了雌激素的情況也是如此。猿類也會幫忙，並表現出類似本能取回的舉止，好比自發幫助實驗者撿拾掉落的物品。就物種等級和與人類的相似程度上，舊世界葉猴都被認定不如大猿類，其雌性個體在生命各階段都表現出對新生兒的濃烈興趣，好比牠們會回應嬰兒呼叫，還會試著抱起並帶著牠們行動。

人類也是群體生活的社會性物種，提供照護的範圍遠超出家庭單元。人們撫養無親緣關係的寄養兒和收養兒，養大從來不曾親自懷胎或生下的孩子，甚至他們也不認識那個孩子的親生父母。儘管如此，養父母仍會與他們的孩子建立起深厚的親子關係，並終身照護他們。所以人類也為親屬和非親屬個體提供照護。許多社會性動物就算不是剛當母親也都會提供照護，而且就其他物種以及在不同繁殖條件和年齡情況下，也都可能表現出衍生自子代取回和受新生兒吸引的利他反應——不論雌雄都是如此。

未來研究應該會確認，在利他反應模型預測的情況下，人們更可能會趨近非親族，這些情況是：當受害者年幼、無助、弱勢、遭逢苦難並急需觀察者所能提供的協助時。舉例來說，假設在旁觀者範式中有個嬰兒遭逢苦難，且倘若還有更合格的、有親緣關係的或者更熟悉的人在場，則人類觀察者就會迴避不再趨近。人們往往會擔心自己做錯事讓情況更糟，或者因為「事不關己」卻妄加干預而受責備。這種恐懼，由神經系統的迴避分支來支持，能防止民眾採取行動，就算他們關心受害者也一樣，也因此同理心不見得都會促成利他行為。不過孩子經常在公共場合與父母分開，有時還會有陌生人提供幫助。根據利他反應模型，當那些陌生人是有經驗的照護人員，懂得處理苦難，他們就會趨近，也比較不會顧慮旁人的眼光。孩子或許有尋找不具威脅的陌生人求助的輔助策略，這就顯示動態關係是雙向進行的，不過這仍有待檢定。當然了，這類研究並不容易做——有些甚至還帶有重大的倫理問題——不過有些方法可以模擬這種情況，並逼真模仿雌親取回無助幼崽的背景脈絡。我們已經以自己的研究驗證確認了，當受害者是嬰兒或兒童時，人們就比較願意捐錢給他們，超過成人受害的情況，特別是當援助需求十分迫切並牽涉到某些呵護時。因此，現有證據支持該模型，但仍需要更多證據。

總結

要想接受利他反應行為是演化自我們對無助子代提供照護之遺傳需求的理念，科學家就必須驗證不同物種間存有同源性神經和行為系統，來支持這種照護舉止。這項舉證的大部分責任落在利他反應模型身上，因為這與囓齒類動物雌親取回新生幼崽的舉動密不可分。我們不是大鼠。當某人幫助他們自己的孩子時，我們也不會特別感到嘆服。基於這類原因，本章旨在驗證論述幼崽取回和利他反應行為在多個層面上都是相似的，儘管仍有這些潛在困局。舉例來說：

- 在結構和功能層面上，雌親取回牠的幼崽和一個人救回陌生人脫離險境，都牽涉到無助的、身處危難的個體，而且那個人需要緊急救援來脫離險境。
- 人腦和其他哺乳動物（包括囓齒類）的腦子相似。腦部或腦區的大小或神經傳導物質受體隨著物種生態狀況而轉變，不過總體存在狀態、相對位置、互連情況和功能依然是相似的，即便當兩個物種從一個共同祖先分道揚鑣後獨立出現。因此可以合理假設，我們與其他哺乳類動物（包括囓齒類）具有共通的神經系統和迴路，這類同源性在照護舉止相關文獻當中已有廣泛記載。
- 相同的神經區域和神經激素支持不同物種的子代照護舉止，並支持人類的利他行為（例如：杏仁核、依核、前扣帶皮層、前額葉皮質和催產素)。

- 嚙齒類動物的幼崽取回不只侷限於雌親。子代照護也經過論證存在於未交配的雌性和雄性嚙齒類動物,並得仰賴相同的根本機制(例如:母體激素、緊密關聯和對幼崽習慣之後產生的改變)。
- 子代照護機制並不侷限於大鼠或人;這些歷程同樣支持小鼠、田鼠、綿羊、猴子、人類的照護——甚至就某個程度上還及於鳥類和魚類。
- 人類男性和父親也照護嬰兒,並藉由相仿的神經激素改變來讓他們從比較少參與轉變為關切和積極反應。因此,儘管矚目焦點在於大鼠雌親如何取回幼崽,這個模型仍被認為適用於人類以及雄性。
- 即便照護一般都針對有親緣關係的子代,而利他反應則專門針對陌生人,這套機制也被證明在多元物種中對其他社會夥伴的照護,包括非親族。社會性靈長類動物向群體的其他成員提供照護,並在合宜條件下促進對陌生人的利他反應。

倘若我們將這所有交匯點都納入考量,則雌親取回幼崽和人類趕往燃燒建築或冰冷水中救援的觀察相似性,很可能便代表了一種同源性。這類行為看來相似的原因在於它們是演化自哺乳類動物的一種共通撫育需求,那就是照護無助、發育緩慢又迫切需要幫助的子代,以確保牠們的生存。這些行為也受到相似的神經和神經激素機制的輔助支持，不過也可以因應個體、性別、發育階段和物種的生態需求來予修改。

第三章

不同類型的利他行為

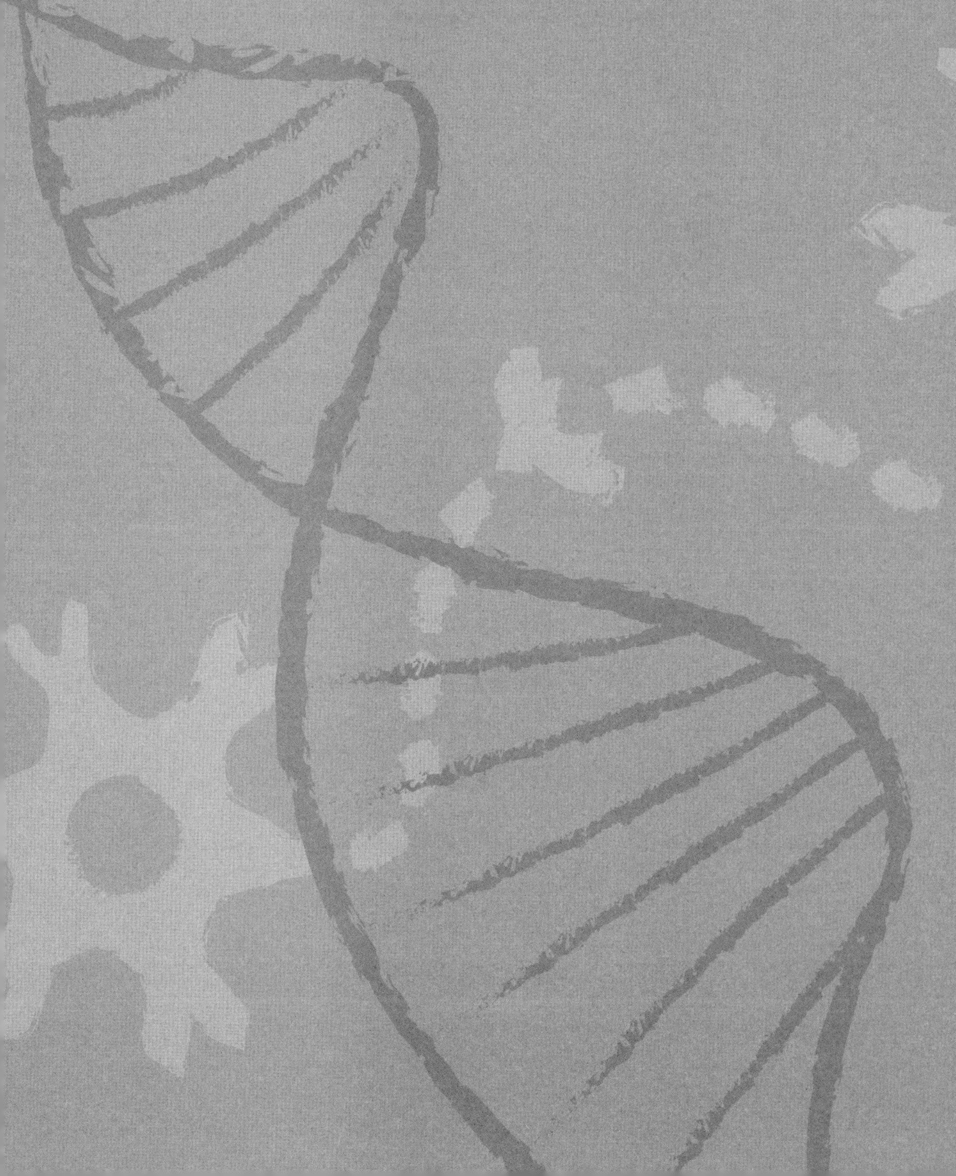

利他反應模型的關注要點是基於囓齒類動物研究中描述得很清楚的主動子代取回，並予擴充來解釋人類的利他反應。選擇這個要點的理由在於，從一種科學視角，我們目前對於促使人們提供這種即時的、主動援助的激勵因素所知極少。然而，人類的幫助舉止有繁多形式。因此，利他反應理論不能、也不該試圖解釋所有類別的利他行為，而是應該根據它們在腦中和在體內的演化起源和共通歷程來剖析。

利他反應模型和一種具體行為密切相關：囓齒類雌親銜回無助的新生兒。這種類比最明顯適用於英勇的體能救援行動，就形式和功能上，都與雌親趕往援救無助幼崽，將牠們銜回安全處所是共通的。不過明白了子代取回如何與人類英勇行為兩相關聯，這卻不能應用於其他類型的利他行為，即便如此，由於研究人員目前幾乎全無理論來說明，英勇行為如何在腦中和在體內演化出現，因此了解這點依然會很有用。然而利他反應模型確實也解釋了更廣泛形式的援助，這是由於它側重論述觀察者的一種強大動機狀態，而且這可以在條件模擬子代照護的情況時予以激活。於是在看似並不英勇或者並不主動，但依然涉及遭逢苦難、急需援助的弱勢受害者，而且觀察者也有辦法伸援的情況下，那依然是可以促進援助的。只要這些誘發條件存在，這種動機甚至還能參與影響人們的抽象財務捐贈決策，來幫助他們沒辦法直接接觸的受害者。利他反應並不是由行動形式來定義，而是取決於觀察者的潛在動機狀態。這種差異讓我們得以區隔出在不同時期演化出現的援助類型，還有由不同神經與行為機制所支持的不同形式。

心理學中的其他利他行為分類體系

根據我所下的定義，利他反應是當付出者感受到弱勢目標的苦難和迫切需求之後，產生為對方伸援的動機，從而表現出任何形式的幫助行為。

這項定義已經涵括了範圍廣泛，超越簡單救援或取回之外的利他反應，不過它同時也排除了萌生自不同演化、動機或神經激素歷程的種種利他行為。舉例來說，當人們協助遵守社會規範，達成長期策略目標（好比討好強大的鄰居或老闆），或者給旁人留下深刻印象時，他們的援助就不會被視為一種利他反應，即便確實幫上了忙而且代價高昂。那些援助類別涉及更高層次的目標或計畫，旨在激發援助動機而非促成真正的和迫切的衝動來處理受害者明顯的弱勢、苦難或需求處境。

利他反應排除了演化較後期才出現且仰賴更繁複混雜認知歷程的援助。例如，與你的群體合作來達成長期目標，好比狩獵、戰爭或者建造溫暖建物，這些都需要眾多認知和神經心理歷程，還必須延續很長的時期，對簡單救援而言，這都不是必要的。合作及其必要的認知歷程，不見得就是演化來促進照護舉止本身，即便很多人確實把他們的合作理論描述得彷彿能代表所有的利他行為形式——起碼就人類而言。

當救援行動的發起是由於感知受害者就像個新生兒（也就

是無助的、遭逢苦難、迫切需要我們提供幫助），這時合作和策略援助就可能牽涉利他反應舉止。好比當你看到路邊有人的汽車拋錨，站在車旁不知所措，你或許就會停車伸援，因為他的困境會激發你停靠，在這種情況下，利他反應的一種元素參與了這種舉動。不過同樣這個援助舉動也可能不涉及這種衝動，例如，倘若你停車是由於你感到愧疚，因為上次你的修車廠沒有把他的車修好、想要讓你的乘客對你的無限善意感到印象深刻，或者由於你想起爸媽有關做好事的訓誨。就後面這些事例，援助便肯定含括了其他內在動機和與照護沒有連帶關係的種種考量，不過這些考量能與觀察者的反應並存，或者予以增強或限制，特別是當有時間來尋思決策之時。因此，利他行為有多種途徑，這些途徑可以有不同程度的結合，共同強化或減弱反應，實際就看情況而定。若能採行先驗規則，依循利他行為形式分類法來對行為舉動進行分類，或許會讓人感到較為井然有序（例如，若是存有取回，那它是種利他反應；倘若存有傲慢，那它就是種性選擇），但實際上腦子並不是這樣運作的。腦子先天上會以連續、聯結和聯想的方式來整合各種不同類型的資訊，而這就讓種種不同要素得以協同作用以產生適應性反應——而且通常是在我們意識之外達成。

將「利他反應」納入其他類別體系情境脈絡，這種主動援助和菲利克斯・沃內肯（Felix Warneken）以及麥可・托馬塞洛（Michael Tomasello）的公開「幫忙」是很相似的。根據定義，幫忙是種公開行為，而且連幼童和猿類、犬類以及海豚等社會性哺乳動物都有這方面的紀錄；因此，和不存在於成年人範圍之外的利他行為形式相比，幫助舉止被認為是種比較原始的行為。幼童和非人類動物能如何相互幫忙也可能涉及利他衝動，不過我們不該做這種假設。反過來講，你不能假定所有利他反應看來都像公開幫忙，特別是就人類而言。例如，目睹全球各地飢餓孤兒的苦難和需求，或許你會受到激勵，然後簽了一張支票，款項得過幾週或幾個月之後才能兌現，而且協助的孤兒，也根本不是你所見的那些人。這項反應會受到一種利他衝動的支撐，即便它看來並不像是種直接的、公開的幫助舉止。相對而言，你或許會幫忙扶著門，好讓攜帶包裹不方便開門的人進出，因為你察覺她的明顯困境，並需要幫忙，或者你只是希望做出禮貌表現，或者曾受教要當個「好人」——或者這些理由的任意組合，加上其他許多原因。

只有當你的行為是出於受助者的需求時，才算是一種利他反應，即便所有扶門事例都涉及一種直接的、公開的動作。舉例來說，我們在校園做了實驗，觀察真人為研究人員扶門或不扶門，那些研究員都假裝成學生，表情或開心或悲傷。事實，人們比較會為快樂的人扶門，對看來悲傷的人就比較少，即便後者似乎更需要幫忙；當研究人員紮著繃帶待在醫療診所外面，儘管表情悲傷，人們仍然比較會出手援助，而且當被要求捐錢而不只是坐下陪伴受苦的患者，這時他們會更願意幫助悲傷的醫院患者。因此，許多動機都會激勵我們出手幫忙，但這些動機從行動的本質不見得能清楚分辨。公開幫忙的分類法在它的制定背景脈絡中會很有用——用來解釋非人類的援助——不過你得假定這些與迴避內疚，或者看來良善的，或者表現「道德」形象的對立內在動機，在那些物種中是無關緊要的。然而，其他物種也有親和性與策略性內在動機的紀錄，而且不能只根據行動來與照護動機區辨開來。

利他反應還與德瓦爾的定向利他行為（directed altruism）部分重疊。德瓦爾創造出這個類別來論述指向某一特定個體的利他行為，從而得以將猿類撫慰等直接援助與（需要較少認知要件並普見於其他更多物種的）警戒呼叫區隔開來。例如，土撥鼠或猴都會冒著生命危險來向群體發出掠食者警報，這就會提高群體的成功機率，不過這並不針對任何單一個體。利他反應的典型事例就像定向利他行為，由一個個體直接協助另一個。不過在某些情況下，利他反應可以幫助許多個體，或者當某些事情看來就像定向利他行為，而不是受其他人的苦難或需求所激發。舉例來說，二〇一八年時，舉世關注電視報導泰國少年足球隊男孩受困水下洞窟的情節。這些觀眾部分受了那群男孩的困境驅使，從世界各地匯款來幫助救援行動。這些捐贈可以視為利他反應，因為這是受了男孩無助、脆弱、苦難和迫切需求激使才捐出的；然而，由於捐贈者給予的是其他物種不可能提供的抽象援助，因此這些並不能視為「幫助」或者「定向利他行為」的好例子，遙遠的幫手並沒有執行救援，且受援者是一群男孩，並不是單一個體。

反過來講，定向利他行為或許看來就像種利他反應，但當動機不同之時，卻也可能並不符合要件——就像汽車駕駛靠邊停車來幫助陌生人，好讓他們的乘客留下深刻印象。就各自描述的利他行為類型而言，幫助和定向援助有相當大幅度的重疊，而且兩邊都很有用，能把較晚近的非人類靈長類援助和普見於其他更多物種的基本包容適應性區隔開來；然而，這些分類並不能幫我們將人類的種種援助形式區隔開來，這些援助形式受到在哺乳類演化進程不同時間點出現的互異基本神經生理歷程所支配，外觀上卻很近似。

就另一種分類體系，克莉絲亭・鄧菲爾德（Kristen Dunfield）將利社會行為區分為幫助、分享和撫慰，理由在於這三種舉止是在不同發展階段出現，並從屬於不同的社會認知和神經歷程。這種體系在設計上和我自己的體系比較相像，因為它旨在將援助與終極和近側機制（ultimate and proximate mechanism）連結起來。然而，這套體系對利他反應來說也並不合適，因為它側重論述一個人辨別他人需求的心智能力，這在人類身上會比較明顯，至於跨物種共通的較原始運動——動機狀態（例如趕往安慰某個體或將其拖離險境）就不同了。鄧菲爾德體系有一些相似的要求，需要了解、實行並有採取行動的動機；然而，就像前兩套體系，它的設計旨在解釋人類發展中不同形式利他行為如何出現，也因此不涵蓋跨物種存在的利他反應，這有可能在發展早期就出現，並全面涉及幫助、分享和安慰（例如，若有隻吸血蝠和一隻無法覓食、需要食物和溫暖接觸才能熬過寒夜的年輕吸血蝠分享食物，這時三者都會參與）。

現有關於利他行為的分類，在其制定背景脈絡中都是有效的，例如，用來界定行動是否普見於不同物種或生命階段。就猿類或幼童的情況，在伸援進行期間很難追蹤動機、基本生理學或認知歷程，不過若是要辨別他們是幫實驗者拿東西、分享資源或者餵養孩子，那就很容易了。我自己的要求是提供一種能根據何時演化、出於哪種目的，以及藉由哪種神經和生理學歷程定義利他行動的分類法。利他反應能參與在演化和發展較後期出現的抽象的、遙遠的或分散的援助形式，前提是該行動是受到利他衝動所激發。就利他行為現有分類而言，目前還沒有能因應我的需求來提取這種潛在歷程的合宜類別，而我前所述研究螞蟻營救行為的科學家也指出了這點。

安妮・麥奎爾（Anne McGuire）透過研究針對幫助特性的報告，以及與不同類型事件的連結，制定了利他行為的類別。她發現，人類利他行為大半只是臨時的、實質的或者情感的，不然就是涉及緊急援助，人們根據感知的好處、頻率和成本來判斷歸入哪類。這套體系確實涉及提供幫助的動機，也是極少數包括緊急援助的體系之一；然而，就像前面那些體系，它是根據行動的外部呈現來分類，而非取決於行動的相關動機或演化。例如，某人可以提供這些（臨時的、實質的、情感的或緊急的）援助當中的任何一類，因為他們受了其他人的無助處境或類似嬰兒的狀態所激使。就判斷某人的援助是否代價高昂或者是否「真正利他」的癡迷，對於外行人和科學家來說都很重要，他們需要將源自同理心的人類利他行為，與出自只為了向人顯示自己心地善良這種不那麼受稱許之需求類別區隔開來；然而，這種癡迷與認識生物傾向的目標無關，生物傾向必須有演化效益才會出現，並且這還得在基因組中存續十分悠遠的時光。

就社會心理學方面，科學家使用另一套體系來分類援助，這同樣反映出了那個領域的目標。值得注意的是，C. 丹尼爾．巴特森（C. Daniel Batson）投入他的事業生涯來論證，人們能秉持真正利他與他人導向關懷（也就是同情心）來幫助旁人，而不只是基於某種自私的願望，為求減輕自己因受害者而感受的哀傷或苦難。如此區分的必要性在於，這樣才能否定許多理論家所提「真正的利他行為」並不存在的假設，因為他們認為，所有幫助都能讓付出者受益，他們或許只是出於自私才行動。巴特森的「同理關懷」和「個人苦難」區分依然是當今研究的一項焦點。即便這是極少數側重協助者基本動機的體系之一，然而人們對受害者的無助需求，有可能感受同理抑或苦難，而這就可能推動他們採取行動，即便他們敘述的感受並不相同，因此該體系仍然無法攫取利他反應的寫照。大多數這些實驗中的觀察者，也都有時間沉浸消化他們的主觀狀態，並深思決定如何處理一般並不很緊急的狀況。因此，有時人們在沒有同理關懷，而是感受苦難的情況下，仍會出手幫忙，反之，感受同理關懷並不總是會促使人們採取行動。利他反應模型正是專門設計來填補這個缺口，當同理心不能促使採取行動，或者當行動出現在沒有同理心的狀況下時，取決於諸如急切性、專業性程度或時間等因素，來考量的競爭目標。

嚙齒類撫育舉止的主動與被動照護對比

科學家描述嚙齒類動物的子代照護時，提出了兩種形式：「被動的」和「主動的」。被動照護一詞旨在描述更具有養育和救濟性的援助類別，通常都是在窩巢中完成，好比依偎、護育、舔拭幼崽並理毛。主動照護則專門指稱兩類需要更多能量，並在安全窩巢之外表現的行為：築巢和幼崽取回。這些分類有點令人困惑：護育被歸入被動類別，對雌親來講卻是非常消耗能量的，築巢和幼崽取回似乎也不是非常相像。築巢是種具有長期重大影響的前瞻行動，只有在個體能夠滿足當前需求（例如：進食和安全）之時才會進行，而幼崽取回則將注意力和能量從不那麼緊急的長期顧慮引導開來，投入解決一個當前的問題。幼崽也遠比築巢材料更具激勵性和獎賞作用，儘管兩種都涉及一種類似取回的行動，因此考量兩邊的重疊性會很有趣。

被動和主動照護機制也有明顯重疊，若總是將它們分開，我們就不會體認到這點。被動和主動照護都會發生在新手媽媽身上，並藉由一系列支持妊娠、分娩和撫育的神經、激素和行為上的連串改變來促進表現。此外，相同的神經肽（例如：催產素和升壓素）也同時支持主動和被動照護行為，而且撫育老手也必須妥善進行主動和被動兩類照護行為。被動和主動照護也都涉及趨近會觸發反感的個體，因此這必然含括一種內在矛盾，躊躇是該迴避或趨近有援助需求的個體，這在合宜情況下是可以克服的。被動和主動照護也都會帶來正向獎賞，提高行為在未來的表現機會。因此，在概念、演化和機制層面，被動和主動照護有大幅重疊，而且你最好不要認為它們是完全不同（參見圖3.1）。即便如此，我專注討論主動照護形式的幼崽取回，因為這項舉動必須具備被動照護所沒有的其他特徵，同時

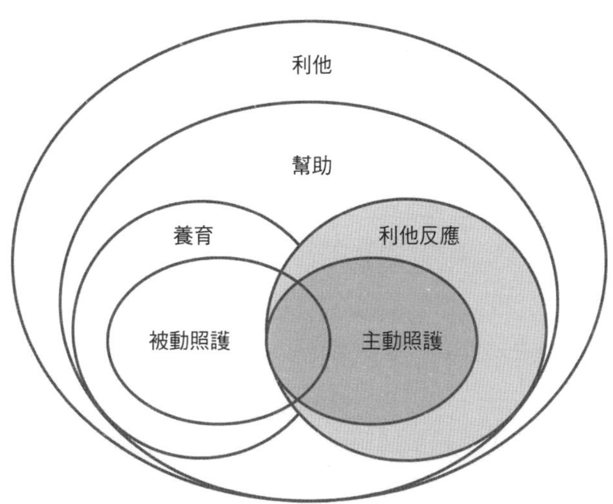

圖3.1　這幅文氏圖（Venn diagram）顯示不同類別的幫助行為，其中有些（但非全部）取決於子代照護系統，而這本身則包含被動的和主動的形式——本書側重論述後者。

引自普雷斯頓的作品：Stephanie D. Preston, "The Origins of Altruism in Offspring Care," *Psychological Bulletin* 139, no. 6 (2013): 1305–41, https://doi.org/10.1037/a0031755, published by APA and reprinted with permission, License Number 5085370791674 from 6/10/2021.

人們也還沒有將這些應用在人類利他行為上。舉例來說，囓齒類動物的主動照護必須動用下視丘一處特定區域，以及特定的運動舉止和動機，這有助於我們理解，為什麼感受到同理心的人，不見得總是提供幫助，或者為什麼有時候人們即使身處激發、緊張，或苦惱狀況時，仍會出手幫忙。主動照護還有助於解釋英勇行為，在此之前，這依然很難與以同理心為本（用來描述好比安慰等較偏向被動形式的援助）的種種利他行為模型整合。

我在本書全文都不使用「主動照護」，而是使用「利他反應」一詞，因為這含括了好比英勇救援等貨真價實的「取回舉動」，以及比較不那麼偏向體能樣式的援助，不過這也都受了相同的基礎迴路所驅使。「利他反應」一詞避開了人為區隔被動和主動照護的問題，兩類照護大致上都取決於相同的神經和激素歷程。舉例來說，或許有人捐錢來「營救」電視廣告上看到的陌生人，那人看來很脆弱也有迫切需求，即便捐贈舉動並不真的是「主動的」體能反應，而且捐贈者也並沒有執行實際的救援行動。不過只要他們是受到類似子代照護情境的背景脈絡和受害者激使，則這樣的金錢捐贈，依然可以被視為利他反應。

舉個例子來說明這種歷程，我們在密西根進行了一項腦部造影實驗，協同研究人員包括了布萊恩・維克斯（Brian Vickers）、雷切爾・賽德勒（Rachael Seidler）、布倫特・斯坦斯菲爾德（Brent Stansfield）和丹尼爾・韋斯曼（Daniel Weissman）。在這項實驗中，參與者依循指示閱讀種種虛擬慈善機構的不同描述，接著得到機會將他們在先前手指敲擊試驗中賺到的獎金捐出來支持這些受害者。參與者不能真正動手「營救」任何人，而且有關那些受害者的資訊，也都是經由各慈善機構撰述的短文來傳達。儘管這樣的提示並不如親眼目睹實際的營救行動那麼凸顯，當慈善機構所幫助的對象是需要立即營養援助的嬰兒或兒童，參與者依然捐出了明顯較大的金額。例如，待在加護病房的嬰兒或從有虐待問題家庭營救出來的兒童，更能促使人們伸援，超過因雪崩或翻船事故而需要救援的成年人。幫助年幼受害者的額外動機，與大腦中負責幫助規劃並產生運動反應的區域活動有關，這就被解釋為這種動機是種熱切的身體反應，為你預做準備，促發你來趨近這般引人同情的對象。回到利他反應概念，我運用這個詞彙和歷程，來指稱受了類似子代照護情境之背景脈絡激使的事例，即便並沒有出現真正即時的體能營救狀況。

利他科學中的被動照護

目前在利他科學中並不存在被動和主動照護的二分法。研究人員確實經常假定，我們對旁人苦難的敏感度，源自我們對自己嬰兒之敏感度與同理心需求。舉例來說，德瓦爾和奧雷利檢視了靈長類動物如何安慰群體中因打鬥受傷或煩躁不安的成員，或者牠們如何在打鬥之後藉由擁抱或理毛來和解。許多物種都有安慰舉止的紀錄，包括黑猩猩、大猩猩和倭黑猩猩，不過猴類大概沒有這種行為。獼猴母親甚至在子代打鬥之後，似乎也不會安撫一下自己的孩子，顯示牠們的核心養育功夫，只侷限於新生兒早期階段。在兩千多篇有關非人類靈長類的同理心或利他行為軼事報導當中，研究人員觀察發現，猿類會對群體中的苦難成員表現出安撫舉動。

請注意，就算是哺乳類動物，安慰舉止也只發生在具有較大頭腦的大猿類群，然而行動本身並不需要大型的新皮質，因為它也發生在腦袋細小得多，來自完全不同分類單位的渡鴉身上。實際上渡鴉就像靈長類動物，也會表現許多社會舉止，包括形成緊密關係、配對繁殖，還有發育得比較遲緩，據此推論，群體生活是比腦部絕對尺寸更能解釋這類行為的證據。總而言之，觀察發現被動的、養育形式的照護普見於不同物種，並在理論上與照護舉止聯繫在一起，不過它們並沒有如同在囓齒類動物照護文獻中的情況，被任何人歸入「被動照護」類別；此外，靈長類動物的這種養育，和營救等較偏主動形式的援助並沒有區別，其本身和子代照護迴路也沒有牽連在一起（儘管這套系統中的個別腦區，如杏仁核和前扣帶皮層等，都有連帶關係）。

社會心理學和神經科學並不將被動或主動照護區隔開來，也不把它們當成原型樣式，由於在受控設定背景下，研究受試者一般都只間接捐錢給不在場的，甚至有時候還不需要幫助的對象。常識告訴我們，人們確實會表現出被動照護，好比給沮喪的朋友一個安慰的擁抱，和疲憊的孩子依偎在一起，或者拿一床毯子裹住從冰冷水域被救上來的船上人員。這種溫馨、令人安慰的行為，在日常生活中非常重要，特別是在親密的社會關係當中，因為有這些表現，幾乎便定義了關係的品質。發展心理學家測量被動照護，好比當家中孩子安慰苦惱的父母或實驗者時。早在第一年，孩子就會在這類假扮的情況下，表現出一些形式的幫助舉止，好比擁抱或輕拍對方。孩子們也將被動的安慰援助和主動的幫助混合在一起，好比幫哀傷的父母拿來他們需要的，或者能讓他們心情變好的物品。

或許是有意為之，被動照護和安慰不單只有受害者受益，還能為幫助者和整個團體帶來好處。經歷苦難事件之後，待在一起的安慰者和受安慰者能較快平靜下來，勝過獨處的情況，而這也能緩解壓力對神經系統的長期影響。這種同時安撫旁人和你自己之間的雙向連結在母性照護中扮演核心角色，甚至還能在人類孩童身上觀察得到，不過有時表現得很笨拙。每當我最小的孩子跌倒或感到煩躁時，她的兄姊就會動手把她輕挾腋下，很努力地哄她，看著老么在他們的「服侍」下掙扎，也能安撫、取悅他們自己。德瓦爾也同樣描述了危難在獼猴嬰兒群中散佈的情景，牠們四處奔跑大群聚集還跳到彼此身上，尋求相互安慰，平撫突發事件的衝擊。其他研究人員還更深入探究這種現象，來表明這種源自母子感情紐帶的生理牽連能如何減輕壓力，並有助於改善健康。有時候人們會把這種雙向獎賞看成是一項證據，顯示人們並不是真的利他，因為他們可以被看成只是為了緩解自己的不適才出手幫忙。這是種短視的觀點，理由在於，這套機制必須能為利他者帶來某些好處，才能成為一種穩固的演化策略並存續下來。這套機制以適應性方式幫助最脆弱的人，促進聯繫和正向狀態，並減少負面狀態，還能鼓舞觀察者再次趨近——而且它的力度還必須夠強，才能克制與趨近苦難人士連帶有關的不適與潛在危險感受。

有些人論稱，類似擁抱、輕拍或理毛等被動照護舉止，不該只因為它們對付出者成本不高就視之為利他行為。我不同意。所有體能援助都帶有一定的能量及機會成本，讓你在伸援時對外界威脅不再那麼警惕。幫助還有個非常高的社會風險。就非人類靈長類動物而論，倘若一個個體安慰打鬥輸家，則取勝的優勢個體便可能因為安慰者與輸家結盟而攻擊、懲罰該安慰者。安慰必然會有密切的接觸，這也包括高度社會和情感風險，因為這種親密關係，只有在非常有限的關係和條件狀況下，才會受到歡迎（只要曾經在試圖安慰或想擁抱某人時遭冷眼回絕，你也就能清楚知道這點）。這種情況下的情感懲罰確實是非常真實的。人們還會對安慰感到不悅，因為這讓他們感到受了擺佈、被當成小孩子、屈從或者侷促不安——這是合理的反應，因為這種行為是演化來撫慰嬰兒的。最後，給予擁抱並不會比我們在實驗室中研究的其他形式的利他行為成本更低，好比將旁人的一、兩塊美元轉手捐給陌生人，或者幫實驗者撿拾失手掉落的鉛筆或論文。就算你捐出好幾千塊美元給某人，成本也不會特別高，除非——就像《聖經》裡面那個可憐婦女——你割捨了維持生計所需錢財……除非它讓你心痛。總而言之，被動照護確實伴隨產生非常真實的成本，而且儘管很普遍而且符合規範，仍應予認真看待，把它當成原始、重要的援助表達方式。見到爸媽安撫孩子，如圖3.2所示，看來很自然，不過想像對一位哀傷的陌生人或者哭泣的朋友（甚至你朋友啼哭的孩子）提供這相同的被動安慰。事實是，人們就很少表現出這種苦惱，而且在子代背景脈絡之外，也幾乎從來不會

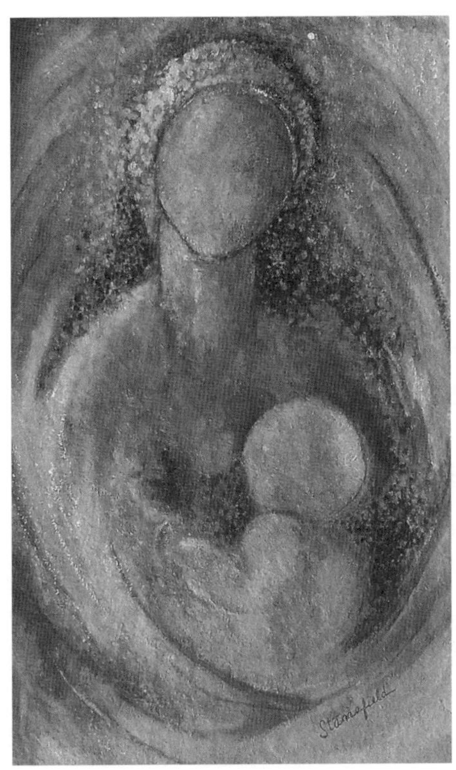

圖3.2　以黑白形式呈現的《聖母與聖嬰》（Madonna with Child），原畫作者為以斯帖（馬特森）·斯坦斯菲爾德（Esther Anna (Mattson) Stansfield），描繪普見於母子間的親密、溫暖、連結和獎賞接觸。

經R. 喬恩·斯坦斯菲爾德（R. Jon Stansfield）許可使用。

提供這種照護，這就驗證了這樣做所附帶的成本。

我們需要對人類的被動照護做更多研究，不過這可不容易。多數研究對象都是陌生人，他們並不想相互碰觸或親近。我們可以沿用關係與照護科學（relationship and caregiving science）的範式，就熟識的二人組在實驗室中採半自然情境互動，並測量雙方的安撫碰觸或者對合作夥伴的痛苦所做的反應。印蒂婭・莫里森（India Morrison）和其他人甚至還測量皮膚中對緩慢、撫慰與愛撫形式碰觸有選擇性反應的特定神經纖維，這將撫慰行為與生理獎賞連結到一起。凱瑟琳・沃斯（Kathleen Vohs）和其他人測量了在經歷實驗室壓力狀況之後，受試者各自擺放椅子時的相隔距離，以此來代表照護或安慰。在我們的實驗室中，人們並沒有挪動他們的椅子靠近遭受壓力的實驗夥伴，不過他們確實說了些支持的或安慰鼓舞的話。在我們的文化中，陌生人之間的親密接觸，或許會被視為高度禁忌，就連將椅子擺得彼此靠近一點都顯得太怪。檢視被動照護需要創造力，這樣我們才能判定與主動照護的劃分是否有助於認識人類的利他行為。研究被動照護也很重要，因為那是人們日常互助最常見、影響也最深遠的方式之一，當然也遠比英勇舉動更常見。

利他科學中的主動照護

前面我曾提到，理解囓齒類動物和人類的被動照護，都是相關而且重要的。然而，本書的焦點是將主動照護擴展到我們自己的利他反應。我選擇這個焦點是基於好幾項理由。迄今為止，主動和英勇形式的援助，主要都是秉持現象學視角來研究，好比採行英雄個案研究或者自我報告說明是什麼讓某人成為英雄。探討利他行為的演化理論或神經科學理論都沒有特別深究主動援助，就連以子代照護為基本前提的理論也不例外，因為先前這些模型都專注於我們對旁人苦難的敏感性、同情心和共鳴，而不關注隨後的援助類別或者行動在腦中和體內的調解方式。就旁觀者冷漠方面，相關研究確實測量了朝向有援助需求者的一種實質上主動趨近表現，而這就是種主動形式的照護，不過這一般是為了論證為什麼我們沒有伸援，而非我們何時感受伸援衝動；旁觀者範式也很少包含利他反應的重要特徵，好比成本高昂的援助、營救、風險或專門技能。因此，與被動照護一樣，如今就主動照護的某些領域，確實存有某些形式的既存研究，然而它實際上並未被當成一種獨立形式來進行研究，這點就有別於被動照護，同時也或許類似於幼崽取回或營救本身。

總結

藉由在關鍵聯結處剖析自然，並只匯總源自雷同演化、動機、神經和生理歷程的利他行為類型，我們就能認識一種強大的機制，它在過去無盡歲月期間演化，來促進對與我們關係最密切（真正需要幫助）的人的敏感度和保護撫育。將跨學科的跨層級分析所得資訊合併納入單一框架，來解釋特定形式的利他行為，我們就能將先前互異的利他行為理論合併構成單一的更大框架。

第四章

什麼是本能？

有個觀點認為，我們演化出了幫助他人的自然能力，這種想法看來或許牽強，特別是由於它描述了一種本能或幫助的衝動。讓我們看看如何能擁有這種本能或衝動，而且它對情境脈絡依然能靈敏變通，就如同利他行為本身。

利他反應是「本能的」，然而這並不意味著它們就是我們無法控制的無意義舉動，或者它們在不同個體和情境下都是相同的。更確切地說，絕大多數行為，甚至本能，都是編碼納入一套繁複的神經系統，而且在設計上，這套系統對個體本身的基因、早年生活、環境和現況都能敏銳應變，表現出靈活彈性與相當程度的適應性——就連大鼠也是如此。所以我們能擁有因應個人和情況合理變動的本能，而且當情況不利之時，這種衝動一般就會受到抑制。

先天本性和後天養育之間嚴格而不存在的分界線，就像柏拉圖形式那般很難被打破。幾乎每當科學家在接受新發現採訪時，總會被問到，「那麼……這是內在的或者是我們學來的？」最近，《芝加哥論壇報》（*Chicago Tribune*）將佩姬．梅森（Peggy Mason）和同事們關於小鼠利他行為的相關研究結果，劃定為先天本性和後天養育之爭的論戰素材。（實際上到底是誰在進行這場論戰？）每當我就同理心發表演說，事後幾乎都會有人問道同理心是內在的呢，或者是人們可以學到的。（是的，而且……）我讀研究所時，貝絲．阿札爾（Beth Azar）在《美國心理學會通訊》（*APA Monitor*）上發表的一篇論文標題便簡練地掌握了這個要點，自此以後，我們便使用她的標題來闡述這點：〈先天本性、後天養育：並非互斥〉（Nature, Nurture: Not Mutually Exclusive）。這種劃分的僵化，有可能反映了西方文化中人們傾向於對立的思考方式，以非黑即白或不相容對立的視角來看待事物，而這就與東亞理解對立雙方能和平共存的陰陽概念形成鮮明對比。

曾有一段時期，科學家真的相信，至少有些行為在嚴格意義上確實是「硬連線」，編碼納入了動物的DNA，而且完美封裝，不必培訓，也毋須外部輸入就能釋出。然而，到了二十世紀後半期證據已經累積充分，足以糾正這項觀點。舉例來說，念書時我們看了一些有關「野化孩子」（feral children）的影片，內容敘述「由狼群養大的」「野孩子」（the Wild Child），就如弗朗索瓦．楚浮（François Truffaut）一部同名電影所描繪的情節。我們還看了一部有關吉妮（Genie）的影片。吉妮幼時被她精神錯亂的雙親鎖在便盆椅上度過童年，更令人不安的是，她這起案例是發生在將近兩百年後，二十世紀的美國。吉妮被拘禁、與外界隔離，並在屋內被餵養，不過她在早期發育階段完全被剝奪了正常的心理社會和語言互動。

阿韋龍的維克多（Victor of Aveyron）和吉妮都能講話，甚至以古怪的方式移動，在觀察者看來，那更像動物而非人類，這就點醒了心理學家，我們或許硬連線得以行走、奔跑和講話，但即便如此，仍須具備合宜的發育條件，才能讓這些基本能力適當發揮。對維克多或吉妮的新照護人員來講，要教導他們達到成人層級的語言能力並融入社會是完全辦不到的，即便他們被發現時，嚴格而言依然處於兒童階段。基於這些半自然的論證，以及其他許多受控演示，研究人員開始意識到，語言發展必須經歷一個「關鍵期」，在這時期必須有相關的外部刺激和教導，才能達到能力水平。這項概念已經擴展到鳥類等其他物種，好比斑胸草雀（zebra finch）的雛鳥就必須在一個關鍵發育時期聆聽父親的鳴聲，才能發展出那個物種的典型鳴聲。

因此，儘管人類在語言習得方面具有高超技能——甚至連早熟的學齡前孩子，都能像成人那樣講出完整的句子，有時還能操多種語言——語言是硬連線的人類能力，但必須在必要的發育階段出現合宜的發展條件來支持才行。此外，考慮到閱讀障礙、自閉症和構音障礙等病例的普遍程度，這當中可能有好幾百種甚至好幾千種方式，能讓這種發展序列受到干擾、延宕或改動，其中許多都不只歸咎於遺傳歷程，還可以追溯至環境因素。

跨物種的子代照護和利他行為也是如此。舉例來說，童年時期受了不良待遇的母獼猴，成年之後也會成為冷漠的母親。更晚近也更適用的大鼠早期發展實驗表明，雌親在巢中為牠們的新生兒提供的「被動」舔舐和理毛，對於幼崽往後的行為和生理發展具有影響力。舉例來說，在巢中接受了母親提供較多這種物種特有理毛刺激的幼崽，會發展出較強的情感調節和壓力因應能力，並在下視丘內側視前區（這裡是下視丘中負責幼崽取回的關鍵腦區）的雌激素和催產素之間發展出了不同的神經交互作用。

因此，我確實將利他反應視為動機和運動準備的本能，並反映在論述當中。舉例來說，我指稱導致利他反應的屬性（好比有急切需求的弱勢對象）為「誘發因子」（releaser），這就仿若一九〇〇年代動物行為學者描述灰雁（greylag geese）取回牠們所產雁卵的本能一樣。「本能」或「本能的」用詞引發疑慮，因為本能行為被假定為屈尊歸屬「次人類」（infrahuman）的動物（這個術語被科學家用來指稱非人類的猿、猴類群，他們認為這些動物在某些想像的演化層級上「比較低等」，而我們肯定是演化超越了牠們。有關「人類很特殊」的論述和一種信念緊密關聯，那就是我們的（所有的，而且唯獨我們的）決定反映出了理性的、明確的深思熟慮的認知歷程——那當然不會是衝動或本能了。我們是什麼，動物嗎？確實，我們是的。倘若我們依循大鼠的基底本能，又怎麼能夠做出理性的決定呢？若是我們依循本能，又怎麼能夠在背景脈絡、情境、個體或情緒改動時，優雅地變更我們的決定？

為解決這個問題，我們必須拋下對演化理論的簡單刻板印象，揚棄非人類與人類動物之間的劃分。我們必須檢視腦子本身的精巧美感，這樣才得以領略它是如何透過設計，歷經長久時間採適應方式來促進（和防範）付出行為。這種巧妙設計，連在細小如巴西堅果尺寸的囓齒類動物腦袋中都能找到。哺乳類動物的中樞神經系統一點都不簡單，它持續演化了兩億年，來解決我們動物全都要面對的問題，像是如何找到食物、求得配偶，並確保子代能生存下去。即使人類在認知能力上，並沒有比我們的嚙齒類動物同夥具有更多的額外能力，哺乳類動物的腦子依然能在某些情況下促使表現受激發的行動，這類情境包括當我們感到與旁人緊密牽絆並有能力提供幫助，而且沒有感受到恐懼、不確定，也不存在相互抗衡的目標時（當這是個好點子之時）。因此，本書並沒有特別投入證明人類先天樂於助人，而是更致力想表明，幫助「本能」是可預測的，並且會發生在歷經適應的有限情況之下，這就得歸功於我們的演化過往。

早在一九〇八年，早期的社會心理學家威廉・麥克杜格爾（William McDougall）也同樣論稱，「當我們看到、或聽到，任何弱勢的無力防衛的生物受到不當對待（當然了，當那個生物是個孩子時更是如此），於是柔情和保護衝動也就這樣被喚起⋯⋯這種反應和母親在孩子啼哭時的心情，或者想衝上前去保護的衝動同樣直接，也同樣即時；而且基本上，這就是相同的歷程。」這種「單純」但優雅的神經設計已經存在了漫長歲月，就人類而言，這種設計肯定還被（負責支持我們廣泛的學習、策略能力，並讓我們得以在與自己的長程目標相衝突時抑制衝動）的皮質歷程強化了。即便如此，利他衝動和動物行為學早年所描述之固定動作模式本能仍有許多共通之處。

將取回當成一種固定動作模式

根據利他反應模型，子代取回代表一類「固定動作模式」，而且在模擬有援助需求之無助子代的情況下，也能針對非子代表現出來。這就仿如禽鳥合作繁殖的「錯位的親代撫育假說」。在康拉德．洛倫茲（Konrad Lorenz）和廷貝亨描述的固定動作模式中，灰雁抱卵時若自己的卵滾出巢外，牠就會把卵取回。灰雁不只會取回自己的卵，處於產後狀況下時，其他看來和牠的卵很相像的物件，牠也都會取回。如同詹姆斯．古爾德（James Gould）所述，「滾卵行為十分引人矚目：當孵卵的灰雁注意到巢附近有枚卵，牠的注意力會突然集中。牠注視那枚卵，慢慢起身，把頸子伸長到卵上方，然後用喙底費力地將卵滾回巢中。」

這種取回卵的行為，據信是種封裝的、固定的「運動程序」，也就是一旦看到卵就觸發了行動，即便實驗者已經把卵拿開，灰雁將卵撈回巢中的頸部運動依然會持續完成。這項動作並不特別針對牠自己產下的卵，灰雁也會取回其他與雁卵類似但大小和顏色不相同的物品：棒球、岩石，甚至啤酒罐，還有一個是白色細小的動物顱骨。這項動作確實涉及一項初始「戳刺」動作，那是在伸頸之後用來確保這是正確類型的物品（例如，牠會吃水煮蛋，但不肯吃軟爛濕滑的東西），而且牠們從不取回有稜角或尖角的物品。此外，灰雁還會取回「超常」的刺激物，好比其他物種的大型卵，取回速度甚至還超過牠們自己的卵。[1]舉個極端的例子，與自己的卵相比，灰雁甚至還更想取回排球。

圖4.1所示為洛倫茲和廷貝亨做研究時記錄下的圖像，刊載在他們的一九三九年論文當中。頭三幅圖先描繪牠注意到一顆正常的卵，滾動取回並抱卵保護它；最後那幅則描繪牠設法取回超大型復活節蛋，卻由於尺寸因素無法完成，結果讓牠看起來「很尷尬」。由於灰雁必須設法確保牠們的卵在巢中保持溫暖、安全，腦子便演化出了一套固定動作模式，並對附近或者滾開的任何形狀像卵的（也就是平滑的、圓形的外凸的）物品做出這樣的反應。那些物品稱為那種固定動作模式的「誘發因子」，並以號稱「信號刺激」（sign stimulus）的特徵為運作基礎。之所以提出這些細節，是由於我認為受害者特徵和情境特徵也像這類信號刺激，接著這就會「誘發」觀察者做出營救反應，做法大致就像灰雁把卵或圓形物品撈回巢中。所以，有時候我會論稱受害者的這些需求線索「誘發」了觀察者的營救反應——就像一種預先編程並經過常規化的動作舉止，便待命等正確條件出現就能推出。

灰雁的這種固定動作模式，很可能是基於沉重的天擇壓力才演化出現，因為牠們必須能將掉出巢外的卵可靠取回並予保護。雖說這項機制會導致取回啤酒罐這種怪誕意外的結果，不過在大自然中，這倒不是什麼大問題，因為在自然界比較少有物品會意外誘發這種動作序列。一個明顯的例外是「巢寄生」事例，這當中會有隻動物（好比南美洲的「嘯聲牛鸝鳥」

圖4.1 圖示為灰雁將自己所產的卵取回巢中的動作序列，包括正常的和超常的刺激物，這類物品灰雁也會取回。

莎拉．斯坦斯菲爾德（Sarah N. Stansfield）根據洛倫茲和廷貝亨的〈灰雁的滾卵運動中的取向和本能行為〉資訊為本重繪。Redrawing by Sarah N. Stansfield, CC-BY- SA-4.0, based on information in Konrad Lorenz and Nikolaas Tinbergen, "Taxis und Instinkhandlung in der Eirollbewegung der Graugans [Directed and Instinctive Behavior in the Egg Rolling Movements of the Gray Goose]," *Zeitschrift für Tierpsychologie* 2 (1938): 1–29.

〔screaming cowbird〕）把自己的大型卵擺進其他物種的巢中，由那隻新媽媽來領養。較大較吵鬧的牛鸝鳥子代是激使巢主鳥兒表現出孵育和餵食反應的「超常」刺激，這會導致巢主為入侵者供應食物，甚至還優先於餵養牠們的親生子嗣。（有人說，如果巢主試圖移除牛鸝的卵，這時牛鸝鳥甚至還會啄死巢主的卵，這樣一來，就算能認出那些卵或雛鳥和自己並沒有親緣關係也無濟於事。）要想控制這種取回反應是辦得到的，好比納入一種內建能力來感測不受歡迎的物品並把它從巢中移除，好比先前偶然取回的啤酒罐。卵取回行為還能以這件事實來控制，這種行為唯有在孵卵和破殼兩階段之間才能被誘發，而這就能防範牠隨時任意收容別種鳥兒的卵或者其他古怪事物。

有關灰雁的這類動物行為學的早期發現，和我們開頭討論的囓齒類幼崽取回有許多相似之處。兩種行為都名符其實是母親對子代表現取回行為，因為這兩種事例的母親，都把先前脫離安全、溫暖窩巢的子代帶回來。兩種取回行為都是在產程期間觀察到，演化來保障牠們有親緣關係的無助子代。兩種取回行為也都涉及一種具有高度激發性的舉動，而且最可能發生在動物最需要它的時候。幼崽取回或許不是種貨真價實的固定動作模式，因為它似乎並不是從感知瞬間開始到最後運動指令誘發的完整運動舉止，不過有跡象顯示，它起碼在某個程度上是固定的。舉例來說，早期的神經生物學家便曾嘗試判定，囓齒類的子代取回反應是編碼納入腦中的哪處部位，他們一開始先造成大型損傷，藉此來縮窄關鍵腦區的範圍。當他們破壞了前扣帶皮層（這處部位與檢測體內或外部環境問題以促進反應有關），有時雌親會做出怪事，好比嘗試把牠自己的尾巴叼回巢中。這項發現是一篇老舊論文中的研究人員添加的一則簡短註記，否則這大概也不會出現在現代手稿，內容暗指一種在正常情況下由扣帶皮層以某種方式細修的相當固定的取回動作規劃。為了闡述動物行為學固定動作模式和囓齒類照護表現之間的這種共通性，伯頓·斯洛特尼克（Burton Slotnick）採用了廷貝亨的棘背魚固定動作模式研究來解釋嚙齒類動物的母性照護順序。

儘管具有本能特性，就連固定動作模式也不會被現代生物學家視為封裝的、先天的、不可改動的或無法控制的。更確切地說，這些行動都被視為自發的、刻板的行為，而且是 (1) 一旦啟動就很難再予控制，(2) 由該物種的所有典型成員表現出來，且 (3) 會受到情境脈絡和表觀遺傳學的影響。例如，當將固定動作模式擴充到嚙齒類動物照護時，斯洛特尼克便曾指出，照護序列不會像在魚類的那麼固定和階層化，而且他所提方案還包括前額葉、扣帶皮層和隔區（septal area）所組織的一種靈活反應。哺乳類動物的神經系統先天上就是目標導向，對情境脈絡也有靈敏反應。因此，就連假定為「先天固有的」行為也不真的就是僵化的或非認知的：它們不過就是反映出一種隱含的決定，這種決定受了強烈動機驅使，能將個體的關鍵目標最大化，同時依然反映出該個體本身的基因、發展歷史和當前的情境脈絡。

硬連線串連行動？

「硬連線」這個術語最常使用的時機，就是當人們提到某種他們心中認定很單純的動物行為，或者當非科學家討論某些看似毫不費力或毋須學習就會發生的人類行為時。就實際而言，科學家幾乎從不使用「硬連線」一詞（也許除了貶義之外），因為它基本上總是會引人誤解。這個詞遮掩了一個事實，那就是即便多細胞有機生物也具有以遺傳為本的神經生理機制，並能因應有機生物體的早期和當前環境來表現眾多不同反應。在生物學的多數領域當中，先天本性和後天養育並沒有嚴格的劃分。就連變形蟲也表現出對環境敏感的利他行為和個別差異。舉例來說，無性的自由生活細胞遇上食物稀缺時就會從一團細胞形成一隻蛞蝓，從而能夠「外伸」尋覓新的食源。這種軟黏體包含「作弊」細胞（“cheater” cells），競相被納入子實體之孢子中，好讓它能進入有更豐裕指望的新環境，而其他細胞則做出利他表現，形成不育的莖幹逗留在貧瘠的環境當中。

一方面，利他反應模型的一般前提很簡單：人類的利他行為反映出了我們身為表現撫育舉止的哺乳類所傳承的底蘊，演化出一種傾向，樂意照護我們能幫助的弱勢對象。就另一方面，必須了解這項觀點有很多但書與複雜性，以避免將這個已經很簡單的理論再予過度簡化，這樣才能讓它變得準確，而不只是簡潔。

看似簡單的理論——好比根植於同源性腦部或先天良善的理論——部分科學家就愛運用「稻草人論證」（straw men），讓其他人身陷紛亂處境，藉此彰顯自己的專業或攫取成就。舉例來說，我和德瓦爾提出的知覺——行動同理心理論（perception-action theory of empathy）就被解釋成指稱人類會自動模擬旁人的情緒和感受。到此結束。接著就發表系列論文來批評那項理論，因為，當然了，人們並不會只四處走動，模仿看到的每個表情，而且也很容易根據背景脈絡、注意力、相互抗衡的目標，或由上而下的認知歷程來展示同理心的種種變化，這些特徵在原始理論中其實已經有詳盡說明，卻沒能熬過大家多半只閱讀並記憶要點的傾向（或者用不那麼厚道的措辭，曲解他人的理論來推翻或超越它們）。

從多數層面來看，我都不是理查·道金斯（Richard Dawkins）。不過我讀了他有關蒙受誤解的著名論述，心中深感同情，他表示，人們忽略他看似單純的理論（基因是「自私的」）所含複雜成分。寫完《自私的基因》（*The Selfish Gene*）一書之後，道金斯不得不一次次解釋，他那項以基因為中心的理論，並不意味著人們「本身」就只是自私的。道金斯就這點寫的巧思軼聞肯定是真的，因為最近他將這段文字整合納入他的第三十版的導論篇幅，裡面寫到，他很後悔自己為這本書下了這個書名，並宣稱「許多批評家，另外也發現，特別是精通哲學的喧囂人士，都喜歡只根據書名來理解一本書的內容。就這方面《小兔班傑明的故事》（*The Tale of Benjamin Bunny*）和《羅馬帝國衰亡史》（*The Decline and Fall of the Roman Empire*）無疑都有很好的效果，不過我很容易就能看出，《自私的基因》若是沒有該書本身厚重的註腳，或許會讓人對它的內容產生不恰當的印象。」

由於人們有這種將理論過度簡化的強烈傾向，我這裡便專注探究論述子代照護基礎科學時的常見誤解，而當中後面這點也是原始學術論文的重點討論內容。

就物種層級來講，威爾森克羅夫特的雌親所表現的行為，或許便暗指子代取回是硬連線的。不過我們必須領略硬連線所指意含的重要但書，才能依循情境脈絡來理解這句陳述，然而我是認同關於幼崽取回的那項特性描述的。幼崽取回機制已仰賴一種基因、激素誘發因子和情境因素的複雜組合，於是就連這種硬連線行為都相當靈活又合理。有關事項如何硬連線形成神經系統這段描述，比起單純的或封裝的固定動作模式還更複雜，還要求我們必須了解，先天本性如何藉由優雅的神經系統設計，自然而然地與後天養育統整起來。

自從威爾森克羅夫特這樣的早期研究以來，幾十年來的子代照護研究已經驗證了，子代取回只發生在具有適應性意義的情況。舉例來說，倘若所有未配對大鼠都對幼崽的需求表現高敏銳反應，接著倘若牠們從事日常例行活動時，會在自然情境下遇見不熟悉的非親族新生兒，結果就會很糟糕。此外，動物有種很常見卻也很強大的迴避新奇事物的傾向，這能幫助牠們避開眾多危險，從古怪的食物到牠們所屬物種的陌生成員，還有掠食者和遼闊空間。因此，這種內建於神經系統中的迴避——趨近二分法，讓大鼠能一改對幼崽需求迴避的習性，轉變成為勤奮的照護者。雌激素和孕酮激素等會隨著雌親孕期進程出現變化，到了分娩之時，還會出現特別重大的改變。激素變遷實際上還改變了雌親的腦子，讓幼崽成為極其凸顯的並能帶來獎賞的刺激，於是雌親會尋求將幼崽取回並依偎在一起。科學家依循眾多不同方式驗證了這個歷程，像是測量這些激素如何在孕期和分娩期間自然改變、予以人為移除或阻滯其效能，來觀察對取回的影響，或者向不曾交配的未配對雌、雄個體施用激素，來強化取回反應。

因此，既然依循典型歷程發育的雌親，在正常情況下全都這樣做，就這層意義來看，即便囓齒類動物的子代取回是硬連線的，然而硬連線要能成立，也唯有依循對應於懷胎、生產和撫育自己所產幼崽的需求之自然序列事件來進展。這個歷程的基礎是由基因、圍產期性激素（perinatal sex hormone）、神經傳導物質和他們對腦子的作用之間的複雜交互作用撐起來的，而這些要素全都能予改動或毀損。即便在威爾森克羅夫特的原始研究當中，各雌親之間有很大的個別差異，顯示反應並不是什麼既成事實，而是如何由眾多匯聚因子來予改動。如同灰雁的情況，雌親的取回動機侷限於幼崽出生之後的頭幾週期間，一旦習慣性照護接管，新生兒能照料自己時，動機就會減弱。舉例來說，剛生產之後，雌親偏愛趨近牠自己的幼崽，勝過古柯鹼，然而這種崇高的喜好在幾週之後就會改變回來，轉為趨向刺激性藥物。因此，雌親取回幼崽就像灰雁取回卵，也是硬連線的，不過採行的方式是在新生兒關鍵時期，由關於無助子代的內、外部線索來合理觸發。

幫助陌生人並不是個「誤差」

人們往往假定，倘若我們的利他反應是根源自子代照護，那麼將這些反應擴展到陌生人，肯定是個偏差或錯誤，甚至是應予排除的過失。正如我們假定當灰雁取回啤酒罐時，牠是犯了個錯，我們或許也可以假定，跳下地鐵軌道營救陌生年輕人避開逼近的列車，也是個錯誤。簡而言之，倘若演化的目的是保護並推廣我們自己的成功基因，那麼我們就不該營救陌生人。

再者，倘若利他反應確實就是錯誤，那麼當演化有充裕時間來翦除討厭的雜草時，它們就有可能被剷除淨盡。萬年或十萬年後，在不知情之間從翻覆的船上營救陌生人，或者捐助遠方孤兒的人，應該就會被比較具有鑑別力的人超越，這些人只幫助親族成員，援救能夠回報我們的善意，或以其他方式使我們受益的人。有關以同理心為本的援助應該予以連根拔除的理念，實際上並不是種稻草人論證，因為保羅．布盧姆（Paul Bloom）等現代作者談到「擺脫共情」（against empathy）並主張：我們應該只做出有助於在邏輯上能最大化整體利益的決定，並壓抑對那些不幸的人懷抱過於情緒化的、有害的、可悲的和被誤導的同情心。或許演化最終就會發揮深遠影響，將這種魯莽的慷慨剷除淨盡，不過到那時候，我們也全都要死，而我也不會聽到各位說，「我早就告訴你了！」即便如此，有很多邏輯上的理由來斟酌這種擴及陌生人的照護，並認為那並不能算是偏差或者一時失常：

1. 就實踐層面，很難只為了迴避幾次偶然地或甚至刻意地向陌生人擴充的事例，便投入調節負責保護無助子代的機制。不慎妨礙保護子代的主要目標所付出的適應度代價，遠超過避免偶爾擴及其他人所獲得的補償。
2. 已經嵌入神經迴路的迴避——趨近對立，藉由將援助與照護舉止連結起來，讓我們與旁人的需求取得平衡，這種對立只能由弱勢受害者誘發，這時我們必須有能力因應他們的明顯需求並伸出援手，同時不會太過畏懼或不確定。
3. 子代照護機制或許已然經過改良，可以防範不利的反應。舉例來說，赫迪便假設，照護本能在靈長類和原始人類的演化全程歷經改動，讓更精準計算與控制的同情心樣式得以出現。（藉由擴大執行過程，原始人類確實發展出對整體行為的更高度控制，不過更吸引我投入的題材是，本能本身是如何施行來防範「錯誤的」援助。）
4. 有時候看來像是我們接線出了錯，其實只反映出不可避免的個別差異。每當一種行為是由底層的多重互動基因來落實，這時自然就會出現個別差異的一種「常態分佈」，其中部分個體會落在譜系的較低端，另有些則落在較高端，而多數則位於中段。應用在利他行為上，若有個陌生學步幼童在公車加速時快要摔倒，或許會有乘客撲過去救他，另一位則坐在一旁大笑，而多數乘客則會關切，想去幫忙，不過除非那個孩子很靠近，或者面臨重大危險，而且他們知道自己幫得上忙，否則大部分人只會繼續坐著。觀察者的個別差異（例如，對於新奇事物、嬰兒、風險或者對感知需求的敏感度）會在後續著墨描述。這些偏誤會自然產生出一種個體間反應分佈，當行為取決於多重基因和一個人的環境影響之時，這種分佈通常是沒有問題，也不可避免的。

5. 人類利他反應絕大多數都涉及精打細算的小規模成本，好比捐出幾十塊錢或你的幾分鐘時間。因此，儘管你或許會注意到看似錯誤類型的利他行為，好比一方面是心理病態，另一方面是奉獻終身造福貧困，這些極端狀況就象徵一套系統，大致上都能維持受控而且通常也都具有適應性。

6. 當我們表現利他舉止，多數人都只會付出罕見的微小代價，除此之外，若是我們社交圈裡的個體與我們有共通的基因，或者能在往後幫助我們，那麼助人甚至還會有適應度方面的好處。我們的善舉會被看到，還可以獲得回報（嘉惠我們或我們的親族），這可以得自最初的受害者（直接互惠），或者任何能體察我們所做行動的人（間接互惠）。整個群體也受益於合作精神，而這在相當程度上就仰賴我們的照護本能。利他反應還有助於緩解長期壓力或對健康、群體和諧負面影響的困擾，並能降低掠食風險。此外，藉由誘發多巴胺和催產素，助人還能帶來良好的感覺。因此，奉獻傾向不是只會連帶付出代價，也會為我們自己以及周遭的人帶來真正的好處。

基於所有這些理由，我不認為利他反應就該被視為一種誤差，或者應該也是肯定要被演化連根拔起的舉止。這種本能是一個人生殖成功的必要條件，這讓它很難被束縛，它藉由一種機制來取得平衡，該機制只有在（大半具備適應性的）特定情況下才會被觸發，而且這已經在某個程度上調整改進，得以進行策略性的和受控的付出。此外，唯有極少數處於分佈尾端的個體，容易做出有問題的反應，至於我們多數人就只會給予小禮品，儘管成本低，卻能伴隨帶來整體適應度、互惠、團體凝聚力以及培養情感和改善健康等好處。因此，利他反應就所有層面都是具有適應性的，同時還能調和考量利他行為的現存終極階層觀點，專注於往後藉由整體適應度、互惠和合作帶來的好處（見結論章）。

我們演化系統中的系統誤差

其他各章解釋了腦子是如何演化，得以將線索暗中統合成一個整體詮釋，於是在關注了相關線索的前提下，我們的最佳猜測就會相當準確。不過這套系統讓我們很容易被嵌入設計中的系統性偏誤影響。（儘管暗含偏誤，設計依然具有適應性。）因此，事情不見得都對我們有利，不過真的出了問題時，仍能從機制運作方式來預測，讓我們有機會避開它們。人類系統運作方式所含偏誤，特別容易由於誤解了「信號刺激」而造成誤差——好比受害者是否真的脆弱、無助、有迫切需求，或者我們是否認為自己能成功。

研究表明，知覺和行為有可能以種種不同方式，受到從遠至近的影響，並藉由改變基因、激素和行為產生變化。因此，任何人在進入某種情境時，都可能有某種系統性的傾向，或低估或高估特定的狀態或結果，這就代表了真正的誤差。這些誤差並不意味著，廣義的利他行為是種誤差，然而它們或可以客觀地被歸入誤差類別，因為它們要嘛悍然違反客觀風險或機率，不然就是與個人的目標、價值觀或計劃並不相符。

苦難和需求間連結所產生的誤差

舉一種學習偏誤的實例，一位在童年時期受虐的觀察者有可能錯誤地假設，每當他們犯了個錯或冒犯某人之時，他們就會在身體上或言語上遭受攻擊。即便到了後來，他們身邊環繞著善良而且寬容的人們，這位觀察者卻依然將他們童年早期習得的具適應性的懲罰預期，帶進了成年生活當中。因此，受虐者有可能害怕激怒他人，並且不懈努力避免犯錯，好讓別人開心，並逃離有可能感到沮喪的任何人。好比，我們的第一隻心愛的寵物㹴犬科密特（Kermit）是從加州聖荷西街頭營救收養的。被營救之前，牠顯然經歷了一段艱辛的歲月，因為在牠被收養過後多年，若有人說「不行！」或者提高聲量——即便那只是因為興奮，而不是生氣，就算只是電視上傳來的——牠都會害怕地蜷縮起來，低頭並把尾巴夾在兩腿之間，慢慢地退開來，等待著牠在被收養之前的生活中料想會有的可怕後果。這種對懲罰的高度警覺持續了許多年，直到科密特最終學會了牠慈愛的照護者的風格，但有時牠仍會露出端倪。在早年環境中真正適應的反應，有可能會讓後來的生活變得困難，好比幼時曾經遭受虐待的人，長大後嘗試在戀愛關係中信賴他們的親密伴侶。

應用於利他行為，早年沒有正向童年經歷的人，有可能在成年之後沉默寡言，不願流露弱點或尋求幫助，就算身處真正艱難困境也一樣。這種學到的沉默寡言，在面臨經常惱怒或表現排斥態度的照護者時，有可能是適應性的，但在往後的生活中，當身邊環繞真心想要幫忙的親友之時，這就有可能造成反效果。來自這種艱苦背景的人，有可能永遠不會將他們的需求清楚透露至足以表明他們所受苦難的程度，而這就讓身邊的人很難做出妥當反應。沉默寡言的人甚至有可能對別人的苦難無動於衷，這是他們透過觀察自己暴躁易怒的照護者所學到的舉止。

有次我們在愛荷華大學醫院和診所（University of Iowa Hospitals and Clinics）做了一項實驗，其中我們拍攝了病患採訪的影片，受訪者都罹患了絕症和重症，包括癌症、肝炎、腎衰竭和心臟病等。這些訪談最引人注目的一點是，即便所有患者都有嚴重健康問題，他們卻以非常不同的方式來表現自己。「積極樂觀」的患者很開心、樂天向上，甚至開玩笑或微笑來讓採訪者感到自在。「沉默寡言」的患者沉靜內斂，不願分享他們的問題。「惆悵不捨」的患者哀傷深思，並沒有過於情緒化。「煩躁不安」的病人在整個訪談過程都情緒激動，不斷流淚，追溯訴說他們的疾病和對家人的愛。

觀看這些訪談影片的人一致認為，煩躁不安的患者需要最大的支持，但即便如此，他們有時也希望避開這些患者，並且更願意幫助看起來快樂，較少援助需求的積極樂觀患者。當中最沉默寡言的患者，根本不想談論自己的問題，每次只回答一、兩個字，避開攝影機，從頭到尾看來都很不安。對一個來自中西部的年長農民來說，他的反應似乎並不是那麼不尋常，但我們的觀察者並沒有察覺他的需求，因為他並沒有談論或透露心中苦惱，因此他們最終為他提供了最少的同理心和金錢，儘管他的負擔和其他患者是一樣沉重的。你或許可以透過農夫的沉默寡言，看出他隱藏在雙眼深處的痛苦；事實上，我們最富同理心的觀察者對他產生的共情反應比一般人更多，一般人通常察覺不出他藏得太深的需求，從而限制了他們的幫助意願。因此，由於我們是從他人的苦難中推斷需求，如果我們受過隱藏或忽視這種弱勢屬性的訓練，就有可能識別不出真正的需求，甚至是高度的需求。

就苦難來講，這種以苦難來表達需求的必要條件，也可能導致人們錯誤地假定手邊有或沒有醫療緊急情況。舉例來說，我們許多人都曾經因為家人痛苦尖叫而衝到房子另一邊，結果發現他們只是踢到了腳趾或手肘撞到了床角——不是緊急狀況。反過來講，真正的醫療緊急情況，有可能並不顯得緊急，因為它們缺乏需求的「誘發」線索或信號刺激。例如，女性心臟病發作時，較少伴隨心臟附近的劇烈疼痛，人們認為劇痛才是心臟病發作的招牌症狀。除此之外，醫療專業人員心懷偏見，並沒有像對待男性那般公正地感受、相信和治療女性的疼痛。結果，由於罹患心臟病導致體能虛軟、出汗或感覺像流感一樣的女性，有許多要嘛沒有接受心臟病治療，要嘛就納悶為什麼自己感覺如此不適，只希望它會自行消失，結果就這樣死在家中床上。舉證說明，從第一次出現症狀到看醫生的時間，女性比男性長了百分之三十四，一旦抵達醫院，女性等待再灌注（reperfusion）治療的時間比男性長了百分之二十三。

另一種常見的艱困事例，人們有可能中風發作，卻沒有表現出苦難或損傷訊號，結果沒有接受處理攸關性命損傷的治療。例如，就算是年輕、健康的人，一旦遭受了與運動相關的頭部傷害，也可能導致中風，這類傷害包括頭錘動作或者被球擊中、與其他運動員相撞，或者滑雪撞上樹木等。倘若受害者沒有流血或尖叫，除非他因積血導致嚴重頭痛，否則這類傷害有可能看來並不會危及性命。當中風延宕了一段時間，最終才顯現出來，期間腦中就積聚了液體，受害者有可能表現出「奇怪」的舉止，但不足以讓他趕赴急診室。舉例來說，中風或創傷性腦損傷可能導致奇怪的、毫無意義的言辭，或身體一側感到麻木或失明。觀察者有時最初會發笑，因為受害者的行為似乎很蠢笨，也不會誘發我們對需求做出反應。例如，女演員娜塔莎·李察遜（Natasha Richardson）在魁北克上滑雪課時摔倒並撞到頭。當時她沒有表現出明顯的受傷跡象，救護人員被請回。後來，在她的飯店裡，因為她「覺得不舒服」又叫了一輛救護車。兩天後，她死於硬腦膜外血腫。救護車經理人被引述說：「當你頭部受傷時，你有可能會出血。情況有可能在幾小時或幾天內惡化。人們沒有意識到這有可能非常嚴重。我們警告他們有可能死亡，有時他們開始笑。他們沒有認真看待。」

另一種不幸的常見悲劇是人們溺水時靜靜地淹死，有時甚至發生在本身會游泳或者周圍有潛在目擊者的情況下。這可不是小事，過去幾十年間，溺水在兒童意外死亡事件中列名第二大死因，也是一歲到兩歲幼童的首要死因。當有人在水下停留的時間過長時，附近的泳客甚至是救生員也很難注意到，因為沒有電影中大白鯊攻擊時你料想該有的掙扎翻騰或尖叫聲。如果有人只是不再浮出水面，也就沒有引起注意的訊號。腦子並不認為缺乏資訊是一種資訊形式，除非你對被隱瞞的結果有很強烈的先驗期望，好比大鼠聽到聲音卻沒有得到果汁，或者晚宴嘉賓等待的甜點始終沒有送來。

這些異常的緊急狀況，好比女性心臟病發作、中風、溺水，不僅由於其猛烈而持久的影響而令人震驚，同時它們也很難補償，因為我們的腦子演化成將需求與新生兒苦難之信號刺激及誘發因子十分緊密地連結在一起。在設計公共衛生信息和援助訴求程序時，理解這種演化遺產是很重要的，它具有對利他行為或英勇舉止的相應好處，同時卻也有可能釀成悲劇。

風險感知的個別差異

就決策方面，最常研究的偏誤之一是風險規避傾向，這在丹尼爾·康納曼（Daniel Kahneman）的暢銷著作《快思慢想》（*Thinking, Fast and Slow*）中已有詳細描述。這本書記述了康納曼在行為經濟學領域的數十年研究成果，內容就這點和其他許多偏誤提出論證。根據該研究，人們在迴避風險或尋求風險的程度上存在差異，但總體而言，動物更偏向於規避風險，因為這有助於在不確定情況下防範對生存的威脅。因此，倘若有隻猴子或一個孩子眼前有兩種食物可供選擇，一種是新奇的，一種是熟悉的，則他們都更有可能選擇吃熟悉的。如果他們真的吃了新奇的食物，他們就會吃得較慢，或者吃下較少數量，先做個試驗來避免中毒。謹慎行事多年來一直為我們效力。

就利他行為的背景脈絡來說，旁觀者冷漠就是風險規避的一個典型例子。人們有可能察覺受害者的苦難，也了解那是種緊急情況，然而對問題的確切性質、如何幫助以及可能的後果，依然存在不確定性。這種不確定性使他們偏向避免做出反應。正如一句古老諺語所說，「寧安不憂」，特別當受害者是個陌生人，與你非親非故，也不跟你相互依存，而且一旁其他群眾也似乎更有責任或者更有把握。

呈現我們的快速預測，圖4.2所示為一位看來很高興或者很生氣的女士。從左右兩邊最遠端的照片，很容易能看出她的感受。從0到約30，她看起來很高興，從約70到100，她看起來很生氣。但在中間的呢？根據訊號檢測理論（signal detection theory），將某物歸類為一種東西或另一種東西之間的不確定性，體現在兩個峰值之間的重疊區域。有些人偏向在灰色區域中將她視為比較高興或比較生氣，反之亦然，這個區域就介於人們一般都能一致同意的兩種臉孔之間。具有強烈偏誤傾向的人（例如：肇因於焦慮或凌虐），有可能在看到低百分比的皺眉時便感受到生氣，而多數人卻看不出那是生氣。一般而言，腦子的接線似乎更傾向於避免「漏報」（認為那個人很高興，其實她是很生氣的），而不是「誤報」（認為那個人很生氣，其實她是很高興的），在疲勞、時間緊迫、壓力，或者基於其他原因，好比前面提到的那些因素，在你做了最壞打算的情況下，這點還會惡化。

這些風險偏誤通常是具有適應性的，但有時也會促成難以撤銷的駭人行為。例如，執法人員可能在危險社區變幻莫測的情況下感到壓力和害怕，這與他所聯想到的暴力有關。他的聯想也同時反映了對有色人種和貧困人群的不準確的刻板印象，表現出一種為了避免漏檢而過度感知威脅的自然傾向。為解決這個問題，關於有色人種或貧困人群的負面刻板印象必須改變，而且必須對錯誤感知不存在的風險，進行明確、已知並且

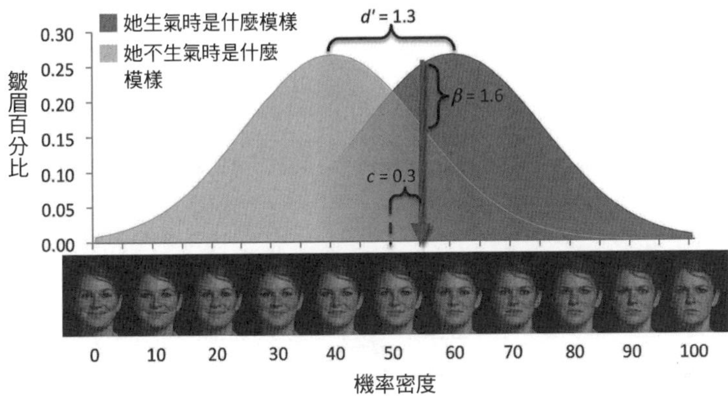

圖4.2 本圖引自一項運用訊號檢測理論的研究，旨在展示臉部表情連續體系，處於該體系的中間情況時，人們所產生的印象會呈現出較大的變異。

圖示出處：Spencer K. Lynn, Jolie B. Wormwood, Lisa F. Barrett, and Karen S. Quigley, "Decision Making from Economic and Signal Detection Perspectives: Development of an Integrated Framework," *Frontiers in Psychology* (July 8, 2015), https://doi.org/10.3389/fpsyg.2015.00952.

可怕的懲罰。男性較常在家中毆打妻子、攻擊女性，頻率超過在職場做這件事的男性，這完全是由於他們預期——甚至只是有意無意之間考量——自己可以全身而退。這並不需要有意識地考量，人們可以從經驗中學會將物件、人和情境與他們的相應風險和獎勵聯繫起來，接著這就會（甚至在無意識情況下）導致決策出現偏差。因此，為了解決我們帶了偏見之神經系統中的真正誤差，我們必須改變如何以內隱方式理解他人，讓種種誘因重新取得平衡，從而令即便是看似「明智」的本能行為也不至於釀成真正不可容忍的行為。

局部促發

我們前面談到了一些偏誤，有些是內建設計於神經系統中，也有些是從早期發展時習得。此外，人們還可能受到先前剛發生的事件或「促發」暫時影響，導致他們的知覺出現偏差，即便該偏誤並非典型事例。正如一句著名諺語：「你總是在應付上一場戰爭」，當人們最近經歷了特別糟糕（或特別好）的體驗，他們往往過分預估會出現相同的結果，從而產生誤差。例如，你或許會與一位完全適合成為未來伴侶的人交往，然而你的上一段戀情讓你感到疲憊和絕望，或者因為交往對象隨口說了一些話讓你想起令人厭惡的前任情人，例如提到他們的貓或他們的母親，導致你不由分說便拒絕接受。剛被優勢支配個體痛打的猴子，帶著被促發的憤怒或恐懼進入下一個情境，導致牠將攻擊行為轉移到恰巧就在附近的無辜從屬低階個體身上。這些反應並不需要計劃。需要注意的是，即使這種相當自發式的地位階層向下轉移，對環境也很敏感——畢竟，猴子和人類都沒有利用這個機會來出手攻擊那個團隊的領袖。這裡提個正向事例，一種局部的「情境脈絡設定」偏誤（“context-setting” bias）——這種現象甚至在果蠅屬（*Drosophila*）類群中也觀察得到——或能帶來良好結果，例如當人們在蒙受陌生人的隨機善舉之後「把善傳下去」（pay it forward），並對其他人更加友善。

總結

如同本書標題所暗示，我們很容易記得利他行為是衍生自對無助子代之照護需求的衝動或本能。然而，很多人有可能會略過或忘記其中細節，也或許只隱約記得，這本書「與利他行為是種衝動（就像照護寶寶）存有某種關係」。為了使這種概述有其意義，你還必須記得模型的規格明確闡述了這種衝動何時發生，這反映了基因、早期環境、個體差異和情境的複雜混合成分。利他反應模型還特別強調，即便做為一種「固定行動模式」，利他反應並不會發生在任何人身上或者情境當中，而是藉由與照護子代的情境脈絡相關的「信號刺激」才「被誘發」：當受害者是幼態、弱勢、無助而且迫切需要觀察者提供援助之時。這每種特徵，還有我們檢測它們的傾向，都受到個人經驗和專門技能的影響而出現變動，反映出我們神經系統和行為中先天本性和後天養育的自然交織現象。透過適應模型的這些更微妙層面之後，我們就可以超越「人類演化為天生樂於助人」的普遍信念，並理解我們什麼時候會，以及什麼時候不會採取行動。

註釋

1 「超常刺激」一詞是早期動物行為學家創制的，指稱能自然誘發反應的物件所具有的重要特色，不過這些屬性都相當極端。例如，如果卵的圓度是誘發反應的重要特色，那麼非常大又圓的物體，就可以是超常的，並且能比典型的卵誘發更強烈或更快速的反應。

第五章

利他行為的神經基礎

本章回顧利他反應行為之神經和激素基礎的種種關鍵層面。我在我的利他反應模型學術論文中，就此提出了廣泛論述和支持證據。為幫助人們領略子代照護系統在撫育照護以及利他行為當中所扮演的角色，我專注解釋幾項關鍵屬性，好比就趨近和迴避受害者之間的神經對立，固有獎賞和催產素所扮演的角色，以及這套神經系統何時參與人類利他行為。

神經迴路就子代照護方面，能用來解釋利他行為的關鍵特徵

先前幾章描述了囓齒類動物的一套用來支持被動和主動子代照護的神經迴路，其中個體從最初避開陌生、新奇幼崽的傾向，轉變為在被誘發進入親代狀態時主動趨近牠們（見圖5.1）。這種內建於腦迴路中的神經對立，對我們理解人類利他行為至關重要，而人類的利他行為同樣具有令人尷尬的冷漠和迫切的回應這兩種特徵。

迴避亦或趨近其他人之對立狀態

囓齒類動物關乎迴避亦或趨近幼崽之對立狀態，是我們理解神經歷程的更普遍方式的一部分，這種視角運用對立狀態來平衡不同的行為。這項概念是西奧多．施奈拉（Theodore Christian Schneirla）的一個研究焦點。施奈拉於一九二五年畢業自

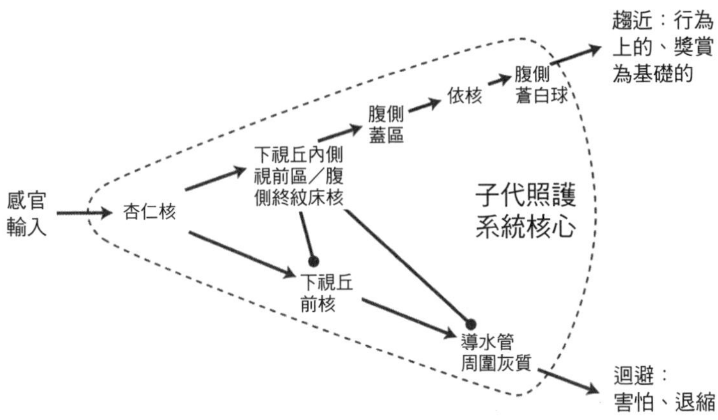

圖5.1 圖示描繪支持子代照護的神經迴路，引自囓齒類幼崽取回研究，這套迴路統稱為子代照護系統。

引自普雷斯頓的作品：Stephanie D. Preston, "The Origins of Altruism in Offspring Care," *Psychological Bulletin* 139, no. 6 (2013): 1305–41, https://doi.org/10.1037/a0031755, published by APA and reprinted with permission, License Number 5085370791674 from 6/10/2021.

密西根大學後，進入紐約大學擔任教授並任職美國自然史博物館（American Museum of Natural History），當上動物行為部門的館長。施奈拉的早期工作為探索巴拿馬的行軍蟻劫掠行為，不過此後他的對立概念還被運用在繁多類型的心理學現象，包括人格、精神病理學、腦側化和群聚團體行為（collective group behavior）。施奈拉曾經指導神經動物行為學家羅森布拉特。羅森布拉特長期擔任羅格斯大學紐瓦克分校（Rutgers University–Newark）動物行為研究所的所長，也是率先將這種子代照護對立概念應用於動物模式的先驅。他曾論證，就算非親代個體，只要有時間習慣幼崽，或者施給與懷孕相關的必要神經激素，則牠們也會取回幼崽。他的研究由他先前曾經指導過的麥可・努曼（Michael Numan）、艾莉森・弗萊明（Alison Fleming）和喬・朗斯坦（Joe Lonstein）傳承並一直延續到今天。

在子代照護的動物模型中，對幼崽的感知會激活杏仁核，並參與神經迴路之迴避和趨近這兩條路徑。就未曾交配且並未照護幼崽的動物而言，迴避迴路是從杏仁核前進到下視丘前核（AHN），接著再延伸到腦幹的導水管周圍灰質（PAG）。導水管周圍灰質位於腦底部靠近脊柱處，其神經元繼續影響體內種種歷程，好比增加興奮度並促進對新奇幼崽的迴避行為。迴避在這裡被視為「預設」狀態，因為大多數囓齒類動物起初都是處於這種非親代狀態。

就為育兒做準備的囓齒類動物而言，這種預設迴避系統反而受了杏仁核的抑制，接著才由杏仁核投射到下視丘各處腦區（這些區域的名稱似乎複雜得毫無必要，如：下視丘之內側視前區〔MPOA〕和腹側終紋床核〔vBST〕）。在這些古老的下視丘腦區當中，下一處被激活的部位就是位於腦中央深處的腹側紋狀體，這個腦區具有十分密集的多巴胺受體。多巴胺是與獎賞相關聯的神經傳導物質，能激勵動物主動趨近幼崽。

一旦幼崽依循趨近迴路被取回，安全棲身巢中，接下來成年個體和嬰兒之間的親密接觸，就為雙方帶來額外的獎賞，這是經由鴉片系統來運作，能強化來自腹側紋狀體（例如，依伏神經核）的多巴胺獎賞信號，進一步激勵未來的趨近行為。此外還有涉及麩胺酸且牽涉到前額葉皮質、海馬迴和依核之間的多種連結，從而愈益增強了幼崽與（從依核經由下視丘內側視前區發出的）獎賞訊號之間逐漸鞏固的正向連結。對於各不同物種的子代照護都不可或缺的神經激素，例如催產素和升壓素等，也都支持雌親趨近幼崽的動機，並能養成與幼崽建立長期連結關係，強化依核中對幼崽辨識特徵的記憶。這些歷程結合起來，就能確保新手雌親具有高度動機來照顧、撫育幼崽——這是種費力但具有適應性的歷程，而且對於幼崽和雌親的生存都不可或缺。

值得注意的是，這個神經迴路中的大多數區域，並不僅只處理子代照護，唯一例外大概就是下視丘內側視前區。比方說，當有機生物產生動機，朝向任何吸引人的、獎賞性的，或者很重要的目標前進時，依核與其獎賞性多巴胺神經傳導物質都會參與其中，這些標的包括食物和藥物等消耗性物品，以及不能被實際消耗的獎賞，例如幼崽、金錢或者時尚服飾等。子代照護甚至還可能並不是這套獎賞系統的最初目標，道理在於，當三疊紀晚期某個時候，哺乳類動物的演化早期，還不必投入漫長時光來撫育子代之前，牠們首先就必須取得食物和配偶。認識神經系統的這種跨領域普遍特性是相當重要的，因為當人們聽到像「撫育照護系統」或「子代照護迴路」這樣的術語時，他們就會推斷，這些區域只運用來處理這單獨一種行為。就普遍原則而言，腦區很少只支持單一範疇的行為。誠如我一再對我的學生所說的，「沒有利他行為腦區！」當然了，某些皮層分區比較喜歡特定類型的資訊，好比臉部或房屋或必須取回的幼崽，然而，這些腦區同時也參與一個能由任意類似資訊或刺激來活化的更大型系統之運作。

助人的經歷體驗與神經獎賞

回顧威爾遜克羅夫特那群勤奮不懈的雌親，牠們花上好幾個小時取回非親屬幼崽，直到實驗者精疲力竭，放棄嘗試找出牠們的突破點為止。在那項研究中，母鼠必須按壓一個槓桿，好讓幼崽沿著滑道落入隔間。依循該實驗設計，雌親在實驗任何階段其實都沒有理由按壓槓桿。雌鼠大可以端坐巢中輕鬆度日。而且當實驗者移除了最初的無條件食物獎賞或者有親緣關係的幼崽之後，這點還特別真實。就大多數制約實驗當中，當食物獎賞移除，隨後大鼠還會接連再做幾次試驗或幾組試驗，隨後牠們就會停止按壓槓桿。為什麼此處雌親繼續按壓槓桿呢？

有多種合理的原因來解釋這項奇特的事實。或許雌親是沒有辦法解除按壓槓桿和食物或子代之間的緊密關聯性，也或許是心懷期盼，指望最終會出現更多食物或者有親緣關係的幼崽才繼續按壓。特別是當雌親只得回了頭六隻幼崽，還有更多還沒有從管道俯衝下來。然而，這些解釋都未必靠得住，因為如今已有無數事例顯示，儘管獎賞撤銷了，而且已知大鼠具有辨識自己幼崽的能力，結果牠們卻依然延續這種習慣。因此，倘若雌親只是靜待更多牠自己的子代，那麼一旦注意到後續出現的，都是不熟悉的幼崽，這時牠也就沒有理由將那些幼崽帶回巢中。

儘管沒有任何傳統的獎賞，雌親卻依然接連好幾個小時不斷地按壓橫桿。這件事實向實驗者發出信號，顯示雌親是**從幼崽出現本身來獲得獎賞**，即便牠們並無親緣關係。採用史金納學派（Skinnerian）的術語，雌親的橫桿按壓行為顯示，牠們受了幼崽的高度激勵，樂意努力工作來得到牠們——而這就如同我們會努力工作來獲得其他任意獎賞，好比食物、水、酒精飲料、古柯鹼、金錢或甚至於讚美。與幼崽接觸對雌親和幼崽帶來的經驗是類似的，同樣能帶來愉悅並舒緩壓力，這也進一步增強了再次取回的動機。照這樣看來，其他個體通常也都能帶來獎賞，激發內在使命感的刺激，讓我們受了驅策來**與之**互動，並**從中**獲得情感和生理上的好處。

每當一個個體「想要」一個在過去曾經帶來獎賞的物品時，依核中與多巴胺有關的這些獎勵歷程，就會展現在參與者身上。例如，當一隻新手雌親偏愛有幼崽的籠子，至於裡面中空或裝了如古柯鹼等不同獎賞的籠子，牠就不是那麼喜愛，這時多巴胺水平就會出現變化。此外，倘若你將多巴胺從腹側紋狀體中移除，取回行為就會減弱；然而，倘若先前雌親被剝奪了幼崽，則取回行為就會恢復。因此，就像當我們非常飢餓時，食物看起來、嚐起來都更好（誠如班傑明·富蘭克林

〔Benjamin Franklin〕所說：「饑餓是最好的調味料」），雌親在被剝奪了與幼崽的慰藉接觸之後，就會更加積極地尋找幼崽。與下視丘內側視前區不同，依核對於取回行為並非不可或缺。倘若依核受損了，雌親依然有可能偏愛、護育幼崽並搭建窩巢與按壓槓桿。對依核外殼區域造成損傷，確實會干擾母性行為和幼崽取回行為，不過並非立刻產生影響，而是只有在經歷了一些試驗或者經過一天之後才會發生，我們推斷這就意味著依核對於取回行為本身並非真正必要，而是會在正常情況下支持行為的繼續進行。

依核的外殼區域以及類鴉片，都與我們對於可消耗性獎賞的「喜好」有關，卻不牽連對它們的「渴望」感受（因為渴望是與依核的核心以及與多巴胺連帶有關）。例如，倘若你增加腦中的類鴉片含量，各個物種的被動和主動母性照護行為也都會增強。反過來講，若是你降低鴉片含量，則對幼崽的保護、取回和理毛的行為也都會隨之減弱。在沒有類鴉片的情況下，靈長類動物母親對自己嬰兒的「焦點關注」也會跟著消失。因此，下視丘內側視前區對於幼崽的取回是必要的，至於依核內的多巴胺和阿片類物質，在初始取回歷程中仍是不可或缺，這樣才能確保幼崽變得具有獎賞價值和激勵作用，進而促使這種行為形成習慣。

把這點應用於人類的利他行為，人們可以內隱預測何時幫助他人會感到愉悅，這促使在合宜時候進行照護，例如當一位親密關係者需要幫助時，或當幫助可以緩解我們的苦難時。既然這種獎賞預測是由這些古老的神經迴路負責處理，就算沒有意識察覺任何獎賞，或者不預期幫助能帶來獎賞，幫助衝動仍是有可能出現的。因此，當我們對伴隨著獎賞的幫助行為抱持貶抑態度之時，情況也就更顯得極不公平，畢竟在提供幫助的時候，我們甚至也不見得就知道未來會有這份獎賞。有時人們清楚知道幫助的好處，然而這種策略性的幫助，涉及種種認知的和神經的歷程，而這些並不是利他衝動所需要的，即便它們可以補充這種衝動之不足，如下所述。

催產素能有效緩解迴避行為，並促進被動照護舉止

這個系統還另有個經過深入研究的屬性，那就是神經肽激素催產素所扮演的角色，該激素就各個物種而言，在分娩和與新生兒建立緊密關係以及提供照護上，都扮演關鍵角色。就囓齒類動物來說，催產素能緩解對幼崽的自然迴避行為，並促進被動的母性行為，如蹲伏、駝背、舔舐和護育。就實驗小鼠而言，若移除了催產素基因（fosB基因），母性行為就會嚴重受損。即使在沒有催產素的情況下，小鼠依然會趨近、舔舐並蹲伏在非親族幼崽身上，不過牠們比較不會將牠們銜起或者挪到安全處所。相同道理，當富含催產素的室旁核腦區受了損傷，就會導致雌親迴避幼崽，有時甚至會把牠們吃掉。抑制催產素或升壓素在下視丘內側視前區（負責幼崽取回動作的下視丘關

鍵腦區）產生作用，也會減損幼崽取回行為。子代照護系統的多處分區都含有催產素受體，包括腹側蓋區、下視丘內側視前區和依核。 催產素和多巴胺在腹側蓋區和依核中互動影響以促進反應。例如，將催產素注入囓齒類動物的腦中，隨後中腦邊緣皮質系統的多巴胺系統就會被活化。因此，大量證據確認了催產素在促進子代照護中所扮演的角色。

人類利他行為之相關神經系統證據

根據小鼠和大鼠等動物模型以及綿羊和猴等其他哺乳類動物的照護行為得出的證據，看來催產素也就像多巴胺，同樣對於執行取回的能力也並非不可或缺，但能藉由讓雌性對趨近幼崽不那麼感到焦慮，同時促進與幼崽的感情紐帶以及對幼崽的記憶，從而鼓舞取回行為。運用於利他反應，催產素應該能緩解我們在社交情境中迴避他人，讓我們感到充分自在地趨近他們，同時促進與親密社交夥伴的感情紐帶，於是我們會持續追尋這種關係。

人類的相仿撫育照護歷程

支持囓齒類動物子代取回的機制，與人類的照護表現相關機制相仿。就各種哺乳類動物而言，新生兒都很吸引人摟抱，也很令人心情舒暢——甚至猴子有時還會「綁架」其他個體的嬰兒，只為了可以將牠們當成自己的嬰兒抱在懷中。人類祖父母有可能堅持擁抱他們的孫子，即便母親反對，認為嬰兒應該睡在嬰兒床上、坐高椅子，或者坐在汽車座椅上並扣緊安全帶。有時在雜貨店還會見到完全陌生的人觸摸小嬰兒，甚至還做出恐怖舉止，伸手摸孕婦的肚子。有時這種衝動甚至還擴展到其他物種的新生兒，例如，有時人們會花費大量時間和金錢，前往動物園或收容所觀看、撫摸可愛的小動物，或與其玩耍。要想不趨近自己陷入哀傷的可愛孩子是很困難的，即使那違背了你自己的育兒理念。例如，當你的孩子跌倒或受傷了，倘若你不予理會，他們啼哭的時間就會比較短，然而你或許依然會受內心驅使而趕往探視，好將他們抱起，用你充滿愛的溫暖懷抱來安撫他們——即便這會讓他們的哀傷延續得更久。我們自己內心的巨大矛盾，以及育兒理念互異的父母之間的矛盾，關於孩子是否總是必須即時取回，或者有時應該讓他們單獨啼哭的爭議，驗證了對於趨近無助的、哀傷的和需要幫忙的孩子的衝動是多麼強烈。

即便我們腦中擁有一組能驅使我們對嬰兒或一般苦難做出反應的迴路，個別個體在各自情況下的反應方式依然有差異。例如，本章的一位讀者認為該模型完全不正確，因為該個體並沒有感受到抱起或撫慰遭逢苦難孩子的衝動。我那尚未生育的青少年小孩，每天都花好幾個小時上網欣賞新生動物的可愛照片。這類形形色色的報告顯示，這種機制是根植於眾多相互作用的基因，而這些基因都受了個體的獨特基因組合以及環境的影響，從而產生出了形式繁多的反應。例如，法蘭西斯．高爾頓爵士（Francis Galton）便在一八〇〇年代運用中央極限定理（central limit theorem）論證了人類身高是由眾多基因編碼以及環境因素共同作用而成的。既然人們身高呈常態分佈，大多數人的身高都是中等的，偏向極矮或極高的人數則愈來愈少，身高不可能只靠一、兩個基因來編碼決定。如果身高只由一、兩個基因來決定，你就可以根據父母的身高，來直接預測任何孩子的身高，然而這是辦不到的，至少不能非常精確地預測。因此，高爾頓論證身高必然是由多個交互作用的基因來決定，同時也受到其他變量的影響，好比飲食和隨機非遺傳性干擾變量，由 W 代表。[1]

$$H = X_1 + X_2 + \cdots + X_n + W$$

此外，由於在過去數十年和數個世紀期間，人們的身高逐漸增長，隨著工業化程度漸增並且取得更好的營養，人們也愈來愈高，顯示環境影響了身高基因的表現（見圖5.2）。（別忘了，基因在設計上對情境脈絡非常敏感。）因此，如同人們在判定中性的面部表情是正向的微笑或者是負面的皺眉時會出現偏誤一樣，大多數人在看到一名年幼的孩子處於重大苦難並有迫切需求時都會趕往援助，同時仍有些人則堅定認為，就算是有明顯需求的兒童，也必須自行解決問題，還有些人會毫不猶豫地伸出援手。這些變異實例——維多利亞時期有關身高的統計數據，以及我們對兒童需求之敏感度的變異——證明了即使是旨在促進某種反應衝動的神經迴路，也不是在所有人身上（或者就同一個人在所有時間）都會造就出相同的行為。即使是我們與大鼠共通的神經迴路，也可能因個體、環境和情境之不同而產生出合乎情理的複雜反應。

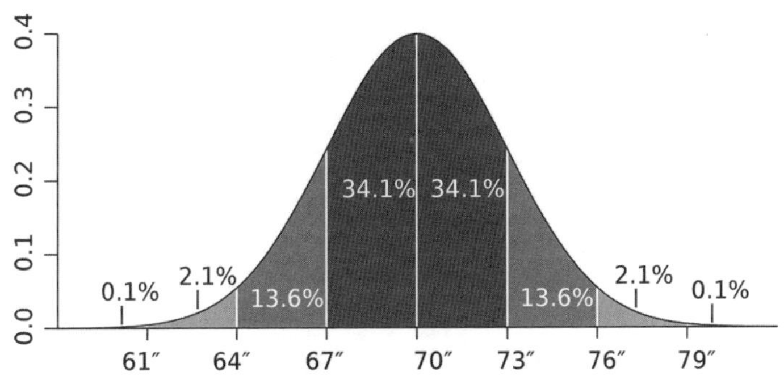

圖5.2　顯示美國男性在各等級身高所佔百分比的直方圖，圖示呈常態分佈，大多數集中在178公分左右的中間值。

繪製者：Cmglee，CC 2.5。

人類的利他反應神經迴路

根據描述，嚙齒類動物特別會對幼崽的氣味和超音波啼哭有反應，至於人類則較有可能看到並聽到能匹配我們本身聽覺系統的（頻率低得多的）受害者哭聲。有些人表示，我們的聽覺系統本身經過了演化，依其頻譜範圍能聽到嬰兒的啼哭聲，造就了對生存的重要性（當然因果關係也可能被反轉）。我們的聽覺系統經過調校，特別擅長處理嬰兒啼哭的精確頻率（三到四千赫）。人類學家暨歌劇演唱家威廉・比曼（William Beeman）指出，這個頻率還對應到歌手聲音範圍中最具情感誘發力的部分，被稱為「歌手共振區」（singer formant region）。

感知到苦難之後，多處腦區會協同工作，將事件標記為重要狀況並促使做出反應。快速的感知路徑就我們所感知內容的編碼比較沒有那麼詳盡，但可以直接從丘腦傳訊激活杏仁核，並無需事先費心處理諸如究竟是誰需要幫助以及他們的問題所在等細節。這樣從杏仁核迅速啟動的腦部活動，隨後就可以透過直接投射到腦幹自主區域，接著再循此來提高心率並準備好我們的肌肉，從而快速做好應變準備。這種杏仁核激活作用，在將刺激標記為重要狀況之後，還會增強比較緩慢的神經路線，接著就由它依循從腦後側往腦前側的路徑，順延皮層頂部和底部同步進展，一路持續判定情況的明確本質。這種比較遲緩的歷程是必要的，這樣才能判定較快、較高效率歷程有可能忽略的人、地或物的層面，好比受害者的身分或者他的／她的精確空間位置。這種比較緩慢的皮層處理歷程，還讓我們能夠將受害者的苦難，擺進我們所經歷的其他事件之情境脈絡當中，好比將它與該個體或情境的記憶聯繫起來，於是就能根據過往經驗所認識的特性，量身訂製我們的反應。

在感知並辨識了受害者的苦難和需求之後，支持囓齒類動物子代照護的那相同腦區，也支持人類的利他反應（見圖

5.3）。就囓齒類動物的情況，下視丘內側視前區專門負責幼崽取回，因此就人類的利他行為而論，除非受害者實際需要肢體行動取回——例如英勇的救援，否則該區有可能並不參與。要確認下視丘內側視前區的這種潛在作用會需要時間，因為它很小，也因此難以使用當前的人類功能神經造影技術（功能性磁振造影）來準確定位。由於這個技術問題，我們對下視丘內側視前區在人類整體行為中扮演哪種角色幾無所知，對於它在利

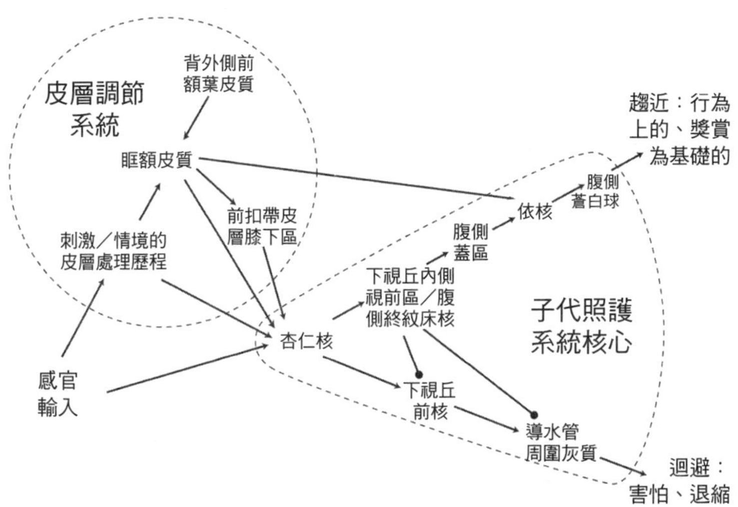

圖5.3　一種擴充版本的子代照護系統，其中我增添了它和參與人類利他決策之額葉和皮層區域之間的重要已知連結，稱為擴充型照護系統（extended caregiving system）。

引自普雷斯頓的作品：Stephanie D. Preston, “The Origins of Altruism in Offspring Care,” *Psychological Bulletin* 139, no. 6 (2013): 1305–41, https://doi.org/10.1037/a0031755, published by APA and reprinted with permission, License Number 5085370791674 from 6/10/2021.

他反應情境脈絡中的作用甚至還了解得更少。相較之下，我們已有證據表明，該迴路中的其他腦區，好比杏仁核、下視丘和依核，也參與了涉及嬰兒、照護和利他行為的種種情境。

受額葉情感表達影響，所做出的決策

在人類的決策歷程中，有關情緒、受害者、情境和可能結果的資訊會匯聚在額葉皮質的一個部分，這處腦區位於眼睛正後方，在前額葉皮質的前部和底部。這個「眶額皮質」（Orbitofrontal Cortex, OFC）整合了有關個人和情境的信號，加上我們對它們的情緒反應，從而產生出在整體考量之後的有利反應。杏仁核產生對情境的初步情感反應，至於海馬迴和其他皮質腦區則與眶額皮質和依核協同運作，共同編碼處理就人或事件的相關學習連結，使我們能夠基於過往經驗，將人與情境置於背景脈絡之中。眶額皮質也會向杏仁核回送訊號（特別是發向基底外側杏仁核），來影響我們對不確定性的反應。

就情況不那麼緊急的情況下，人們確實經常就坐下來思考他們的選擇，而這就涉及（負責處理情感、運動反應和激發的）較古老腦區以及（眶額皮質和背外側前額葉皮質等）較新的額葉腦區之間的交互聯繫。在這類不那麼緊急的情況下，人們有時間比較可能的結果以便做出明智的抉擇，這時比較古老的和比較新穎的腦區就會共同協作，將種種可能性納入考量，並將它們保留在腦海中，直到我們釐清哪種可能的結果感覺最好，以選出我們的反應。例如，當人們在賭博賽局中試圖判定該從哪一副撲克牌中選擇時，背外側前額葉皮質有必要開發一個有意識的、明確的理解牌組的相對好壞結果。然而，僅只傾向於選擇較好的牌，而不是較差的牌，並不需要工作記憶和對各種可能性的自覺認識。

舉例說明這種內隱式傾向歷程，丹・特拉內爾（Dan Tranel）和安東尼奧・達馬西奧（Antonio Damasio）在愛荷華大學醫院研究了一位名叫「博斯韋爾」（Boswell）的失憶患者。博斯韋爾的內側顳葉受了大範圍損傷。他記不住臉孔，包括多年來為他提供醫療照護的人員的臉孔。當他看著熟悉的和陌生的臉孔時，就連他的皮膚電導興奮反應看起來也沒有不同。儘管罹患嚴重失憶症狀，博斯韋爾仍然能夠區辨出最近有哪些照護者對他很好，又有哪些對他不好。當他面對最近對他很好的照護者時，他的皮膚電導興奮反應就會增強，他會從一群照護者中選出他喜愛的那群，要求由他們來進行處置，儘管他並不是明確記得曾與他們見面或認識他們，也不記得從前他們是如何對待他。博斯韋爾的腦子保留了他與這些照護者互動的內隱式情感記憶，這影響了他的選擇。另有一點還讓博斯韋爾的案例更引人矚目，因為他還遭受了海馬迴和杏仁核的雙側損傷——這兩處古老腦區通常是創建情感記憶不可或缺的要素。這麼說來，或許博斯韋爾完整的前額葉皮質和紋狀體能幫他將人與獎賞食物本身聯繫在一起，特別是由於他在選擇喜歡的人或願意幫助他的人方面，表現得並不那麼成功。[2]

你可以將這些決策歷程應用於你自己的日常生活當中。例如，倘若你的鄰居過來討一杯糖或者借你的割草機，你的依核、杏仁核和海馬迴就會與你的眶額皮質共同作用，讓你回想起與那個鄰居以及與他過往行為的一切經歷。他以前是否曾經在你舉辦開放式派對時報警或者是帶來一瓶昂貴的葡萄酒？眶額皮質與背外側前額葉皮質會共同嘗試將這樣的記憶保存在額葉腦中，引導你做出是否要幫助那位鄰居的決定。根據這些資訊，如果他過去對你友好，你就可能趨近他，肯定會給他一些糖或者出借你的割草機——甚至當他努力搬運包裹到家門口或剷除人行道上的冰時，跑過去出手援助。倘若他要求你提供更昂貴或更持久的幫助，比如在他旅行玩樂一個月期間照顧他的貓，這時你的意識就會花更久時間，更繁複斟酌每種情況該怎麼因應。在這種情況下，你有可能會坐下來認真考慮他過去為你做了什麼，你對他的喜好程度，這種援助對你們之間的關係會有多大貢獻，以及如果你回絕了，心中會感到多麼內疚。這種額外和持續的認知歷程，也可以幫助人們抑制與自己的長期目標相衝突的直覺反應，並且這也讓人們得以在沒有幫助衝動，但能帶來好處的情況下依然做出反應。例如，當你的鄰居要把沙發推進前門，因為太重了喊叫出聲，你仍可能紋絲不動，因為你知道他是在裝模作樣，他有強壯的兒子，或者家財萬貫有錢雇用搬運工，或者上個月當你設法運走一台冰箱時，他就只閑坐草坪椅上動也不動。

研究者和一般人同樣總會想起這類深思熟慮的案例——當

他們長時間費心思考是否幫忙——即使這樣的深思熟慮並不是非常頻繁，而且這種本能歷程也不是非常低層級，卻仍有可能發揮重要的作用。例如，當你觀看一則悲傷的電視廣告呼籲捐款幫助非洲貧困兒童時，古老的子代照護系統有可能在你感知到一位明顯受苦、需要食物才能再活過一天的幼童時被啟動活化——即便在這種情況下你有充裕時間來落實任何決定。當你觀看了一則感人的電視求助廣告之後，你仍然需要從沙發上起身，找到錢包，弄清楚你應該登入哪個網站或撥打哪個電話號碼來捐款，並決定多少錢會讓你感到自己是慷慨的，同時不會影響每個月汽車貸款的支付。

因此，即使人們投入大量時間來決定要不要幫助鄰居，並回顧某特定事件或者想像某種可能的結果，相關資訊以及你思考它的方式，仍只代表一種支持大多數決策的學習而來的高度情緒化歷程的冰山一角，這些決策有很大一部分是與其他動物相通的。這裡提一種簡單的「直覺檢核」，想想當你的利弊清單上的事實明顯與你的第一選擇相符時，你卻沒有選擇首選，反而選定了第二選擇。舉例來說，有上百萬（左右）個理由告訴我應該在每天結束時去划獨木舟，反面理由或許只有一個，然而我卻很少去。例如，我已經設定了一個目標，要多運動，要更頻繁使用我花許多錢買的皮艇，並且要享受大自然來作為放鬆和品味生活的方式。然而，不知怎麼的，在每天結束時，當我開始考慮是否去划皮艇，最終卻總是坐下來喝啤酒或者吃點心，因為總體來講，划皮艇看起來實在是太累人了。[3]因此，即使是明確、精打細算的和理性的決策，也是由隱式的情感聯想、預測的結果以及我們賦予每種屬性的價值來支持，這些價值是很難在簡單的利弊清單上呈現的資訊。相同道理，即便是人類的利他反應也受到我們與其他物種共享的情感和皮質下歷程的強烈影響，這些歷程並非總是有意識的，而是被即時的獎賞所激發，好比在迅速救援之後所感受到的溫暖和安全，或是在喝了一杯冰冷啤酒之後所產生的鬆弛感受。

出自人類神經經濟學的證據

如果腦中的子代照護與人類利他反應之間確實存有一種同源性，那麼在囓齒類動物中支持子代照護的腦區，也應該在人類利他行為表現期間被激活。迄今證據應已足夠，儘管並不完美而且是間接的。畢竟，躺在嘈雜的功能性磁振造影儀中動也不動地重現英勇救援行為是很困難的，而且對現代醫學也不是特別有好處。儘管存有這些限制，仍有許多一致相符的證據表明，負責支持子代照護的腦區（例如：眶額皮質、依核、腦島〔insula〕、杏仁核），也都參與人類的幫助決策，即便在與囓齒類動物幼崽取回有所不同的情況下，好比當一個成年人給予另一個並沒有迫切需求的成年陌生人金錢。

就心理學領域，有關利他主義的實驗，多半涉及行為經濟學賽局，其中一名受試者（通常是學生）從實驗者那裡拿到一筆金錢，然後決定要將多少金額捐贈或託付給一個陌生人（通常是另一名學生），或者就不捐贈只保留給自己。在「最後通牒賽局」（ultimatum game）中，實驗受試者可以將他們的任意金額金錢提供給一個陌生人，該陌生人可以接受或拒絕這份禮物。客觀而言，夥伴永遠不應該拒絕免費的錢，但他們卻經常這樣做，經濟學家解釋這證明我們具有一種一般的偏誤，傾向於合作並懲罰不合作的人。當參與者認為當第一個人給他們不公平提議的時候，腦島和前扣帶皮層的腦活動隨之提增，這兩處據信就是追蹤與受到不公平對待連帶有關之負面情緒的腦區。在這場賽局中，背外側前額葉皮質的腦活動也提增了，這處範圍據信就是抑制接受者拒絕不公平提議之意願，以便他們可以從這筆意外之財獲益，即便這看起來是不公平的。舉例來說，當研究人員使用跨顱磁刺激（transcranial magnetic stimulation, TMS）阻塞側向額葉皮質（包括右側背外側前額葉皮質）的腦活動時，接受者就比較不可能懲罰不公平的提議，即便他們體認到這是不公平的。反過來講，當人們的前額葉皮質較偏向腹側和內側的部位（稱為腹側和內側前額葉皮質，類似於眶額皮質但尺寸更大，界定也比較不明確的腦區）遭受腦損傷之時，他們就會更頻繁拒絕不公平的提議。因此，或許前額葉皮質的側向部位會抑制紋狀體的獎賞追尋歷程，而完整腦中的腹內側腦區則緩和了由腦島和前扣帶皮層中，與嫌惡相關的歷程所推動的較短期懲罰慾望，從而使我們得以獲得善意的長期獎賞。

在「託付賽局」中，受試者拿到一筆錢，並可以將其中一部分託付給一個陌生人作為投資。接著實驗者將陌生人得到的新禮物乘以一定倍數，而且接受方可以隨心所欲將這筆更大額的新錢中的部分返還給原始的受試者（包括完全不歸還）。將初始配額託付給夥伴的受試者，在等待了解對方決定之時，前額葉皮質表現出更多的腦活動，該部位腦區活躍程度超過不託付夥伴或認為夥伴是一台電腦的受試者。當賽局中的兩個夥伴同時接受掃描時，就會發現扣帶、中隔、腹側蓋區和下視丘等區的腦活動都會增強——這通常是發生在給予或接受託付之時。負責控制催產素和升壓素之作用表現的中隔和下視丘前部，在賽局正向、信任的夥伴關係中受發揮作用，支持了利他反應模型。然而，要想在下達決定之前預測夥伴的反應就比較需要扣帶，而當夥伴總是能相互信賴，這就不是必要的了。在受到背叛且信賴和互惠程度都比較低的情況下，腹側蓋區的活動就會增強。綜合起來，信賴關係似乎會影響行為使偏向合作，較少動用認知努力且伴隨較多社會聯繫考量，至於不穩定的關係需要更多方考慮對方可能採取的行動，以及在任何給定嘗試中的獎賞水平。在有關這種賽局的一次正子發射斷層掃描（PET）腦成像研究中，處置提案人可以懲罰違約沒有返還任何倍乘禮物的夥伴。在這種情況下，當參與者懲罰違約的夥伴時，背側紋狀體（即尾狀核〔caudate〕）和丘腦處的腦活動就會增強（對比於不懲罰或者只象徵性懲罰的情況）；而且背側紋狀體的活動程度，甚至還與受背棄的夥伴所願意支付來懲罰他們的金額相關。當自掏腰包出錢懲罰違約的夥伴時，內側前額葉皮質（眶額皮質、腹內側前額葉皮質）的腦活動增強了，這或許表明了這些接受者將他們相互抗衡的目標整合為令人滿意的選擇。因此，即便這樣做需要花錢，利他的懲罰似乎也會獎勵施加懲罰的人。

在「囚犯困境賽局」中，倘若雙方分別選擇合作，兩邊都能獲得最高額金錢；但如果兩者都選擇背叛，則雙方都不會獲得任何金錢；一方背叛另一方合作，那麼背叛者將獲得全額金錢。當兩位女性在任務中選擇合作，眶額皮質和依核的腦活動就會增強，研究人員說明這是合作能帶來獎賞並具有增強作用的跡象。當一個人的信賴隨後從可靠夥伴的合作而獲得獎賞時，腹內側前額葉皮質和腹側紋狀體的腦活動便隨之增強，勝過當信賴對方的人經歷對方背叛的狀況。在類似的遊戲中，參與者在腦掃描器中與假夥伴對壘，後者的行為會是公平或是不公平，然後對方會遭受（同樣是假的）電擊。如同博斯韋爾（Boswell）的失憶症患者，公平的夥伴受到正面看待（更友好、討喜和具有吸引力），當參與者看到他們的假的公平夥伴遭受電擊時，對比不公平的夥伴被電擊的情況，他們會感到更強烈的「共情痛感」（empathic pain）（代表感受痛苦之腦島和前扣帶皮層的活化程度增強了），這種作用在女性和具同理性格的人群中表現得最為明顯。就女性而言，相較於面對公平玩家的情況，當面對不公平玩家時，她們的腦島和前扣帶皮層所表現的共情痛感反應程度較低，不過當男性觀察到不公平夥伴遭受電擊時，他們並不表現出共情痛感反應。此外，還有種只見於男性的情況，那就是當不公平玩家遭受電擊時，依核和眶額皮質的活動增強了，研究人員解釋，這就是男性享受對方的痛苦（亦即「幸災樂禍」）的一種徵兆，這與他們的報復慾是相關的。

總而言之，人們透過累積的經驗來與他人建立情感聯繫，接著這種情感聯繫又進一步影響他們在他人需要幫助時的反應方式。我們喜歡並同理對待與我們合作的人，至於讓我們失望或者利用我們的人，則會感到不悅與較少的好感。因此，當鄰居帶給我們一份厚禮後在冰滑人行道上摔跤，我們很有可能湧現衝動匆匆趕去（甚至往後還可能為他鏟雪），即便如此，倘若他之前曾經報警打斷我們的派對，那我們自然會在溫暖的客廳裡冷眼竊笑他的現世報。

從催產素測量得出的證據

提出這些研究旨在解釋，與子代照護相關的以及在情感上影響決策的腦區，同樣也支持人類下達決定。還有大量研究也支持催產素在人類利他行為中的同源角色，這些一般都使用與先前相同的行為經濟學賽局。例如，當參與者信任他們的夥伴並返還較多金錢給付出者時，特別是當這種交換看似是刻意為之（超乎所轉移的金額本身）時，血中的催產素含量也跟著增加。若是在信任賽局前，透過參與者的鼻腔施予催產素，則第一個人會給予更多金錢給他們的夥伴，特別是如果他們事先接受了按摩，這有可能肇因於深層的私密接觸上調了催產素水平。獨裁者賽局（dictator game）中，給予陌生人較多金錢的參與者，編碼促成催產素表達的啟動子基因（promoter gene）長度也更長。就採用功能性神經成像法來研究的賽局，接受了催產素的參與者在經歷另一方背叛後，並不會減少對夥伴的信賴，而這種信賴減少正與杏仁核、中腦和背側紋狀體（這些腦區支持子代照護，也支持以獎賞為本的普通決策）之腦活動低落現象連帶有關。催產素的施予也減弱了杏仁核對旁人痛苦的反應，然而催產素、共情痛感和金錢捐贈之間，並沒有任何直接相關。

這些涉及催產素的實驗當中有些還沒有經過複製，至於結合許多相似研究影響的統計分析指出，催產素的影響很小，很可能與零無異，或只影響某些測量指標（例如，臉部情緒識別或者對圈內團體的信任度較高，超過對圈外團體）。這裡有種指導原則，考慮到催產素的演化起源和它在跨物種情況中發揮作用的背景脈絡，我們應該預期催產素只會在存有社會紐帶情況下支持行為，而不應假設它還參與涉及其他類型獎賞的非自然實驗情境。相較之下，依核顯然更能在各不同情境中參與作用，這是由於它涉及一切包含激勵獎賞的任何選擇，而不僅只是與社會紐帶有關。我們應明確測試，催產素是否在涉及關懷照護與感情紐帶的背景脈絡中更深入參與作用，勝過與陌生人進行抽象的金融交易（例如，與親密的他人從事人際交往，對比於將「實驗用款」施給陌生人的情境）。

從人類慈善奉獻取得的證據

好幾項研究都探討了人類做慈善捐款時的神經活動。比起將「實驗用款」捐贈給其他富裕大學生，這種情境脈絡還更像子代照護，不過這依然不算是英勇行為或貨真價實的拯救。起碼在慈善捐款中，受益者被描述為具有明確需求，可能更能觸動眾人心弦。

一項研究比較了根據受試者是否在贈送禮物時也收到錢（較不利他）或僅只捐贈出去（較利他），以及他們的捐款是否為強制性，好比為了節稅（較不利他），或是自願的，好比當成贈禮（較利他）。當慈善機構和受試者雙方都收到錢，這時多巴胺腹側紋狀體的腦活動就會增強，而表現紋狀體活化作用的自願捐款者所捐款項為強制捐款者數額的兩倍。當受試者自願捐贈時，尾狀核和右側依核的腦活動會增強，參與者對他們的禮物會更滿意，而這就支持了當禮物是真誠的，人們會因為給予而感受到「溫馨熱情」的獎賞。

一項相仿研究吩咐受試者將自己或實驗者的錢，分配給形形色色抱持對立政治意識形態的真實慈善機構。就這種情境脈絡，接受捐款者和向慈善機構捐款者都會觸動活化多巴胺中腦邊緣皮質系統，包括腹側蓋區和背側與腹側紋狀體。這種活動也與受試者感到的自豪和感激程度彼此相關。隨著捐款對他們來說變得更昂貴，腹側紋狀體的活動還會進一步增強。比較無私或昂貴的捐贈，通常會更強烈觸動活化前側腦區（例如，前極區和內側額葉皮質），並與受試者在現實生活中捐贈給慈善機構的金額相關。當受試者捐贈的款項超過收到的金額，前扣帶皮質膝下區的活化程度就會增強，該腦區也牽涉另一項研究中對傷害他人感到內疚的情境（見圖5.4）。

跨領域研究顯示，這個特定腦區——前扣帶皮層膝下區——是有效表現利他行為反應的要件，因為它有助於在悲傷或苦難情況下調節情緒和副交感神經系統。前扣帶皮層膝下區與子代照護系統中的其他區域繁複交織，並與以獎賞為本的決策區綿密互連，這些腦區包括：眶額皮質、外側下視丘、杏仁核、依核、海馬迴岬下腳（subiculum）、腹側蓋區、中縫藍斑核（raphe locus coeruleus）、導水管周圍灰質和孤束核（nucleus tractus solitarius, NTS）。需求的表達通常涉及悲傷或苦難，這應該能激活副交感神經系統和前扣帶皮層膝下區。舉例來說，母親聽到嬰兒的啼哭時，前扣帶皮層膝下區就會被激活，因此它就成為支持我們對身邊苦難人士表現利他反應的合宜候選因子。

在實驗室中，我們試圖更直接地測試利他反應模型，向參與者描述一些慈善事業，並說明他們可以動用在研究中執行手指敲擊工作項目賺來的錢捐款支持。參與者並不知道，關於慈善機構的敘述有不同對比，好比受害者是新生兒亦或成人，是即刻需要援助或只是為往後的可能情況做準備，還有援助方式可以是養育呵護的或者英勇的形式。結果一如預測，當援助必須是即時的與英勇形式的，受試者更偏愛捐款給年輕的受害者。但在一起料想之外的三方互動中，最高的捐款則是分配給

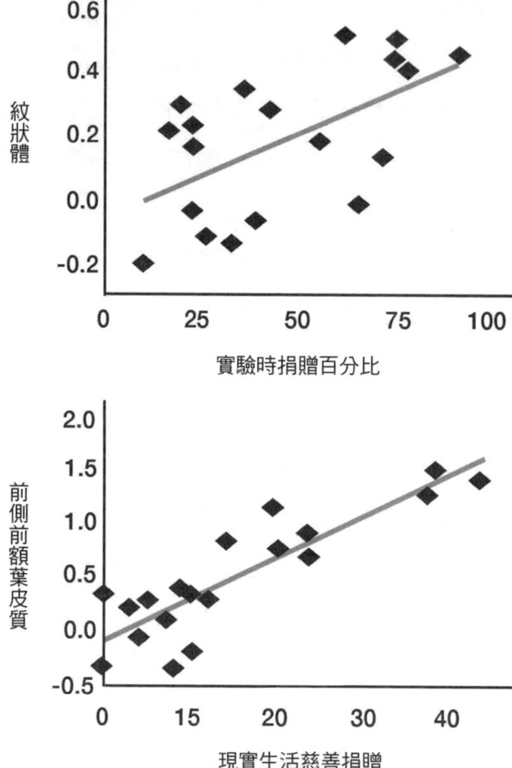

圖5.4　這幅研究插圖顯示，當受試者向慈善機構捐款的金額增加時，紋狀體的參與程度也更高，而當在現實生活中捐贈更多的人執行工作項目時，前側前額葉皮質便涉入參與。這兩處腦區都是擴充型照護系統的核心要項。

本圖由普雷斯頓重新繪製：Redrawn by Stephanie D. Preston from information in J. Moll, F. Krueger, R. Zahn, M. Pardini, R. de Oliveira-Souza, and J. Grafman, "Human Fronto-Mesolimbic Networks Guide Decisions About Charitable Donation," *Proceedings of the National Academy of Sciences USA* 103, no. 42 (October 17, 2006): 15623–28. Copyright 2006 by National Academy of Sciences, U.S.A.

了立即需要養育呵護型援助的年輕受害者。這種捐出自己金錢的贈與高峰值與（規劃並執行運動反應所需的）多處腦區的腦活動連帶有關——這些腦區在這同一實驗的（不涉及人或錢的）運動外伸工作項目也有所牽連。依此，我們論證說明了當受害者與情境類似子代照護情境，這種狀況就會促進對陌生人表現利他反應，正如利他反應模型所預測。

總結

先前的研究在很大程度上支持利他反應模型，因為在人們表現利他行為時，支持子代照護的腦區都同樣參與其中，即便在完全不會感受取回無助新生兒一類衝動的實驗中也是。當背景脈絡愈貼近有援助需求嬰兒之所處情境，反應就會更高程度動用古老的、皮質下腦區，這些就是已知囓齒類動物支持子代照護的腦區（例如：下視丘、前扣帶皮層膝下區和腦幹）。大多數實驗都能論證表明，在下達幫助旁人的決策過程，以獎賞為本的決策腦區（例如腹側紋狀體、腹側蓋區和依核）所扮演的角色——特別是當人們對他們的反應感到滿意時，無論這是帶給自己的禮物或是對他人的懲罰。相較而言，當決策涉及相互衝突的反應，參與者必須予以整合來做出選擇，此時，眶額皮質的參與程度就會比較高。這與以下觀點一致，亦即當給予決策愈自發自然，而且種種獎賞相互契合時，就可以由古老的皮質下歷程來處理，至於更細思周詳的決策，則需要這些古老照護腦區（好比依核、前扣帶皮層和腦島等）貢獻資訊，輸入額葉各區，來協助人們在愈益複雜和逐漸開展的情境中做出明智的決策。鑑於各研究所動用腦區的多樣性，顯然腦中並不存在「利他行為區」。實際上，任意給定腦區的相對活動程度，取決於研究課題、工作項目和個體而定。

這些研究當中，完全沒有哪項檢視了在工業化和金錢這類抽象概念發明之前，就已經存在許久的種種援助模式。當然了，現實世界存有等同於捐贈金錢的明確決策——這些選擇以目前我們擁有的神經成像學方法來研究會容易得多。慈善捐款有點像是人類祖先的給予形式，因為這種舉動至少涉及一位需要幫助的受害者，而我們身為觀察者也秉持某種可測量的動機來做出反應。然而，即便是這些研究，也要求參與者必須有意識地深思，而不只是基於某種主動的幫助衝動的驅使。當某人趨向一位有援助需求的受害者時，他的決策就比較直截了當，並沒有清楚明確的代價，捐贈者也不需要犧牲任何自己的獎賞來施給受贈者。

根據利他反應模型，人們唯有在感到能力十足而且預測會成功的情況下，才會湧現拯救受害者的衝動。在這種情況下，觀察者甚至可以在不冒什麼風險的情況下拯救一條生命（除了有可能聲聞遐邇惹來麻煩）。當我們接近商場裡的迷路幼童、幫助鄰里小孩重新騎上自行車，或者伸手扶持險些跌倒的公車乘客時，我們並未放棄金錢或者做出任何重大抉擇。這些舉動在名義上只算是種決策，其實所有動作也都是這樣（因為這是在多種可行的舉動中選擇了一種）；然而，在這類日常狀況中，幫助的替代方案並不必然在幫助者心中特別凸顯。當幫助者的反應愈像是取回無助嬰兒，則該反應就愈能迅速主導進程，而不是呈現出它是選項之一的相貌。

在典型的利他反應行動中還有其他選項，是情境的特色，並不是付出者心智的特徵。這種區別對於利他反應模型至關重要，然而它在現有的決策、道德和利他行為模型中，卻也遭受嚴重漠視。

甚至，就多數經濟學和神經成像學研究所需的受控認知歷程，也可能「抑制」人們想要幫助的自然動機，因為這讓他們脫離了自然驅力的狀態。例如，研究人員比較兒童和黑猩猩的利他反應時發現，當出手幫忙會得到獎賞，受試者並不會因此提供更多幫助；事實上，當幫忙會得到獎賞時，二十個月大的兒童提供的幫助反而會減少，這可能是由於金錢抵銷了唯有在給予刻意的和真誠的禮物之後，才會湧現的溫馨熱情。

神經科學有必要設計出種種能檢視直接、即時助人反應的方法，以此來探究人們如何協助明顯身陷苦難並有明確需求的人。傳統的旁觀者範式的變體或許能幫上忙，還有在非人類研究中，一隻動物終止另一隻動物所受苦難的變形樣式也可能派得上用場。這樣的工作項目，料想當能激活腦中較偏向後側和內側的腦區（例如，杏仁核、依核和前扣帶皮層膝下區），而不是執行更明確選擇時必須動用的額葉各區（例如，額極〔frontal pole〕、背外側前額葉皮質、腹內側前額葉皮質）。此外，研究還應該判定，深思熟慮會妨礙或抑制衝動反應到什麼程度，鑑於目前主導知識的是需要權衡的抽象式、貨幣型工作事項，即便它們並不能概括適用我們現實世界的援助類型。

心理學和神經科學都還沒有對利他反應模型進行直接測試，但在神經科學中，有關人類利他行為的綜合研究，已經得出了匯聚型證據，交叉驗證了涉及多巴胺和以獎賞為本之決策腦區（例如：眶額皮質、杏仁核、下視丘、依核、前扣帶皮質膝下區）也都參與作用，這些區域也受催產素的調節，並參與其中，正如它們在子代照護中的狀況。未來研究工作可以更直接地測試無助的、遭逢苦難並需要幫助的新生兒的具體特徵，看是否激發幫助衝動，以及是否啟動子代照護系統，特別是當與更理性、深思熟慮的成本效益決策進行比較時。

註釋

1 高爾頓還在這裡發現了「迴歸均值」，因為兒童的身高分佈和父母親的並不相同；更確切地說，平均值反映了整體人口的身高水平，並且只根據其父母身高的極端部分，做出局部調整以改動匹配個別狀況。

2 Daniel Tranel and Antonio R. Damasio, "這種獲取食物獎賞的高明表現或許便表明，他的完整多巴胺依核處理歷程，讓他擁有引導能量朝向「好的」提供者的完整能力。" *Journal of Cognitive Neuroscience* 5, no. 1 (January 1993): 79–88, https://doi.org/10.1162/jocn.1993.5.1.79. This elevated performance for obtaining a food reward may suggest that his intact dopaminergic NAcc processes permitted his intact ability to direct energy toward the "good" provider.

3 這個例子也驗證了兩類行動動機之間特別直接的關聯性。其中一類是飲食等天然獎賞能跨物種激發的多巴胺依核行動動機，另一類是我們的腦子演化而成的這種強大行為引導機制讓我們得以表現的行動動機。

第六章

能助長反應的受害者特性

「不論有沒有親緣關係，」卓越的人類學家赫迪撰述表示，「嬰兒都會是種強大的感官陷阱。」由於人類演化而來對嬰兒的牽拉力量，模仿我們無助子代的人們和情境，在某個程度上也驅使我們照顧並趨近他們。由於人類作為照顧性物種的血統，有四種主要特徵會影響人類如何感知受害者，由這些特徵可以預測，我們會不會受衝動幫助有援助需求的，甚或成年人或完全陌生的人士。這些屬性或許看起來十分直截了當，但我會逐一界定、闡明每項，這樣就能了解每個屬性是如何獨立運作，以及它們如何交互作用（見圖6.1）。

- 弱勢屬性
- 需要即時援助
- 貌似新生兒或兒童（幼態延續）
- 表現蒙受苦難

弱勢屬性

以照護為本之利他行為模型的第一個關鍵意涵是，動機的最強烈取向是朝著從大半角度都與子代相仿的「脆弱的」受害者。弱勢屬性讓我們覺得受害者沒辦法獨自應付問題，需要協助，從而讓我們更強烈感到受害者確實處於危險之中。當然了，寶寶通常都是脆弱的；他們的長期不成熟狀態使他們無力照顧自己，導致面臨飢餓或被捕食等威脅的嚴重風險——而這

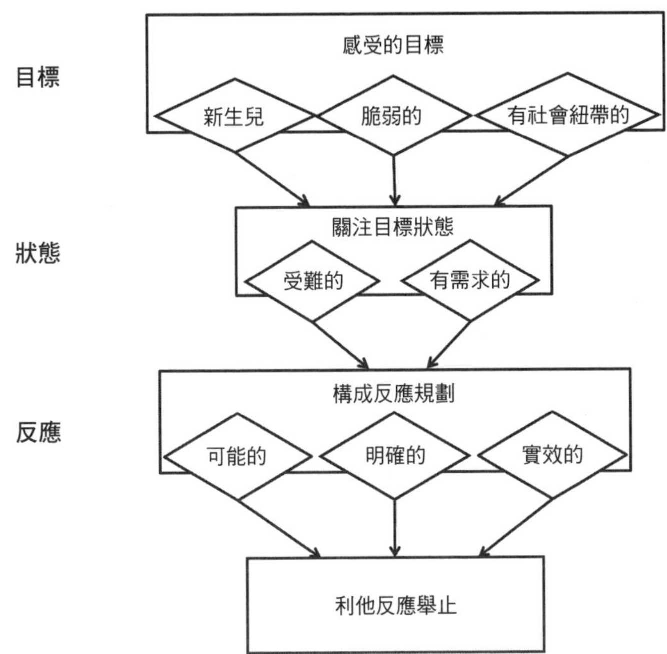

圖6.1　本流程圖記述能誘發利他衝動並預測反應的種種因素。即便這些因素在子代照護期間都彼此結合，它們在人類利他反應歷程依然能以連續、累積的方式彼此代換抵銷。

引自普雷斯頓的作品：Stephanie D. Preston, "The Origins of Altruism in Offspring Care," *Psychological Bulletin* 139, no. 6 (2013): 1305–41, https://doi.org/10.1037/a0031755, published by APA and reprinted with permission, License Number 5085370791674 from 6/10/2021.

也正是我們當初演化出這種本能的原因。即便成年人通常並不被認定是脆弱的，但在特定情況、生命階段或者緊急情況下，他們仍有可能變得脆弱。在這些情況下，利他反應都會被強化，例如在英勇救援期間，成年受害者在此情況下會顯得脆弱。好比在英勇利他行為的最著名現代案例當中，目擊報告指出，奧特里在紐約市跳上地鐵軌道，拯救一名在列車逼近時掉落軌道的年輕人。觀察者目睹受害者在掉入軌道之前癲癇發作，這大概就是他跌落的原因。這些觀察者，包括奧特里在內，很可能意識到他發生了神經系統問題，無法自行擺脫列車碰撞。在那瞬間，這名年輕人以一種和他的年齡或成熟程度不相符的方式變得脆弱，而這也帶來了一種超出他控制範圍的迫在眉睫嚴重問題。

舉個日常實例，工程師藉由為都市設計街道來協助弱勢群體。身為家長，我花很多時間在路口等待，並對我的孩子們大喊「綠燈！」（Walking Man!），指稱號誌燈上的發亮人形圖案，這樣他們就知道這時可以安全過街。交通工程師將兒童、老人和殘障人士稱為我們都市街道的「弱勢用路人」，因為他們過馬路時被車子撞上的風險較高。體能健全的成人或許會覺得，要找到交通間隙衝過街道相當容易，或者他們幾乎毫無困難就能在「行人綠燈」容許的短暫時段抵達對面人行道邊。相較而言，弱勢用路人或許就難以判定該在什麼時候跨越繁忙街道，也或許動作太慢，無法抵達對面人行道邊——不論有沒有行人穿越道。工程師拉長號誌燈時段來因應種種不同用路人所需，並在常出現弱勢用路人的路口增添行人穿越道或交通號誌（例如，注意失明或失聰人士居住的地區，或在穿越道的中央分隔島安裝用路人啟動式號誌，好在兒童過馬路上學時讓汽車暫停）。通常弱勢用路人都有某種慢性病症（從某個角度來講，身為兒童也算是種慢性狀況）；然而，有時急性問題也會讓人暫時變得像寶寶一樣弱勢，好比當罹患急症、受傷、神經性醫療狀況，或者喪失意識。就像紐約那位癲癇發作，需要即時協助的年輕人，對他來講，這種急性的弱勢處境或許並不是種常見狀況，不過觀察者確認了他的處境，觸發了反應衝動（假定受害者後續出現的其他特徵，與那股衝動並不矛盾）。

嬰兒、脆弱性和援助之間這種刻意設計的連帶關係，會帶來一種不幸後果，那就是只因為在我們看來，許多非常需要幫助的人並不顯得脆弱，因此沒有得到幫助；人們反而被誤導去援助看似脆弱，其實不需要援助的人。接下來的篇幅將探討這些複雜情況。

我們的脆弱性知覺的複雜情況

由於脆弱性和我們的反應衝動緊密牽連，人們有時會表現出某種程度上令人遺憾，卻也可以根據利他反應模型預測得出的冷漠或麻木。例如，當受害者顯然是自作自受才身陷困境，這時人們就比較不會傾向趕往救援，好比當那名年輕人是酗酒或吸毒才跌落鐵軌，而不是因為癲癇發作。這種對責任的認知會削弱反應。倘若受害者很年輕，而且在面臨短期急迫險境時也確實很無助，則衝動依然存在，好比因酗酒或吸毒昏迷跌落鐵道的是一位十三歲男童。人們在對似乎自作自受才身陷困境的受害者施以懲罰方面存在著差異，這種在統計上與政治意識型態相關聯的理念，也正是人們用來解釋袖手旁觀的藉口——例如，政治自由派比保守派更不傾向於懲罰。我們一般很難理解怎麼會有人自作自受陷入危險或到需求援助的境地，這有可能根源自成癮或貧困之類的情況；同時我們也很難理解，若是沒有幫助，要擺脫這種處境是多麼困難。舉例來說，倘若那個酗酒或吸毒的男孩是由物質成癮並有遺傳酗酒傾向的單親養大，如今還由於失去一位朋友而悲痛萬分，這時他所承受的巨大壓力，對任何人都會產生影響，因此這不見得就是他的錯；然而，普通路人是無從理解這點的。因此，我們對於受害者處境的無動於衷，有可能無法準確地反映他的情況，而這反應衝動與我們能夠直接觀察到的，或者採額外觀點來假定的事項都具有高度相關。

另外有個理由讓人們比較容易幫助弱勢受害者，那就是他們似乎更有可能接受並感激幫助時。真正無助的受害者不可能在沒有干預的情況下解決問題，然而倘若在公共場所有個陌生人並非明顯處於弱勢狀態，向他伸援就是種冒犯，這會貶損他的獨立性或自主權。弱勢屬性與年輕之間的自然關聯性也意味著，接受幫助的人，有可能會認為他們被視為脆弱的或有需求的，而這就讓他們感到受幫助者擺佈，或者被當成比較幼小、低下或權勢較弱的人。

判定人們是否真的需要幫助並希望你伸援是件困難得令人驚訝的事情。例如，一個酗酒或吸毒的人有可能需要幫助，卻不想接受；這個人甚至會因為你說要幫忙就對你惡意攻擊。想像一下，倘若前例中那個慢性成癮男孩是你的姪子。他有可能會向你討二十美元來購買日常用品。即便對你來講這不是什麼大錢，即便你因為愛他、希望他茁壯成長，也願意支付更大額資金來幫他住院復健，但眼前這二十塊錢，你仍有可能拒絕援助。即便如此，你的姪子有可能並不想去復健；他只是想要有足夠的現金來度過一天。這些都是很複雜的情況。就這類事例，子代需求有許多屬性都可能促使人們湧現反應衝動（例如：弱勢、需求、年輕、愛），但如果成癮者不希望你伸援，或者不想要你偏好提供的那種協助，他就可能成為你精神上和財務上的負擔。這些情況發生在灰色地帶，有些人寧願讓姪子自己解決問題或者落入「谷底」，另有些人則因為看他受苦太令人難過了，而支付他索求的任何金額。若是成癮者不再年輕，沒有表現改變的跡象，或者用那筆錢來進一步危害他的健康，人們就會傾向於默不作聲。因此，即便脆弱性和需求都清晰可見，倘若受害者不想接受幫助，而其他線索與反應相衝突，援助就可能不會隨之而來。

肢體殘障人士有可能在開門時遇上困難，即便他或她能夠完成這項工作，也寧願自己獨力完成。二十世紀時，美國男性被教導要為女性開門，視之為一種殷勤的表現。有些女性覺得接受這種幫助是受男性擺佈，因為這種援助似乎暗示女性是較弱、較無能或不如男性，即便援助的初衷是善意。最近我面臨一個狀況，我看到一位坐輪椅的女性準備進入研討會會場時，考慮是否要為她開門，但這位女性似乎能夠應付，也習慣這種歷程，即便對她來講可能比較困難，而且要花更長的時間。幫助可能會奪去人們藉由自理事務所湧現的獨立自豪感受，讓他們感到受侵犯或「不如」他人。由於與我擦身而過的那位女性似乎並不是真正無助，我擔心我的援助有可能會惹怒她，於是我決定不介入。我永遠不會知道那次援助會不會受到感恩，不過舉這個例子是為了顯示，人們會有一種衝動，想要幫助在我們看來正面臨困境又很脆弱的人。然而，在明顯需要和明確能力之間存有一處很大的灰色區域。我們對這些線索非常敏感，但當它們相互衝突之時，不確定性就會促使我們袖手旁觀。無論如何，當真正無助的個體需要緊急幫助時——就像那位癲癇發作後跌落地鐵軌道的年輕人——湧現幫助的衝動。

慢性需求也可能在不同情況下削弱幫助衝動，好比當照護人員對他們看顧對象的需求習以為常，或者當他們感到心力交瘁，好比老人的配偶或體弱的親族，或者在機構工作的照護者。舉例來說，當有人患了像是阿茲海默氏症、帕金森氏症、多發性硬化症、肌萎縮性脊髓側索硬化症（“arterial” lateral sclerosis，這裡原文誤植，正確稱法為Amyotrophic Lateral Sclerosis, ALS）、腦性麻痺或癱瘓等疾病時，他們的弱勢屬性和協助需求就相當明確，但如果照護人員對這種需求習以為常，也不覺得很迫切，例如更換衣物或寢具、協助上廁所或洗澡等，這些需求仍然有可能被忽視。這類舉動對於健康的生活是必要的，不過嚴格而言倒不像把人拖離逼近的列車那般必須立即執行。因此，這些不那麼急迫的需求並不會觸發相同的反應衝動。

我父親晚年患上了帕金森氏症，一切事務都需要幫忙。由於他對東西的擺放位置和使用都碰上困難，好比找不到眼鏡、電視遙控器，或者需要把他的平板電腦重新連上網際網路，我們每天都得幫他處理許多日常事項。對他來說，這些問題都很重要，因為涉及他所能從事的僅存活動，好比看電視或在平板上閱讀新聞。即便如此，這些事項的延續性和日常屬性，有時會讓我們感到不耐煩或延緩反應速度。提出這些幫助要求時，父親自己有時也會變得相當不耐煩，儘管我們理解他的殘疾、失控狀況，並需要這般頻繁的援助，仍然會使我們惱怒。儘管他很脆弱，而且我們非常愛他，但由於疲憊和缺乏急迫感，我們的幫助衝動受了抑制。

慢性需求會減弱幫助衝動，特別令人遺憾的是將親人安置在護理之家時所發生的事例，在那裡老年人虐待很常見，若非持續監督，要想根除是很困難的。就算生性關懷他人的人，對於他們所看護對象的例行（但真實的）需求仍會習以為常或感到嫌惡。照護者有可能在不斷被要求幫助下精疲力竭，特別是對於並不迫切或醒目的事項——肯定不像在圍觀群眾面前跳到地鐵列車前方那麼搶眼。有些長期的援助確實非常引人不快。

而且也幾乎沒有獎項或典禮來表彰那群無私更換尿盆、清洗骯髒床單或清潔浴廁的人。這些問題有可能對利他衝動造成限制，但如果我們理解並應用這個理論，則問題都是可以解決的。例如，在長期照護機構中，我們必須定期點出病人看事情的觀點，他們感到無助，遭貶抑、遺棄——而且有一天你也會像他們那樣。我們應該將援助牢牢地與一個時間表綁定，例如在特定時間提供藥物、餐點、沐浴和社交參與，從而完全避開對幫助動機的依賴。我們也可以對這樣的工作提供私下和公開的認可，無論那是多麼日常。當然了，對於這些必要卻極不愉快，而且至親家人無法在自家完成的工作，我們也有正當理由付給更高的薪酬。

有時照護者甚至還可以跟患者協商共同決定，例如照護者願意做或者能夠做什麼，以及應該花多長的時間。例如，現在我就能完全理解，為什麼我父親對於這些小問題會感到那麼沮喪，畢竟這些對他的生活品質至關重要。倘若我們當初就商量好，對這些要求的回應時間（好比十分鐘），而不是每次都回嘴，「好啦！我一下子就來！」或許我們就省下一些麻煩。我父親大可以參與有關他的照護的這類討論，不過當他真的想要某件事物時，他就很難克制自己（而多巴胺藥物治療還讓他變得更加衝動）。拙劣的克制能力，實際上是另一種弱點，病人幾乎無法自我控制，這就是我們表現同理心和耐心的理由。但是在照護、悲傷和困惑的亂象當中，人們很難置身事外，理性判斷。根據利他反應模型，我們可以理解，這些情況如何與人類演化出的幫助衝動兩相衝突，於是就能更專注在我們對那個人的愛，並規劃一種反應，讓我們就算在沒有衝動的情況下，也能提供希望付出的慈悲照護。

即刻的需求

前面有關弱勢受害者的幾則實例，往往也包括了衝動需求，這就引領我們來到第二種特性：即時性。新生兒先天上就很脆弱，不過他們的需求有時很急迫，有時並不急。就嬰兒的情況來說，兩種屬性是分別獨立作用，兩邊都能分別或共同促進母親的反應。弱勢成人有時候需要即時援助，好比在列車逐漸接近時跌落地鐵軌道的那個年輕人。一般來講，英勇的救援行動會同時牽涉弱勢屬性和即時需求，如同需要被取回的幼崽所面臨的情況。因此，脆弱性和即時性並不是同一種屬性，不過兩種屬性經常同時發生，特別是救援這種典型的利他反應案例。

受到最強動機驅策時，就是當受害者「現在」就需要我們幫助，而不是「等我們有空時再說」的情況。我們經常見到某些人真正需要幫助，甚至產生對他們的共情和憐憫感受，卻沒有設法靠過去提供援助。我們想幫忙，打算幫忙。然而當需求並不急迫，我們假定自己可以完成手頭那另一件事項後，再來解決那個問題，那是在如今依然無法企及的未來某個不明確的時間點，好比當在銀行存了更多錢，或者手頭有更多時間時再處理。所以有時受害者確實是很脆弱的，也希望我們幫助，而我們也想回應幫助他們。然而由於需求並不迫切，而且方便的時間似乎永遠不會到來，於是我們終究沒有採取行動（儘管我們仍會為自己替他們著想而感到自豪）。甚至我們還會為自身的袖手旁觀自圓其說，把他們的需求說成微不足道，或者形容得不那麼急迫或不那麼重要——這是很悲哀的反諷，因為人們在實際幫助他人之後，往往會感到比較快樂。這種對旁人心生同情以及實際做出反應之間的落差，就是托尼．布坎南（Tony Buchanan）和我所稱的「同理心——利他行為落差」（empathy-altruism gap）。

我們的期望和目標，與實際反應之間的矛盾，反映出經濟學家所稱的延遲折扣（*delay discounting*）。就延遲折扣的情況，人們經常會犧牲遙遠未來的較大筆金錢獎賞，來換取能夠較快（特別是眼前就能）得到的較小額獎金。較短期的和即時的獎賞，在我們心中更為醒目，因為我們能夠輕易設想，如何在今天花掉這筆意外之財，若是較大筆獎賞，就比較難以想像，當大獎終於到來之時，自己會在做什麼，甚至會變成什麼樣子。我們比較傾向即時獎賞的自然偏誤，往往受到批評，或許是由於西方的工業化民眾總是致力追求更長期的獎賞，好比攻讀大學學位、儲蓄準備退休，以及今天吃沙拉，好讓自己下個月變苗條。舉個例子，年輕人有可能計畫為退休存錢，卻每月都攢不下一分一毫，因為他們總是能想起眼前就需要的具體事物。學者有可能每天都忠實回應學生和同事的郵件，卻始終完成不了她十分在意的那本書，而長遠來看，那還更能裨益她的事業生涯。一個人或許希望能在今年減重，卻每晚邊看電視邊吃爆米花而不去運動，儘管他確實想變得更健康。我們在當下選擇的活動，通常都更容易想像，更容易參與，也更快感受愉悅。相形之下，像寫一本書或練出健美身形這樣的目標，就很抽象、很遙遠，需要更長久時間，也難以攫取我們的注意力。

利他行為也同樣如此。我們有可能為了看來比較急迫的事項，好比回覆電郵、洗碗盤或者去買杯拿鐵等，而沒有動手幫助某位看來在「今天」並不需要援助的人。多年以後，這些小小的決定累積了起來。到後來我們說不定就會懊悔，怎麼自己對身邊的人鮮少提供幫助，或者能引以為傲的利他行為竟是這般屈指可數。我們偏好比較不受珍視，但看似更迫切之事項（好比保持健美或表現利他行為）的傾向讓人深感遺憾，因為人們的確喜歡運動和幫助他人。舉例來說，在一項心理學實驗中，參與者表示，這讓他們感到更快樂，開心得讓他們花更多錢在別人身上、把更多的工作獎金撥給旁人超過給自己的份額，還將實驗者贈送的五美元或二十美元禮品送給其他人或慈善機構，卻不是留著自己用。因此，人們在花錢來改善他人生活之後會感到更快樂，即使他們原本也可以用那筆錢來犒賞自己，好比買杯拿鐵或者享受一頓美味午餐。這種現象和「溫馨熱情」連帶有關，也就是人們知道自己幫了別人的忙，心中喜悅。這種溫馨熱情之所以那麼強大，是由於它藉由照護子代的系統內建置入我們腦中，就好像必須銜回從天而降陌生幼崽的雌親，儘管必須額外操勞，卻也似乎有得到獎賞。

即使我們哀嘆這種朝即時性偏斜的傾向，然而在很大程度上，那是具有適應性的。所有表現照護行為的哺乳類動物，都必須能靈敏察覺暗示苦難和即時需求的線索，以確保他們的子代能夠——在眼前獲得——平安、保障和存活。此外，急迫的需求通常也最具生命威脅。因此，就像急診室使用檢傷分類系統（triage system）區分優先順序，把可能死亡的患者排在骨折病患前面，我們的腦子也優先考慮面臨更嚴重後果的受害者。這通常都是件好事。

我們的腦子在設計上就偏好對即時的獎賞和問題做出反應，不論是金錢或食物或有需要被援助的人。這種偏誤一般而言是適應性的，而且是可以理解的，不過這也意味著那些「仍能行動的傷患」（walking wounded）——帶了會虛弱且真實的慢性需求的人——往往遭人漠視。我們朝即時性偏斜的傾向，還會帶來援助相關問題，包括如何決定輕重緩急，如何分配，好比單獨一個需要即時援助的孩子，對我們的激勵作用，便勝過處境更加危險，但情況沒那麼明顯或急迫的成人，如同布盧姆便在他抨擊同理心的論述中指出這點。理解了人類的利他衝動如何演化來對即時性做出反應，就能釐清一些令人困惑的案例，解釋為什麼儘管與自己的期望或目標相符，人們有時卻沒有採取行動，而且幸運的話，我們還能對此有所作為。

幼態延續

幼態延續是個生物學用詞，指稱子代擁有促進照護的特徵，由於這些特徵與為期較久的早期發育期連帶有關，於是在獨立生活之前，就得先靠我們細密照顧（亦即「晚熟型」〔altricial〕較長期發育，相對於「早熟型」〔precocial〕較短期發育）。嬰兒的幼態特徵，德文稱之為「*Kindchenschema*」，據信這是具有吸引力的，會讓我們關照嬰兒，並產生動機來趨近撫育照顧他們。舉例來說，洛倫茲便確立了，各不同物種的子代都擁有相對較大的、較圓的頭部，以及較短的鼻子和四肢（見圖6.2）。有個例子論證了這現象的跨文化關聯性，密克羅尼西亞的埃皮歐（Epio）文化有個特定詞語，叫做「琵可」（bico），指的是像寶寶或幼小哺乳動物這般可愛、討喜、需要保護，並能激勵我們趨近、摟抱的生物。

許多西方人都很熟悉日語「卡哇依」（*kawaii*）一詞，意指強調可愛（cute），例如類似凱蒂貓的大圓頭，或者年輕女性身上穿的娃娃式洋裝等特徵。隨著時間的推移，「卡哇依」一詞的含義出現變化，現在它指的是一種吸引力，並意味著希望與該吸引力事物待在一起並照顧該標的。這個含義確實與洛倫茲和羅伯特·辛德（Robert Hinde）對嬰兒的可愛特性（cuteness）如何驅使我們照顧的描述雷同。美和可愛的概念，在日本文化中或許還特別綿密交織，因為美的日文單詞（*utsukushii*）的最初含義與「卡哇依」非常相似。

圖 6.2　圖示描繪不同物種的嬰兒所具有的「幼態」特徵，像是較大較圓的頭和眼，據信這些都能強化照護行為。

繪圖者：Miguel Chavez, CC-BY-SA-4.0. 根據洛倫茲作品重繪：Konrad Lorenz, *Studies in Animal and Human Behaviour: II* (Cambridge, MA: Harvard University Press, 1971), 155.

對可愛新生兒的衝動，在自己親生子代身上肯定是最為強烈的，因為他們表現出幼態和脆弱特性之外，還與我們有緊密的感情紐帶。這些特徵演變成行動的信號刺激，有時還會誘發對種種對象的利他反應，甚至包括非親族新生兒、陌生成人或物品。例如，已知人們更願意幫助表現幼態特徵的成年人，而當幼態的兒童和成年人犯錯時，人們也更為寬大對待；還有見到經過幼態化處理的成年人臉部時，會認為他們比較有吸引力，同時也比較順服、無能、軟弱，並需要幫助——這些都是在自然情境下與新生兒相關聯，並能促使表現反應的特徵，但就成年人而言，這並不總是被同樣看重。在一項研究中，實驗者讓人們誤以為有人不小心把自己的簡歷留在了公共場所，好比購物中心的美食廣場，並擺進事先寫了地址且郵資已付的信封裡。其中一半的簡歷包含了經過幼態化處理的照片，另一半就處理得較少。結果一如預測，陌生人撿到模樣較具嬰兒特徵的求職者簡歷時，比較會把它郵寄回來。

在《國家地理雜誌》有史以來最為人所知的照片中，史蒂夫・麥柯里（Steve McCurry）描繪了一位阿富汗少女，在蘇聯佔領阿富汗期間棲身巴基斯坦難民營的夏巴特・古拉（Sharbat Gula）。夏巴特凝望鏡頭，臉上灰塵肉眼可見，身穿破爛長袍，她又大又明亮的淺綠色標誌性雙眼，似乎在請求我們關注難民的困境。這幀照片之所以深具力量，或許是由於它同時觸動了我們多項需求線索，例如身為年輕女性、具有引人矚目的幼態特徵，也表現出她有明顯的需求。這張一九八五年的封面照片如今成為象徵世界各地難民需要同情和援助的象徵，即便他們來自不同國家或信奉不同宗教。

我們對於幼態延續的偏好也會被操控來激發關注和援助。例如，兔寶寶曾被描繪成身穿裙裝臉上化了妝，假扮成一個在困境中的雌親角色，並藉由誇張的、孩童般的行為來操控他人，好比纖弱的姿勢、同情的噘嘴和睜大的雙瞳，並緩慢地眨眼來強調這一點。馬丁・史柯西斯（Martin Scorsese）於一九九〇年代重拍的《恐怖角》（*Cape Fear*）同樣包含了一些令人不適的場景，片中反派角色麥克斯・卡迪（Max Cady，勞勃・狄尼洛〔Robert De Niro〕飾演）試圖引誘他敵人的高中女兒丹妮爾（Danielle，茱莉葉・路易絲〔Juliette Lewis〕飾演），她藉由類似誇張、孩童般舉止來彰顯出這一刻的不當以及她的性感。在南韓，男女都會接受昂貴的臉部整形手術，來加長他們的眼睛寬度並縮小下巴或顎部，從而藉由部分較為童稚的外觀來提高吸引力。幼態延續的線索，好比與身體不成比例的大眼睛和頭部，在現代文化中愈來愈被頻繁利用，好讓玩具或動漫角色更加顯眼也更有吸引力。有人提出，臉上的恐懼表情經演化被塑造成可以吸引援助和關注，因為一個人受了驚嚇，瞪大雙眼，就像是無助嬰兒的大眼睛。

幼態延續有別於脆弱、苦難或迫切需求，因為它是比較固定的，通常也不會表現在成年人身上。就實際的新生兒而言，幼態延續和脆弱先天上就是相關聯的。隨著個體年齡增長，他們的特徵變得更加成熟，臉部變細瘦，鼻子變長。由於這種分離，我們的利他衝動對實際新生兒表現得最為強烈，因為他們兼具脆弱、幼態又很可愛，並且需要我們的幫助。幼態延續可以促進成年人的援助，不過它對我們反應的影響，應該不如脆弱性那麼大，因為脆弱性更緊密地與實際需要幫助相互連結。成年人長了又大又圓的雙眼，看來顯得很無助，或許就會吸引我們，激勵我們伸援，然而同時倘若他們沒有顯現弱勢又急需幫助，就不會觸發真正的拯救衝動。例如，倘若「巨石強森」癲癇發作跌落地鐵軌道，我仍然會感到驚慌，並湧現幫助的衝動，即使他平常都相當有吸引力、能幹又很強壯（當然了，我會需要找人幫忙，才能把他抬出來）。強森之所以吸引人，或許是由於他長了雙大眼睛、腦袋圓滾光禿，而且社交天真型角色也養成了一種幼態的感知。因此，年輕、可愛不見得是誘發利他反應的要件，不過這確實有助於激發衝動。

在某些情況下，即便是年幼又無助的人，我們也可能不想提供協助。例如，在美國，人們一般都不願意趨近沒有親屬關係的嬰兒，就連遭逢苦難、需要幫助的嬰兒也一樣，特別是當附近有更具資格或者與嬰兒有親緣關係的人在場。當父母親見到陌生人趨近或碰觸他們的孩子時，心中會感到害怕並斥責那個人，因為他們不清楚對方有何意圖。我們講一些故事並用「母熊」來做比喻，描述牠們如何攻擊試圖從牠和牠的幼熊之間穿越的人。猴子有時會「綁架」其他雌猴的幼崽；綁架者往往是姑姑阿姨或者還沒有當母親的亞成年猴子。就像人類，當猴子把自己的幼崽安全抱在懷中時，牠們也允許其他個體趨近仔細端詳，而且牠們也允許近親密友合作照料，不過對不合宜的關注，牠們仍會保持高度警戒。由於這種——在人類和猴子中都存在的——文化規範，若是有辦法「克制」，我們就會避免干涉陌生孩子，但例外情況證實有這項規則。例如，當我們在商場見到迷路的幼童，若他的母親就在附近，或者現場有其他相關幫手（如商場保安人員），或者不知道該怎麼處理，這時我們就不會趨近那個幼童。不過，當爸媽的人有可能比較願意干預，因為他們有帶孩子的經驗，也知道在公共場所遺失孩子是多麼可怕，如果孩子顯然是無助的、孤單的，並且需要我們幫助，大多數人都會本能地伸出援手。

驅使我們靠近新生兒的更廣泛吸引力，某程度上與「單一受害者效應」（single victim effect）（也稱為「確認之受害者效應」〔identified victim effect〕）有關。行為經濟學家已多次證明，當受害者是單一的有援助需求的個體時，我們對於捐款請求的反應會更為積極，超過存有多位需求者的情況，即便只有兩人也是如此。這似乎是非理性的，因為當有更多人需求援助時，你理應更願意提供幫助（再次回到布盧姆「擺脫共情」的理念），但當只有一名受害者時，援助似乎更為具體、更容易理解和尋思，也更為可行。此外，利他反應模型預測，個體之所以驅使我們援助，是由於他們類似新生兒的典型狀況。所以這很可能並非偶然，因為許多單一受害者實驗使用的都是兒童的照片，不是成年人的，這就暗示了某種體認，也就是在所有條件都相同的情況下，我們更容易對較年幼的個體產生同情。野生物種保育宣導材料也常使用可愛幼齡動物的照片，好比海豹寶寶或北極熊幼崽來籌措資金。實際上，在我們執行的一項研究中，人們更願意幫助一隻可愛的海獺，而不是一個無家可歸的男子或一群難民。或許每胎生產並照顧多子嗣的物種，好比囓齒類動物、貓、狗（或有多胞胎基因傾向的人類），比較不容易受到單一受害者效應的影響。為強化利他反應，慈善機構應該選擇明顯需要幫助的年輕、幼態的受害者，來模擬我們自己無助子女的激勵架構。就算有幾十名或數千名成年人需要食物、衣物或住所，一張海報呈現一名明顯需要幫助的可愛孩童，應該能比依偎成團的群眾引來更多的援助。

既然利他衝動是演化來幫助我們自己的無助新生兒，這種衝動在那樣的背景脈絡中是最強烈的。目前還需要更多研究來討探親族新生兒和非親族新生兒的反應，並採行生態學視角來探究，受檢測物種是否一般都區別看待親族和非親族個體、是否生活在相互關聯的社會群體，以及是否在扮演親代角色、出現激素情況下，或者現場有圍觀群眾，以及有真正的父母在場的情況下，會更願意提供幫助。我預期不同物種的反應表現互異，反映出它們的生態條件；在野外環境中很少遇到陌生嬰兒的動物，比較有可能照顧非子代幼崽，此外，生活在緊密社會群體的動物，尤其是相互關聯的社會群體中的動物也有此傾向。

苦難

由於智人是表現照護行為的晚熟型哺乳類動物，一般經常假設，我們演化出了對苦難信號的高度敏感性，而在歷史上這也幫助我們對自己的無助子代做出反應。舉例來說，赫迪便曾寫道，猿類母親對牠們幼子的苦難信號十分敏感，行走時會不斷調整攀附在牠們腹部上的嬰兒的身體，確保牠們能保持舒適並牢牢抱住。赫迪還引用了靈長類學家卡雷爾・范・沙伊克（Carel van Schaik）的論述，他形容紅毛猩猩母親對嬰兒信號做出反應時，表現出「私人護理師的專注和天使的耐心」。

演化神經生物學家保羅・麥克萊恩（Paul McLean）提筆論述，原始哺乳類動物的腦子是如何藉由擴增能幫助新生兒發出苦難呼叫，以吸引成年個體前來的腦區，才演化成現今的哺乳類動物腦子。我在馬里蘭州普爾斯維爾（Poolesville）的美國國立精神衛生研究院（National Institute of Mental Health）工作時，有一次有幸遇到麥克萊恩，不過我是在幾十年過後，回頭研讀他撰寫的許多相關論文後，才逐漸對他心生賞識。如今學界盛行駁斥麥克萊恩的三重腦理論（triune brain theory），起因是我們發現了，就不同物種和不同時期，腦部各區的神經解剖和功能特殊化存有微小差異，也由於「邊緣系統」（limbic system）這個術語遭受批判，認為它不當地隱含了一個明確界定的迴路，而且迴路中「始終都只」包含特定腦區。在我看來，不同物種之間神經解剖的差異，突顯了腦子適應各種生態時所展現出的可塑性，不過這些差異並不會動搖同源性的一般概念（這在第二章同源性篇幅已有討論）。

甚至在靈長類或哺乳類之外，也有種對苦難的敏感性，不過在晚熟型物種身上比較明顯。例如，鳥類母親也會受牠們飢餓雛鳥的乞食鳴叫高度激勵，促使牠去尋找並提供食物，直到雛鳥能夠自行覓食為止。有些「巢寄生」物種甚至利用對這類誘發刺激（例如，卵本身和雛鳥的鳴叫）的敏感性，將牠們的卵產在其他物種的巢中。外來的卵一孵化之後，寄生雛鳥會發出特別響亮並引發嫌惡的乞食鳴叫，以確保牠們能夠獲得新的養母餵哺食物。

大杜鵑雛鳥甚至能模擬多達八種鳥兒的乞食鳴叫，擔保牠們能找到合適的巢主。「嘯聲」牛鸝鳥能發出十分響亮的叫聲，勝過巢主自己的子代，即便在相仿飢餓程度時也是如此。這種鳴叫強度能夠確保，當分配給眾多雛鳥的食物數量有限時，仍能送進牠們飢渴的口中。倘若母鳥對牠們的反應還超過對牠自己親生子代的程度，那麼對這種強烈的苦難線索，母鳥肯定很難忽略。這種適應甚至還改變了腦子，於是嘯聲牛鸝鳥的海馬迴，還比體型大小相近的非巢寄生型鳥類的更大，這或許是由於母鳥需要這種高明的空間記憶能力，才能記住她把自己的不同寄生雛鳥產在哪些位置。

褐頭牛鸝雌鳥的海馬迴複合體也比同種雄鳥的更大，這種牛鸝的雌鳥會生產並追蹤多達四十枚卵的位置，而且在這整個過程，雄鳥完全不幫忙。此外，寄生型牛鸝鳥的海馬迴在生育季節時會增大，體積超過「淡季」時期。因此，腦子是可塑的，並能因應各個物種、個體和情境脈絡的需求來調整。若能釐清一點會很有趣，那就是鳥類母親是否也受到雛鳥的臉部或身體姿勢的影響，如此就能進一步確定視覺與聽覺刺激對不同物種反應的影響程度。例如，馬什和同事發現，就人類的情況，當旁人臉上露出害怕神色，就會激活杏仁核，誘發趨近和幫助的反應，即便你聽不到任何苦難的呼叫聲。

新生兒的啼哭聲

孤立的囓齒類動物幼崽所釋出的線索，好比導論篇幅所描述的與威爾森克羅夫特的雌親連帶有關的那群一樣，涉及與囓齒類動物本身聽覺系統調節一致的聲音，其頻率比人類習慣聆聽的音頻高出了五十至七十千赫茲。因此我們稱呼幼崽的苦難啼哭是「超音波」，即便在雌親聽來，那完全就是「可聽頻率音波」。邁倫・霍弗（Myron Hofer）和同事描述了超音波啼哭和照護間連帶關係的許多有趣特徵。例如，雌親的神經系統經適應調校，讓聽覺系統的整體範疇匹配啼哭頻率範圍，同時也能檢測察覺幼崽啼哭範圍內的較低閾值聲音，從而得以檢測這類幼崽啼哭。幼崽啼哭也能觸動雌親的主動取回和被動舔舐、理毛和餵哺幼崽，從而強化照護舉止。啼哭甚至還能直接抑制大鼠的咬噬反應，壓抑咬噬或取食幼崽的傾向，畢竟移動幼崽時牠們只能用嘴銜著——這種反應有時也確實能在非親代囓齒類動物身上見到。

人類嬰兒哭聲的平均基本頻率（F0）通常介於350至500赫茲之間（亦即聲帶每秒開合三百五十次或更多）。人類嬰兒還為不同問題發出不同類型的啼哭聲，其中以疼痛哭聲最為強烈，這驗證了我們演化出的傾向，專注於迫切的生存問題。嬰兒哭聲的頻率範圍，也對應於人類聲音檢測的峰值頻率——根據具指標意義的一九三三年福萊柴爾和蒙森曲線（Fletcher and Munson curve），那是大約兩百到五百赫茲。嬰兒哭聲的頂峰頻率也恰好就是聲音的共振頻率，這或許並非偶然，歌手在這段頻率範圍（稱為F4，其峰值大約落在三千赫茲）可以唱出最能喚出情感共鳴的聲音，也讓我們能夠在嘹亮的管弦樂聲中聽到女高音歌聲。這被稱為「歌手共振區」。有關新生兒哭聲的研究表明，剛出生後幾個小時內的無助嬰兒，與母親分離時的啼哭次數，比與母親待在一起的時候高十倍，這就與囓齒類動物新生幼崽的「分離哭泣」雷同。

的確，人類新生兒的哭聲十分嘹亮，乃至於在人類實驗室實驗中被運用來誘發壓力。有個電影片段列名最常被實驗者引用來誘發實驗室受試者悲傷情緒的鏡頭之一，那就是《赤子情》（*The Champ*）的一九七九年翻拍版本的一幕場景，劇情描述一位拳擊手（由強．沃特〔Jon Voight〕飾演）打了一場十分艱苦的比賽之後死去，他的年幼兒子瑞奇．斯克路德（Ricky Schroder）嗚咽啜泣。這個鏡頭甚至還凌駕實驗者用來誘發悲傷的另一個首選電影片段，選自在同一年拍攝的電影

《克拉瑪對克拉瑪》（*Kramer vs. Kramer*），片中另一個可愛的小男孩也哭了。在一項研究中，人們在觀看《赤子情》片段引發悲傷之後，吃了巧克力就會感覺好一點，這可能牽涉中腦邊緣皮質系統，因為該系統同時參與子代照護和能滿足需求的獎賞。

對於聽到親生嬰兒哭聲的照護者而言，苦難線索預計會特別凸顯。舉例來說，把寶寶啼哭錄音播放給母親聽時，自己親生寶寶的哭聲，會促成較高的心率和皮膚電導反應。相較而言，陌生嬰兒的哭聲則會產生一種定向反應（orienting response），導致心率減緩，注意力改集中於受害者身上。當然了，這種落差並不代表人們只幫助自己的後代。事實上，這種定向反應被視為同理關懷的一種生理相關性，據此觀察者會細心關注有援助需求的陌生人，也比較有可能伸援。不過對於有緊密感情紐帶的照護者而言，嬰兒的哭聲不只引人警覺，也令人憂心；啼哭聲也是敦促行動的激勵訊號。父母對親生寶寶的哭聲有豐富的經驗，他們能根據啼哭類型來辨別需求，這就讓他們不只能快速反應，還能準確判斷。舉例來說，父母知道什麼是飢餓的哭泣，什麼則是受傷的啼哭，遇到受傷的情況，或許能更迅速反應。由於主要照護提供者對親生嬰兒的苦難感應十分靈敏，或許在較吵雜環境或較遠距離之外，他們仍能察覺自己嬰兒的線索並做出反應。照護者或許也覺得寶寶的啼哭沒那麼討厭，因為他們對於那種聲音、代表的意義、個體和反應都比較熟悉。舉例來說，父母親講法語抑或講德語，會影響他們的嬰兒的哭聲，新生兒誕生短短三天之後，啼哭聲就有所不同。總之，類似哀鳴、啼哭和尖叫等苦難線索，都由新生兒運用來引導他們的照護者的注意力；反過來講，照護者會覺得這些線索是很重要的，激發行動的，並且很難漠視的——從而激發反應。

由於子代照護和利他反應具有同源性，我們假設，在英勇救援等情況下，苦難線索也會觸動陌生人表現利他反應。當觀察者聽到一個成年人因劇痛或苦難而哭喊，由於音調很高，聲量又很大，哭喊聲顯得很反常並引發驚慌。強烈哭喊聲也顯現出脆弱性和急迫需求，而這就將模型的所有三種特徵融合構成一種激勵作用力。舉例來說，在一項針對同理心和利他行為的發展研究當中，就連兒童也會回應鄰室另一個哭喊的孩童並前往探視，即便必須暫停他們手頭的工作。

隱藏苦難的壞處

有關人們對明顯苦難的反應規則有個重要的反例：當苦難消弭無蹤，他們就不可能做出反應。舉例來說，在重視獨立和能力的文化中，藉由哭泣、尖叫或哀鳴來表達身受苦難，被認為是軟弱或不成熟的象徵——就男性和童年階段以外的人而言更是如此。在這樣的文化中，就連年幼兒童，當他們因為痛苦經驗而啼哭時，也會受告誡要「保持堅強」，並明白勸阻哭泣。這種壓抑本身便反映出了子代照護機制的作用，由於這種聲音凸顯又引人嫌惡的特性與嬰兒的脆弱性十分緊密關聯，因此人們希望啼哭能盡快終止。由於這些（在某些文化中還更劇烈的）動態變化，人們有可能隱藏他們的苦難，避免被負面看待。

由於人們會學習「忍受痛苦」，這就意味著他們在真正有需要的時候，經常無法獲得援助。在我的生態神經科學實驗室（Ecological Neuroscience Laboratory）中，我們錄製了與真實醫院重症或末期患者訪談的影片。當參與觀察者檢視這些患者影片時，較多人表示，遭逢嚴重苦難的女性需要最多的援助，他們湧現較多的同理心，也願意提供更多幫助。相較而言，影片中沉默寡言不表達情感的男子，並沒有觸動同理心或援助，即便客觀而言，他的病症也同樣嚴重，就像我們那個沉默寡言的患者。另一個實驗室的一項追蹤研究，錄製了與大學生訪談的影片，結果發現，觀察者對於在描述個人問題時不流露情感的學生，較少表現出同理心。我們演化出對明顯苦難做出反應的傾向，於是當人們堅忍掩飾自己感受來「保護顏面」時，我們也無法意識到他們的困境，而無從產生幫忙的欲望。

觀察者一般都知道，不吐露情感的受害者也需要幫助，卻依然沒有做出反應，理由是在子代照護系統中，在明顯苦難和有援助需求之新生兒之間的那種固有連結關係。例如，你或許知道，朋友憂心忡忡，因為隔天約了看醫生或有一場重要的考試，即使他們不對你透露心中苦惱，你仍然打了通電話或發了短訊表達慰問。這種付出心思的同理心一般比較少見，接受的人會很感激，因為人們很少付出這份微薄心力去想像他人的感受。矛盾的是，受苦的人低估了別人是多麼難以推斷、回應他們所抑制的痛苦，到頭來仍是保持沉默，這使他們除了感到痛苦之外，還會湧現怨怒。有時人們確實會努力想像另一個人的痛苦，好比當涉及一位他們關切且相互依賴的密友或家人，甚至當某人雖不受歡迎，卻與我們的命運息息相關之時，好比脾氣暴躁但我們必須取悅的老闆。然而，大多數人類的幫助舉止，並不能以秉持旁人視角的觀點來清楚解釋，因為這件事做起來很費力，而且比起利他衝動，產生的行動動機也相對薄弱。我們不能秉持旁人視角來解釋，為什麼人類和包括囓齒類動物在內的非人類動物，會受了激發來關照明顯表現苦惱之新生兒和關係密切之夥伴。

我承認有時候保全顏面很重要。例如，由於成年人顯現出類似嬰兒般苦難和脆弱之時，就會顯得比較低下，比較無能，員工或許不願意在同事或上司面前哭泣，特別是女性，因為她們已經遭受刻板偏見看待，被貶抑為太過情緒化。例如，二〇〇八年的競選行程途中，希拉蕊．柯林頓（Hillary Clinton）滿心疲憊並在短暫片刻流露出迷濛神情，描述了她滿心想幫助美國的熱情，還有在這段競選歷程所面對的職責要求：

這不容易。這不容易。而且各位知道，除非我真心相信這是正確的事情，否則我是辦不到的。各位知道，我從這個國家得到了相當多的機會。我只是不想看到我們倒退。各位知道，這對我來說是非常切身相關的。這不僅只是政治上的，這不僅只是公共的。我看到眼前發生的事情。我們必須扭轉這一切。

我們當中一些人，勇敢面對相當渺茫的機會，毅然投入其中。我們每個人都如此，因為我們關心我們的國家。

但我們當中有些人是對的，有些人是錯的。有些人準備好了，有些人還沒有。有些人知道我們從一開始就該怎麼做，有些人還沒有真正想透徹……

所以，儘管我很疲憊——我確實是——儘管一路設法達成想做的事情是那麼困難，好比偶爾運動一下並努力吃得健康，然而當最方便的食物是披薩時，這實在很難。我堅定信仰我們作為一個國家的價值。

她這樣展現脆弱性只持續了短短幾秒鐘，卻引來了媒體大量關注，把她塑造成要嘛就是喬裝感性好讓她看起來比較有人性（因為她總被視為男性化的），不然就是驗證了女性的負面刻板化印象（她們太情緒化了，無法擔任領導）。你做也好，不做也好，反正都該死。

因此，某些時候即便有可能遭人漠視，你仍有必要揭露你的痛苦，另有些時候，特別是對面對嚴重偏見，努力爭取尊重的人而言，披露你的脆弱性很可能惹來太大的困擾。還有其他時候，透露你的苦難可能造成困擾，甚至帶來麻煩，不過你依然應該考慮透露出來。舉例來說，脾氣暴躁的上司或許並不了解，他的舉止是多麼傷人又多麼刻薄，倘若他清楚地觀察到，自己的言行對於他的寶貴員工造成何等影響，或許他就會後悔他所做所為。甚至他還可能改變。最起碼，倘若你在他傷害你時，清楚表現出苦難，往後當你投訴時，他就不能事後宣稱當時並不知情。即便在我們受內心驅使隱藏苦難之時，讓這種強大訊號發揮作用，或許我們有時仍能獲得裨益。

即使不太可能利用我們脆弱性的親密夥伴想出手幫忙，然而我們卻仍然隱瞞自身苦難時，情況就變得更加棘手。例如，我在第一次懷孕期間，頭三個月沒有告訴任何人我已經懷孕，這是遵循一項文化規則，以免在懷孕不成功的情況下需要「撤銷」這條消息。當時有人明白勸阻我公開我的遭遇，因為人們總認為，透露流產會很令人尷尬，事情已經令人心碎了，這樣只會更加痛苦。但後來一位護理師對我說：「喔，倘若真發生了不好的事情，難道你不會希望有人知道，然後在你難過的時候，得到他們的支持嗎？」告知親友哪裡有可能出問題是有好處的，這對我來說是個重要的訊息，讓我知道低調隱藏問題有可能釀成不良後果。

人們也往往太遲才發現，他們關心的人遭受了像是抑鬱、焦慮或飲食失調等精神疾病的困擾。罹患這些疾病的人，往往會掩飾他們的症狀或需求，因為他們感到羞愧或軟弱，或者擔心遭評判或憐憫。當社交圈中的某人結束了自己的生命，人們經常會說：「我根本不知道他們有憂鬱症！」有時連近親家人也感到訝異。我們並不鼓勵坦露心理和身體健康方面的迫切需求（連在家人之間也是），這會釀成原本可以避免的嚴重後果。我們必須更努力地讓表達痛苦變得正常化，特別是在我們想要幫助的親密關係中。

總之，苦難已經演化成一種線索，提示脆弱性和需求之間的緊密連結，從而觸動觀察者採取行動。然而由於苦難和脆弱性連帶有關，而且對觀察者有這般強烈的作用，人們往往隱藏他們的苦難，就連在真正需要幫助時也是如此。這樣隱瞞有時是有益的，能避開苦難和弱點或脆弱性之間的連帶關係，然而這卻太常帶來不利影響，對受害者和觀察者都一樣。情緒的演化是有理由的。有時候我們必須記得，情緒是種強大的工具，讓它們發揮作用，長遠來看對我們是有利的。

苦難、同理心和利他行為的心理學

縱貫全文，我們持續主張，苦難演化得十分凸顯、讓我們不能不關注，而且它還得以在子代照護背景脈絡中激發行動。利他反應模型的這項原則，似乎與巴特森（Daniel Batson）和讓・德塞蒂（Jean Decety）以及其他人的普遍觀點互相衝突，後者主張苦難會阻礙援助。根據同理心——利他行為假設，人們在感到溫暖、柔情、冷靜、關切和慈悲時，會專注關心他人的需求，並提供無私的援助；相反，當發愁、憂心、痛苦、不安和沮喪時，他們就會專注關切自己的需求，並只有在自己的苦難減輕時，才會提供幫助。舉個例子，當實驗室中的學生目睹某人受到痛苦的電擊時，表示感受同理心的觀察者，即便可以離開，也都會伸援，至於感到個人苦難的人，則較少提供幫助，除非他們被迫留下並繼續觀看痛苦的電擊。因此，人們有能力出於無私的原因提供幫助，但也可以出於自私的動機行事，以緩解自己的苦難。

我們自己的研究有時確實會披露很棘手的苦難。例如，我們往往會複製出巴特森的發現，遭逢苦難的受害者有可能觸動觀察者的同理心以及負面反應。當人們觀看我們最悲苦醫院患者的錄影時，一部分參與者甚至還表示他們感到驚恐（亦即忐忑、憤怒、驚恐）。這種高度負面的反應還更加引人注目，因為參與者知道，這些是真正的重症病人或末期患者。因此，當他人表達的苦難會引發多餘的、會感染的負面感受之時，嫌惡反應也就可能因此發生——特別當他們的問題看來很沒有道理或者難以解決。（舉例來說，一位護理師表示，「嗯，對這個問題她打算怎麼辦？」）不過還不算滿盤皆輸，因為比起對快樂的患者，一般人對苦難的患者會看出更多需求、感受更多同理心，並提供更多幫助。不過這種慷慨精神是有侷限的。例如，倘若參與者必須坐下來陪伴患者，而不是只給他們幾塊錢並不做社交接觸，那麼他們就會提高協助快樂患者的相對偏好度。所以，即便苦難肯定帶來嫌惡的知覺和感受，它仍能成功傳達需求並激發反應，而這也正符合它的設計功能。

倘若我們思忖，在任意給定的情境中，利他反應模型的種種屬性如何權衡取捨，也就能預測這類複雜的關係。舉例來說，飛機上有小寶寶啼哭時，人們就會抱怨。這似乎自相矛盾，因為，我們理當演化來幫助那些身處苦難的寶寶。然而，這種惱怒和模型相符，因為那些寶寶並不是其他乘客熟悉的或有感情紐帶的對象，他們多數人都相隔太遠，不會陶醉於寶寶的可愛模樣，也不知道是哪裡出了問題，所以幫不上忙。因此「飛機上有小寶寶啼哭」經典案例自然會惹人苦惱——這就證明了聲音很凸顯，激使我們去讓它平息——然而我們沒辦法產生同理心，也幫不上忙，因為欠缺界定親代照護的感情紐帶、熟悉度、專門知識和掌控權，況且社會規範告訴我們，不要去碰陌生人的寶寶，進一步約束自身的舉止。碰到兒童虐待一類狀況時，這種衝突就變得更嚴重了，這時照護者會抽身或甚至攻擊、傷害他們應該保護的兒童。根據研究，由於苦難是如此明顯、有激勵性，而且不容忽視，於是當苦難或啼哭接連持續了好幾個小時或好幾天時，人們也就會變得非常煩躁，特別當沒有明確的解決方案之時（好比，由於寶寶罹患腹絞痛）。人們必須接受培訓，並在這種情況下獲得支持而非遭受懲罰；他們應該能夠讓自己置身激烈情境之外，好讓自己冷靜下來，而且我們需要提供幫助，好讓照護者能夠休息片刻。釀成這種情況的起因，是由於人類演化出的本性是在相互支持的社會性團體生活中養育兒童，然而如今我們多數人所體驗的西方式工業化獨自育兒方式，卻已經與此脫節所致。

與苦難不能激發援助的情況相反，只要觀察者理解狀況，能介入並對他們的反應抱持信心，那麼即便強烈的和嫌惡的苦難，也依然能夠促成援助。哺乳類動物的神經激素壓力反應之所以演化出現，並不是為了讓我們在工作壓力下能吃餅乾，這種反應的演化，是藉由調動交感自主歷程和新陳代謝歷程，犧牲了消化和成長等較慢、長期的生理歷程所促成的即時行動。我們的壓力系統經過演化，能在脅迫下最有效地快速反應，好比當觀察者受了壓力驅使，必須迅速採取行動來幫助某人——假定他們知道該怎麼做，也知道分寸。所以，即便苦難線索啟動你的壓力和自主神經系統，當我們無法行動時——強烈激情和不安找不到明確的出口之時——它們就會產生冷漠、紛擾或攻擊行為，因為這些狀態本身就是演化來激發行動。

人們面臨苦難時，若認為自己有可能遭人操控，也會感到矛盾。由於苦難會激發援助行為，人們有時會偽裝陷入苦難來誘發支持，這有可能讓開始懷疑受害者的觀察者感到困窘、惱怒、生氣或反感。舉例來說，赫迪便曾描述，像狨猿和檉柳猴這類合作養育後代的新世界猴，通常會與無助的寶寶分享食物，特別是當牠們乞求食物之時。然而，當年輕個體年齡增長獨立生活，成年個體就比較不會與牠們分享食物，而這就會導致年輕個體以愈強烈並引人嫌惡的方式懇求乞討食物，有時訴諸偷竊。這種現象已經在著名的吸血蝠動物模型的利他行為研究中重複驗證，研究發現，成年蝙蝠較少與已經發育超越青少年階段，理當自給自足的蝙蝠分享血餐。

小寶寶確實很無助，起碼在嬰兒早期階段是如此，實在不能認為他們是藉由啼哭來「操控」照護者，起碼不像是幼童、較大兒童和成人那般以刻意的、邪惡的手法來操控。嬰兒有可能「使用」哭聲來激使照護者為他們提供食物、溫暖、撫慰或移除有害刺激物。這是他們溝通需求的僅有方式之一。這些需求有的並不是真的很緊急，不過即便是需求被動照護，好比身體撫慰，也可能影響嬰兒的長期健康和幸福。例如，寶寶獨自被留在嬰兒床或汽車座椅時，通常就會放聲啼哭，因為他們喜歡照護者充滿愛心的溫暖擁抱。不過這些並不是必須立刻解決的急迫需求（而且就汽車座椅的情況，這說不定正是拯救他們的要素）。即便寶寶使用哭泣來激使我們幫助他們，我想我們都同意，他們並不是刻意密謀對付任何人，而且他們的要求也相當合理——特別是在面對相當惱人的現代裝置之時。因此，寶寶哭聲的真情實意、毫不誇張，未加操控的性質，提供了一種促成行動的誘發刺激，而且就算出自成年人，我們也依然遵從。

人們對於苦難哭聲的音質非常敏感，能區分反映出不同需求的哭聲，好比需要接觸、肚子餓了和疼痛。因此在醫院接受腿部注射的新生兒，所引發的同情比較多，超過在圖書館因無法帶回家的玩具，半哀鳴半啼哭的十八個月大的兒童。後面這樣的哀鳴和啼哭，會讓觀察者感到非常煩躁，他們甚至還可能覺得小孩是在操控而惱火，特別當目標是要取得玩具火車或更多金魚餅乾等獎賞時。然而，聽到新生兒為真正的需求而啼哭時，人們確實會心生同情，這樣的哭聲比較溫和、有規律，並暗示了脆弱的、幼態的、受苦受難和有援助需求的理想組合。

苦難不是單一事物。苦難有多樣化形式和背景脈絡，其中有些有激勵作用，另有些沒有。不過倘若我們從照護無助新生兒的背景脈絡來理解苦難，模式便自然浮現。真正的苦難，肇因於嚴重的急迫狀況，而需要觀察者提供力所能及之幫助的困境是有激勵作用的，而當觀察者不熟悉或沒有形成感情紐帶、不知道該怎麼辦、力有未逮，幫不上忙，或者感覺受了操控，這時苦難就可能引人嫌惡，也不太可能激發援助。

科學文獻有必要更明確地釐清，苦難何時會促使人們走向困難處境，何時則會讓他們遠離，並拿包含利他反應模型屬性的情境（好比受害者與觀察者存有感情紐帶、呈幼態模樣、明顯受苦受難，並需要觀察者力所能及的即時幫助）來與不包含這些屬性的情境進行比對。這些研究將能讓我們就現實世界對苦難之反應範圍方面達成更完整的認識，這類反應並不總是充滿同情，但確實會產生比自我關注更多的可能結果。

總結

利他反應模型指出，在模擬無助子代需求的情況下會受激發出手幫忙——湧現幫助的衝動。因此，嬰兒固有特徵的功能是為了激發我們的反應衝動，即便受害者是個成年人或陌生人也不例外。小寶寶依定義就是年幼、脆弱並需要我們所能提供之援助的個體。有時候成年人也具有這些特徵，結合起來促進反應衝動。其他條件相等的情況下，脆弱性、苦難和即時需求或許是比幼態延續更強大的訊號，但它們也是我們未能行動的原因，例如在面對慢性需求、隱匿的苦難或無法直接觀察的問題時，我們就欠缺行為動機。這些受害者屬性並不是像開關控制器那般單獨運作。而是由腦子依循正規的、動態的資訊處理歷程，採內隱做法迅速整合，而其目標則是以我們對情境的認識為本，在每種情況下產生最有利的反應。這裡的重點是要了解，利他反應如何在演化與人類體內發生，這樣我們就能預測何時會產生反應，並糾正袖手旁觀這種令人遺憾的偏誤。

第七章

能助長反應的觀察者特性

就以威爾森克羅夫特那群勤奮不懈的雌親的事例而論，幼崽先天上都擁有受害者所有迷人的連串特徵：牠們很脆弱、無助，需要援助；此外，雌親知道如何幫助……於是牠們伸援！人類也是如此。假設受害者具有這種類似嬰兒的特色，那麼觀察者的特徵也能抑制或強化利他衝動發生的可能性。我首先描述了受害者特性，理由是，當所有條件都相等，它們看來對反應的影響更大，畢竟人們受內心驅使，都願意幫助真正很像無助新生兒的受害者，不論他們是否天生具有同理心。不過這條經驗法則有個例外：除非觀察者知道適當的反應，並預測它會及時起作用，否則就算「完美的」受害者，也不會得到幫助。比起其他的共情理論或利他行為理論，這是利他反應模型的一個獨特焦點。因為它將利他行為理解為一種「行動」。行動由動作系統控制，其設計是採內隱方式來預測我們的行為如何發生效用，還有其他人會怎麼反應，以便因應不斷開展的情境，迅速適應調節。觀察者的四種相關屬性，透露了他們會不會對受害者做出反應：

- 專門技能
- 自我效能
- 有人在旁觀看
- 觀察者的性格

專門技能

這裡先論述專門技能，因為這是利他反應模型最重要、最獨特屬性之一。根據該模型，當人們可以預見——即便以內隱方式，在意識覺知之外為之——知道自己能妥善應對措施並能即時落實，則他們就會對受害者做出反應。

這個專門技能焦點與一件事實連帶有關，那就是負責取回子代的神經迴路涉及兩套對立的迴路——迴避與趨近幼崽。這種對立自然會制止個體在不利於適應的情況下提供幫助，好比，當出現看來很危險的奇異刺激之時。囓齒類動物沒有接受合宜的激素或還不習慣幼崽時，會迴避取回幼崽，不過當牠們受了促發並覺得安心的時候，就會趨近並取回幼崽。人類也同樣會在害怕奇異的、不確定的或危險的情況下迴避提供幫助，並在感到自己有所準備並掌控時趨近。

專門技能和利他反應連帶有關，因為伸援一般必須有明確的動作舉止。像把孩子拖回來脫離險境這樣的自發行動，有可能只依賴相當簡單的動作程序，甚至這還可能是先天固有的，或者隸屬基本的人類動作能力的一部分。因此，簡單的取回有可能並不需要動作專門技能，並能由任意觀察者來發起——不過前提是觀察者預料他們夠快、夠強大，能把受害者拖回來免受傷害。有時取回行動需要卓越的力量、技巧或知識，這些一般都是我們視之為真正英勇的舉止。緊急狀況迅速開展，觀察者沒有什麼時間，無法在最關鍵時刻自信地選出最佳反應。在種種超越單純取回舉止的複雜背景脈絡中，也都必須有人類的利他行為介入作用，例如跳入湍急水流或者進入燃燒中的或倒塌的建築中尋找受困人員。

有些現有的研究支持專門技能的好處。例如，有時候無動於衷的人後來便指出，他們之所以沒有採取行動，是由於不知道「該怎麼做」。同樣地，消防隊員也描述，他們對房屋火災在任何特定時刻的安全或危險程度，有種學習而來但直覺養成的認識，於是他們才能在不斷變化的處境下，迅速做出安全決策。上文提到了奧特里的案例，描述當時一位年輕男子在癲癇發作後跌落地鐵軌道，於是奧特里跳下去救人，他也擁有罕見的相關專門技能。奧特里認為他的快速救命反應，得歸功於他先前當過建築工人，具有豐富的狹窄空間工作經驗，因此才能準確預料，迎面逼近的列車正下方空間足夠他們兩人安全藏身。相同道理，見義勇為干預犯罪事件的人，經過查證體格比較魁梧，受過較多有關犯罪和緊急事件的訓練，而且他們描述自己「強壯、積極、有操守而且很重情感。」他們的行動誘因似乎是出自「一種在培訓經驗中建立的，根植於個人力量的本領」。

因此，正如足球球員可以透過球門距離、最接近防守者所處位置，以及腳踝舊傷狀況的綜合資訊，內隱式地快速計算出踢球的力道一樣，觀察者也可以內隱式地快速計算，他或她是否能及時趕到並拯救一位受害者。再次舉奧特里為例，他必須計算列車距離多遠、還有多少時間、把年輕人拖出來需要多久時間，以及他能不能自己一個人快速把他抬出來。奧特里料想他沒辦法及時救出受害者，但如果他趴在年輕人上面，他們就可以藏身車下。謝天謝地，他的預測是正確的，列車驚險從他們上方通過，兩人順利倖存。奧特里幾乎是即刻做了複雜的計算，誤差微小到區區幾公分，而倘若他算錯了，結果就會很悽慘。在剎那間，我們當中任何一個人都會做某種計算，但他的專門技能無疑提高了他所做猜測的準確性，也造就了兩人今天都依然活著的事實。腦中的動作系統設計旨在迅速、準確地預測即時的適當反應。例如，在動作文獻中有一項經典發現，那就是人們只須觀察高度不等的臺階，就能猜估出自己能不能走上一段樓梯；一旦踏板超過某一高度，人們普遍就會從猜測「是」轉為「否」。靈長類的腦子也能預測，需要什麼動作來撿起各種物品。腦中前運動皮質內運作的精確位置和參與的細胞都會改變，實際則取決於需要多強的握力來牢牢抓住物品，例如，運用「精準捻捏」來撿拾葡萄乾對比於運用「全手抓握」來拾回罐子。應用於利他反應，人們很擅長迅速猜測，他們能不能及時救回受害者，或者夠不夠快、夠強壯，來把他或她拖離險境。專門技能通常只討論純粹智力或動作技能方面，例如懂得微積分、彈鋼琴或投籃，但它對於判定何時回應某人的需求也至關重要。

重要的是，專門技能在社會和情感的或被動形式的利他行為中也扮演一個角色，好比當你必須安慰一位哀傷的同事或朋友之時，面對一個心煩意亂的人——或者甚至想到某位有可能感到煩躁的人之時，人們會內隱式地（有時則是外顯地）預測，倘若他們嘗試介入，會發生什麼狀況：倘若我跟我的朋友談談那個問題，那麼他會不會變得更哀傷，或者變好？倘若我的朋友變得更為沮喪，我有沒有辦法幫他心情變好？當你認識受害者，你也就能更準確地預測那個人的需求，以及如何反應——這是你一生社交互動以及與那人交往所發展出來的專門技能。你還擁有自己先前嘗試安慰其他人的相關專門技能，這能增加或減弱你對自己幫得上忙的信心。在不鼓勵公開表露情感的家庭或文化中，人們不只較少表露自身苦難，而且面對其他人的苦難時，還會感到更不肯定，因為他們很少有機會實際體驗這類動態和強烈的處境。接著雙方只能沉默煎熬，希望接觸，卻沒辦法舉步跨越，因為他們欠缺經驗，不知道該如何運用並緩和這些強烈的情緒狀態。

人們對於自己能成功的內隱式或外顯式預測——兼及生理上和情緒上的狀況——強烈影響做出反應的可能性。專門技能和自我效能概念部分重疊，後者對行為的影響還更加寬廣。

自我效能

「自我效能」指稱當人們感覺努力不會達到期望的結果時，他們就不會採取行動。自我效能在種種不同情境脈絡中都會影響行為，從教育到工作再到社交行為和回收。例如，當人們認為，要做回收或採共乘通勤就得放棄他們珍視的獨立和舒適，還會造成混淆或帶來困難，或者認為這對氣候變遷這種重大問題的影響微不足道，他們就完全不會費心。應用於利他行為，當人們不覺得自己能改善處境時，缺乏自我效能就會讓人變得冷漠。這與專門技能部分重疊，因為兩邊都涉及對自己行動結果的預測；然而，當人們能夠實際做出反應，卻不相信他們的援助能夠改善問題，這時自我效能也就牽涉其中。例如，當一個無家遊民乞討零錢，或者慈善機構需要資金來幫助挨餓的國家，捐款本身並不需要動作技能，甚至你可能也有能力給予。然而，問題有可能看來太重大或太複雜，區區幾塊錢解決不了，這就如同給熱切的幫助動機潑上一桶冰水。

根據計劃行為理論（見圖7.1），只有當人們（以及其重要社交圈裡面的人）覺得行動是有價值的，也相信他們能夠掌控結果時，動機才會轉化為行動。因此，即使你認為做回收或幫助無家遊民是正確的事情，如果同事或朋友表示，回收最終全都進了垃圾掩埋場，而無家遊民只會把錢拿來吸毒，那麼你也就不會有意願把你辦公室用過的紙張搬到走道另一端，或者掏出零錢給街頭那個人。能夠掌控結果的元素與專門技能和自我效能相仿，因為在這所有狀況下，都必須預測你的行動對結果會產生正向影響。利他行為也是如此。

多數人都認為，利他行為整體而言是件好事（也就是說，就此他們抱持正向態度並有社會規範）；然而，談到他們多麼相信他們的援助能帶來好處，好比捐錢濟貧、幫助成癮人士或拯救一批難民，這時他們之間就存有很大的差異。有些人同情

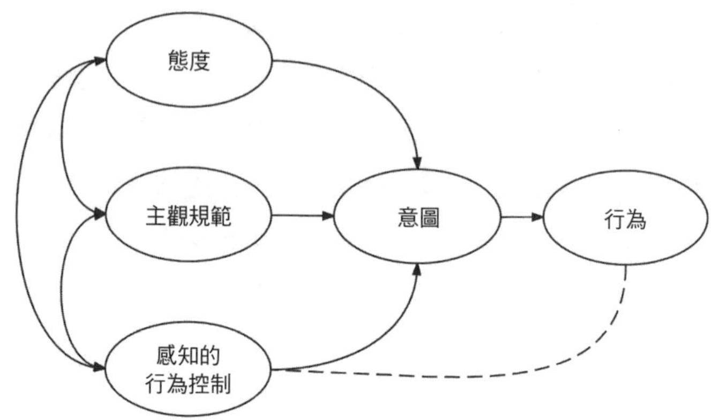

圖7.1　計畫行為理論圖示，本理論提出了重要假設，認為人們必須重視一項結果，才會執行期望的行動，並認為那項行動會受其他重要人士的肯定，同時也視之為可行的，並有可能成功的。

繪圖者：Robert Orzanna, CC-BY-SA-4.0, 根據伊塞克．阿傑森（Icek Ajzen）的理論繪製：Icek Ajzen, "The Theory of Planned Behavior," *Organizational Behavior and Human Decision Processes* 50, no. 2 (December 1991): 179–211, https://doi.org/10.1016/0749-5978(91)90020-T.

心較少，援助的也較少，因為他們信奉「英才主義」（meritocracy），把成功全都視為辛勤工作的成果（而不提及他們一路上接受的幫助）；反過來講，他們假定，倘若人們並不成功，他們一定是不夠努力工作。另有些人就比較富有同情心而且支持援助，因為他們考慮到在貧窮、受虐或患病情況下，不論一個人多麼努力工作，要想成功仍需要安全的有愛的家、高品質的地方學校，以及高地位的同儕和導師等一類條件才行。因此，正如英雄必須相信，他能及時游到皮艇旁救起溺水者，政治家也必須相信，將稅收導向公共援助能夠幫民眾脫離嚴重貧困，站上比較平等的立足點。

當人們感到問題實在太大，難以解決時，自我效能也會削弱行動。例如，當事關「拯救地球」之時，人們就會被浩瀚的廢物數量所淹沒，並認為唯有公司機構才能解決這個問題，單憑自己無力促成任何實質的變化。問題的範疇也會阻礙行動，因為，好比當你得知有十個人在受苦時，你就可能會感到糟得不能再糟了：然而，當結果發現是一萬人受苦時，這種憂心就沒辦法擴展到與問題規模相符（「對範疇的不敏感」〔scope insensitivity〕）。這種範疇問題與先前描述的單一受害者效應交互作用，即人們寧願幫助一個人而不是兩個或更多人。當你拿錢給一個特定的人，即使只是個你負擔得起的小額捐贈，你可能會覺得你的贈禮有可能改變他們的一天或一週，這增強了你的控制感、效能感和你從給予產生的「溫馨熱情」感受。相較而言，當人們考慮到自己的杯水車薪捐獻，對數千人能有什麼幫助時，心中湧現的沮喪感受，便構成了鮮明對比，畢竟他們根本看不到那些人。很難想像你的涓滴援助，能夠解決遠方的糧食短缺、種族清洗或暴力衝突等嚴重問題。因此，人們不採取行動。此外，人們也主動迴避這類讓他們深感無力改變之事件的相關資訊。

環境保衛基金會（Environmental Defense Fund, EDF）發現，他們的會員對於一項幫助帝王斑蝶活動的反應度高得出奇。我們檢視了人們在環境保衛基金會網站上撰寫的故事，閱讀他們與帝王斑蝶的接觸經歷。人們見識了這個物種之美，還在庭院或教室中直接觀察了牠的特殊生命史，心中深受啟發。人們事先知道每捐贈一單位金額會種植多少英畝的乳草（milkweed），於是即便二十美元捐款，也很容易想像出所產生的具體成效。同樣，在另一項研究中，我們虛構了一項環保呼籲並予宣揚，當廣告描述地球很脆弱，並搭配一幅影像，描繪一隻北極熊帶著熊寶寶，在小塊冰上隨流飄浮，這時人們就會捐出較大款項。當人們能夠感受到受害者和所提出的援助，他們就能從禮物中感到更高度自我效能和滿足感。因此，較重大問題對人們的激勵力量較小，因為這降低了他們的自我效能感和改變現狀的信心。

「對範疇的不敏感」部分原因在於資訊以及我們的腦子如何演化處理資訊之間的感知不匹配。人類利他反應的發展目標，是為了協助眼前就需要我們幫忙的親生子代——單一的、具體的，可以直接觀察得到的受害者。以遙遠國家難民為對象的捐贈，就必須有比較高強的能力來想像，從世界各地湧來的好幾百筆或好幾千筆小額捐款，如何能夠匯聚成有用的數額，來協助解決你看不見的或無法理解的問題。即便絕大多數慈善捐贈確實來自個別捐贈人，由他們的小額禮贈涓滴累加（相較於幾筆出自富裕捐贈人的大額禮贈），人們往往會認為，自己的小額禮贈，再怎麼累加也構不成有意義的額度，因而不願意捐贈。這就是自我效能的難題。在一個經過演化，受即時性和具體性驅動的系統中，問題愈大，我們就愈不想幫忙。有人認為，我們就贈與方式上的這種誤差，處理時應該跳過同理心，改以針對贈與成本和效益之理性計算為本來下達利他決策。

這種計算有可能適用於長期的政策決策，卻無法左右個人的同情心，因為這是引發慈善捐款並贏得大眾對慈善政策支持的要件。我們根深蒂固的利他反應特徵力量十分強大，最好不要試圖對抗它們，若我們能理解並利用這種機制來喚起同理心並引來援助，而且就算所處狀況在自然情境下並不會誘發幫助衝動，我們依然能夠取得更大的成功。例如，有些慈善機構將捐助者與特定受害者匹配，好比讓捐助者認養一個孩子、家庭或村莊，或者讓他們為非洲的一個特定女性群體提供小額貸款，或為指定的村莊購買牛或山羊。在我們的研究中，針對不同的訴求重點，我們增加了人們對環境的捐款，好比針對人們對於有急迫需求的脆弱目標的同情心，好比一隻向大海漂去的幼小北極熊，還有針對美麗、迷人的目標，像是清新的山間溪流。

有人在旁觀看

利他反應模型假設，人們對於類似無助的、急需他們所能提供之援助的新生兒一類的受害者會湧現一股衝動。這類必然性與旁觀者冷漠必然性有密切相關。旁觀者冷漠是種心理學現象，指稱隨著其他觀察者人數增多，人們提供的幫助就會減少。旁觀者冷漠經假定為，面臨不確定或感到受威嚇情況下，我們迴避提供幫助之傾向的一部分，這種傾向會隨著觀察者人數增多而增強。特別是在醫療緊急狀況，這是旁觀者冷漠實驗經常採用的情境，這時人們會感到不知所措，或者不確定受害者出了什麼問題，他們需要哪種幫助，自己是不是最適合的人選，或者若他們干預是否會遭受批判。醫療訓練等專門技能會提增人們做出反應的可能性，因為這會減輕這種不確定性（由子代照護迴路的迴避分支來予以調節），同時增加一個人對反應行動成功的信心（由腦迴路趨近分支來予以調節）。相較而言，倘若我們急躁倉促行動，結果卻發現，受害者只是在狂歡尖嘯，或者我們把受害者拖出事故殘骸，最後卻導致他或她癱瘓，這時我們就會非常後悔。這種害怕和不確定性，讓觀察者心中飽受折磨，助長了袖手旁觀的結果，這種效應一般是有適應意義的，也能依循利他反應模型來解釋。

不論觀察者人數多少，利他反應模型明確指出，當受害者毫無疑問是脆弱的、受苦受難的，並需要緊急援助的，這時人們就會做出反應。然而要判定某人是否真正脆弱，卻不是個簡單的使命。有些受害者明顯與無助新生兒有所不同（好比有操控傾向，要你清理他的回收桶的同仁），另有些則明顯相仿（像是寒冷天候下被放置在教堂門口台階上的棄嬰）。不過仍有無數案例位於這兩個極端之間的灰色地帶。迫使觀察者區辨目標是否真正無助。除此之外，我們還很少面對迫切需要幫助的成年人或嬰兒，因為成年人本該有此能力，而且就算沒有，社會化也讓他們看來有能力，至於小寶寶，他們十分無助，被愛他們的照護人放著不看顧的機率很低。

有些人比較願意介入，例如比較外向、愛冒險或者不在意旁人怎麼看待他們的人，這類屬性比較常見於觀察者身上，因為他們感覺比較自在，而且對這個地方比較有責任感。就連有精神病傾向的人（根據定義這些人並沒有同理心），在緊急情況下都比較願意幫忙，因為他們並不擔心危險，也不在意人們對他們的看法，甚至還可能追求英勇行為的自戀獎賞。反過來講，規避風險、眼中到處都是危險的人，還有很容易感到困窘，或有社會焦慮的人，就比較不會倉促行動，因為他們深怕犯錯。文化出身不同，幫助陌生人的傾向也高低有別，傾向較高的有類似美國這種講求獨立的文化，傾向較低的包括像東亞這類講求相互依存的文化。還有當身邊有看來願意支持的人，好比朋友、熟人和女性觀察者，這時他們就比較願意幫忙。（當觀察者是女性時，男女都更願意幫忙。）當陌生個體在場時，人類和齧齒類動物都比較不願意幫忙，因為這會提增壓力激素皮質醇或皮質酮（corticosterone）的含量並抑制幫助行為；這種效應是可以逆轉的，只要你封堵壓力激素，或者進行一場有趣的初始遊戲，好讓陌生個體變得熟稔即可。因此，當觀察者感到周遭情況令人安心，不擔心其他人會怎麼想，也不受陌生人壓力困擾，這時他們就會幫忙，並且受到子代照護機制中迴避和趨近之間基本對立狀況的支持。

觀察者的性格

許多發展上的、生物的和情感的歷程，都會共同影響（在一般情況和特定情境下）觀察者何時會提供幫助。這些歷程通常反映了先天本性和後天養育的明智結合，並彰顯個體的早期環境如何改變基因，使個體得以適應牠所誕生的環境。

大致而言，有些證據顯示，任何你想像中應該能增強利他行為的個人特質或生活經驗，確實都有貢獻。不過這眾多屬性對行為都只有微弱的影響，而且還往往被環境抵銷掉——例如，在那種背景脈絡下，或者當有人旁觀時，觀察者知不知道該如何幫忙。此外，表現英勇救援行動的人經常表示，他們完全不知道自己為什麼匆匆投入，也沒有回顧參照母親或教士們教導他們的金科玉律（不過就某些比較持久類型的幫助，好比在大屠殺期間藏匿猶太人免受納粹追捕，人們確實會回顧過往教訓）。英雄們也沒有提到同理關懷的感受，然而這卻是心理學家研究幫助時最常提到的理由（例如：沉靜、專注、溫暖、溫馨的狀態）。

共情性格

當人們想知道，為什麼有些人可能表現出利他行為時，他們往往會提到性格——假定有些人天生就比其他人更具有同理心和利他行為特質（也就是他們擁有「利社會特質」）共情特質一般都是以自我報告問卷來測量，這將性格區分為種種屬性，或就是種種不同的傾向，好比能領略他人情感（情感傳染），能對有援助需求的人表示同情（同理關懷）、面對他人的苦難或身處緊急情況時會感受苦難（個人苦難）、能想像自己處於他人的立場時會是如何（採取不同視角），或者能藉由細小的日常利他行為舉止來幫助他人（每日利他行為）。最近以谷歌學術（Google Scholar）搜尋驗證了這一觀點在學術研究中的普及程度。搜尋發現超過六萬篇論文引用了最流行的同理心測量工具，馬克・戴維斯（Mark Davis）的人際反應指標（Interpersonal Reactivity Index, IRI），其中包括了對他一九八三年原始論文的近五千次直接引用。我在自己的研究中也使用了IRI，常常可以找到性格特質和評估同理心或利他行為的項目之間的相關性；然而，結果的模式很難預料和詮釋。例如，倘若一個子量表預測援助，則一般來講其他所有子量表也都如此；有時同理關懷和個人苦難都會強化給予舉止，或者一個子量表預測一個工作項目，然而另一個子量表卻預測另一個工作項目。我們注意到的唯一清晰模式是，與其他同理心亞型相比，虛構幻想對較少預測反應。眼前還得進一步研究來釐清這些差異，但顯然觀察者確實以一種傾向於關注、感同身受並對旁人需求做出回應的傾向，來進入各種情境。

執行這項研究來探討同理心或利他性格的目的，是要支持「同理心——利他行為假設」，從而得以論證，當人們擁有同理關懷之特質傾向時，會比具有個人苦難傾向時更願意幫助他人。實際上，這些性格測量的影響通常都很微弱，同理關懷和個人苦難感受經常是相互關聯的，有時候個人苦難能預測援助。這些特質往往無法預測人們對另一個個體的實際反應。針對本書所關注的利他反應，實驗很少測試同理關懷或個人苦難如何影響人們對於急需援助的他人的實際行為反應。路・彭納利社會量表（Lou Penner's Prosocial Battery）中的日常利他行為子量表確實問到了利他行為舉止，但是對於無害的援助，比如指示方向或告知時間，這些舉止不太可能受到受害者的類型或觀察者的專門技能所影響。因此，同理心或利他行為的性格特質量表是重要卻不精確的測量尺度，有時候確實可以從統計上預測給予行為，然而其設計並不適用於預測人們在現實世界特定、困難情境中的實際行動反應。

觀察者關照對方的可能性，從一開始就高低有別，這種關注是必要的，這樣腦子才能處理、領略受害者的狀態。要關注其他人，首先你必須對他們或他們的一般福祉感興趣，相信他們的狀態與你的目標連帶有關，而且你也預期，介入並不會給自己帶來像是染上苦難或與需要自我衝突等麻煩。這種對旁人的關注，部分能由你的性格來解釋，不過也受到其他眾多因素的影響，包括你的情感調節能力、對他人的情感依附、對陌生人的關懷，甚至是你的更寬廣世界觀（生命是「殘酷、短促的」，或者我們是不是都共同面對這一切？）就算已經注意到了受害者，你仍然需要判定要不要回應，而這也同樣受到許多因素的影響：受害者是不是「有受害者的樣子」？你需不需要負責？你是不是受到他們的情緒的影響、是否與他們相互依存，或者是否感受壓力？所有這些因素等等，全都影響及於我們所設想的利社會性格。「利社會性」聽起來像單一事物，實際上它卻反映了許多較底層因素的綜合影響，這就包含了發展、心理、生物和表觀遺傳歷程，這些歷程是可以分離的，卻仍以一種系統性方式結合在一起，讓我們得以測量，隨著時間推移對一個人的綜合影響。因此，有關你是多麼利社會（或者你想呈現什麼樣子）的問卷可以披露的是，相對於其他人如何看待他們自己，你是如何看待你自己，不過它不能透露你是「如何」或「為何」變成那個樣子——這些問題必須以更底層的神經生物學和心理學因素來回答。

正向偏誤

我們對自己的看法甚至我們的記憶，都受種種因素影響而有偏誤，包括我們如何傾向專注自我優點、最令人難忘的，以及希望遺忘的事物等等。舉例來說，倘若你問我，我是不是個「乾淨」的人，我只需要回憶起十分鐘前我才洗了手，還吩咐我的孩子們這個週末要打掃屋裡，於是我就可以說：「當然囉！我是非常愛乾淨。」在那一刻，我並不考慮我和其他人的「相對」乾淨程度，或者有多少次我該打掃卻沒有打掃。應用於利他行為，倘若你問我是不是樂於助人，我當然可以回憶起一個出手助人並深感自豪的片刻，並自信地確認肯定的答案。

女性自述本身同理共情程度也可能高於男性，因為她們經過社會化，希望看來樂於助人。（有些學者發現，即便女性自稱比較富有同理心，男女的利他行為水平是相仿的，但我總是發現，女性有更多的同理共情感受，而且付出得較多。）研究人員試行解析抽離這種期望讓自己顯得（或看起來）很善良的偏誤（他們稱之為「社會期許」〔social desirability〕），於是動用了另外一種測量社會期許的問卷，接著當研究要以同理關懷等性格變項來預測某種結果之時，就把那項影響減除。然而，採行這種途徑來處理同理心一類特質的效果並不好，因為這是與希望當個好人或做好事的人的先天本性密切相關。眾所周知，人們不善於吐露自己的動機。就算我們重視善行，也能在調查研究時準確反映出來，計畫行為理論預料，當受重視的同儕並不認同幫助的價值觀，或者當我們沒辦法改變狀況之時，人們依然不會出手幫忙。因此，與其問人們贊不贊成回收或者是否願意幫助，我們反而應該問人們打不打算把白熾燈泡換成「緊湊型螢光燈」（CFC），或者「在這個星期」捐款給一家慈善機構。總之，性格問卷確實測量人與人之間的真實差異，卻反映了許多相互作用的根本歷程；它們無法預測某人在特定情境下會不會公開出手救援，而利他反應模型就能預測。

早期發展

當你檢視能提增兒童利他行為的因素時，研究人員發現，當身處底下這些情況時，人們通常會更加樂於助人，包括：具有良知、希望取悅他人或者討好重要的社交夥伴，而且養大他們的雙親採權威式教養，很重視要當個好人，並考慮本身行為如何影響他人。當雙親不只向孩子解釋什麼是該做的「正確」的事，還以身教示範悲憫、關懷和溫暖的行為，這樣的父母撫養長大的孩子，會比嚴苛、頑固或殘酷的父母養大的孩子更具利社會性。動物模型中也出現了類似的效應，在這些模型中，體貼關懷的大鼠或猴子照護者會培養出同樣更具社會性、更體貼關懷的子代，而粗疏冷漠的或殘忍的照護者所培養出的子代，後來就會變成差勁的父母、焦慮的成體，或者具有攻擊性的社交夥伴。

精神病態

當父母過度嚴苛、愛挑剔、缺乏支持，或在身體上或情感上虐待子女，撫養出的子女就比較可能罹患社會病態或精神病態症狀。在虐待的或缺乏支持的環境中成長的孩子，往後對他人的苦難或痛苦，就比較不能發展出情感和悲憫的同情能力。羅伯特・布萊爾（Robert James Blair）、馬什及其同事已經證明，罹患精神病態的人，在對他人苦難或恐懼的情感反應上存在缺陷，這與杏仁核尺寸較小，以及該區域腦活動水平較低有關——這處腦區我們先前也曾描述，是將子代照護系統從迴避切換為趨近幼崽的必要部位。相較而言，「極端利他者」對他人的苦難和恐懼的感應還更敏銳，杏仁核尺寸更大，該區的腦反應也更強。重要的是，這些極端利他者不只在調查研究或人為事項中表示自己樂於助人；根據定義，這些人在現實生活中也為他人做出了英勇犧牲，例如捐贈腎臟給陌生人。

有時人們相信，有精神病變傾向的人比普通人更擅長理解旁人的觀點，這有助於他們操控旁人。精神病態有可能讓一個人更想要投身插手公共緊急狀況；然而，在犯罪類節目中出現的那種狡詐的精神病患，好比《犯罪心理》（*Criminal Minds*）電視劇中那樣的人物卻如鳳毛麟角，說不定確實存在，但幾乎從不會被見到。具有精神病態傾向的人，多半都是在困難環境中長大，難以維持具生產力的正常成年生活，而且由於他們行險、冒進與攻擊性的舉止，最終往往落得身陷囹圄。這些情況實際上並不能驗證人們在媒體中對精神病患者賦予的巧妙規劃能力或對人類行為的透徹理解。有一項研究檢視了囚犯資料庫中的精神病態和智力數據，並發現具有較高智商的囚犯，比中低度智商的囚犯更早犯下更多暴力罪行。因此，即便表現出聰明、危險的形式，精神病患者仍可能是愛操控的和有害的，卻也並不是在每個轉折處都能騙倒我們的瘋狂天才。儘管如此，種種負面的特質，好比冷酷無情或自私自利，若能予以約束並努力把它引導到銷售或套利一類為社會接受的活動當中，仍是有可能帶來成功。你也可以在沒有「真正同理心」的情況下，去想像其他人的感受——好比若是你在條件化或明確教導下認識了你的行為與後果之間的連帶關係。俗話說得好，「條條大路通羅馬」。

靈修

有些研究指出，傳統宗教或靈修有可能增益觀察者的利他舉止——特別是男性。不過這類效應，可能反映了某些宗教教義，或其他驅使某人走向宗教的訓誨，比如促使個人努力提昇自己，或者變得更渴望與社區人士聯繫往來。就宗教社群方面，還存有一種高度的扶困濟貧社會規範，這能激發提增助人行為的意願。目前這方面的文獻還在萌芽階段。有些研究發現，宗教確實提增了利他行為，另有些發現就不是這樣，還有些研究則發現，它減少了幫助行為。儘管如此，某些社會結構，例如重視服務的、有凝聚力的靈修社群，則料想當能促使人們願意伸援。

總結

就某些方面而論，情況和受害者的屬性是利他反應的更基本要素，因為當受害者和真正無助的新生兒很相像之時，就會引發大多數觀察者做出反應，條件是觀察者必須知道該怎麼做，並認為反應會奏效。觀察者的大半屬性只是轉移了歸類門檻，從而影響人們將情境或受害者歸入重要類別的傾向（例如，這個人真的無助嗎？我能矯正這種情況嗎？）。當情況嚴重到某人檢視狀況時會產生系統性的偏誤，並朝向採信不同見解（例如，自信或是不肯定；甘冒風險或是規避風險），這時他或她的反應傾向就會朝著相同走向偏斜。你可以將所有這些較低層級的歷程平均為一種「利他性格」，然而這個變量並不反映底層起因或基因，實際上，這是基因、早期環境、教養、文化、信仰和個人目標的累加組合。

有種屬性在利他反應模型當中影響最為深遠，那就是認定自己伸援能夠成功的信念。這種內隱式或外顯式的預期，深植於我們的英勇舉止動作專門技能當中，不過就比較常見的援助類型而言，這也包含了「自我效能」，也就是當我們相信自己的禮贈能夠產生效用時所秉持的信念強度。於是，有個做法肯定能提增利他反應，那就是強調，就算重大難題也能靠著具體的微小個別行動來予解決。

第八章

利他反應模型與其他理論的比較

在大多數情況下，利他反應模型能將心理學和生物學的其他理論和研究納入其框架當中。按照這個模型的設計，它和其他大多數理論並不相互衝突，而是要將它們整合並予以增補，好讓我們能夠解釋種種更廣泛的現象。利他行為的多數理論都可以分歸兩大陣營：終極階層理論與近側階層理論。這套分類體系是生物學家恩斯特・邁爾（Ernst Mayr）發明的，其中終極階層理論解釋一種行為是如何演化以及為何具有適應性，而近側階層理論則解釋它是如何嵌入腦中和體內，以及其行為釋放的條件，還有它在某一個體的一生當中如何發展。為了澄清利他反應模型與現有利他行為理論的關係，在接下來的篇幅中，我會先探討終極或演化理論，然後再探討近側理論或神經生物學和心理學理論。

演化理論

關於利他行為演化的論文，幾乎全都提到兩種佔主導地位且源遠流長的互補理論：⑴ 整體適應度和 ⑵ 互惠利他行為理論。利他反應模型與這些觀點一致。整體適應度的根本原則確實至關重要，可以用來解釋對子代和對親近旁人提供照護的衝動所具有之適應性。然而，整體適應度和互惠利他行為的提出，是為了解釋任何個體，不論物種，如何在幫助除自己以外的人（包括親族）時受益，即便自己的基因是「自私」的。這些理論的許多擴充版本都經運用於非人類動物，特別是生活在高度互聯社會群體的真社會性物種，如蜜蜂、黃蜂和裸鼴鼠。利他反應模型與這些理論不同，因為它的設計旨在以我們對哺乳類動物腦部的演化和運作方面的現有知識為本，來解釋「人類的」利他行為。利他反應模型是專門設計來解釋英勇的和主動的人類利他行為形式，也就是向不太可能回報恩惠的非親屬陌生人提供的幫助，而這正是這兩種優勢理論所無法充分掌握的情況，就此我會在下文著眼討論。

整體適應度

整體適應度是由威廉·漢彌爾頓（William Hamilton）在他的一九六四年開創性論文〈利他行為的演化〉（The Evolution of Altruistic Behavior）中詳述。依循「漢彌爾頓法則」（Hamilton's rule），幫助他人能裨益付出者，只要接受者和付出者之間，起碼有些許親緣關係，而且利益程度隨著親緣程度加深而提增。他的公式很簡單：「倘若一個r級親緣親族之獲益，為利他者損失的k倍，則因果基因的正向選擇標準則為k > 1 / r」。舉例來說，倘若你有孩子，他們各自共享你的半數基因（另一半由另一位生身父母貢獻），確保了你的基因起碼能延續到下個世代。此外，倘若在子代從發育到繁殖這段漫長期間，你都出力協助他們，而且他們也繁殖了後代，那麼你的基因起碼有四分之一會延續兩個世代。若是你協助孫輩後代，而且他們存活至繁殖，則你的基因還會有額外八分之一再存續一個世代。依此類推。因此，基因不只是受了初始繁殖行為的助長，而且在出生之後數年或數十年間的有效照護，也會提增它們的存續壽命。這種特定樣式的整體適應度涉及協助本身親族，約翰·史密斯（John Maynard Smith）稱之為「親屬選擇」，並強調這種歷程在促進人類利他行為方面所扮演的角色。

漢彌爾頓並不打算解釋人們如何、為何幫助與我們共享較少基因的陌生人；他只是想指出，就遺傳學而論，幫助除自己之外的其他人，並非完全不理性，即便基因是希望成功的「自私的」實體。舉例來說，假如你有個孩子，照護他或她連帶讓你付出一個機會成本，好比放棄你的部分睡眠、食物、事業、收入，還侷限了你原本能擁有的額外配偶或子女的數量。同樣地，若是你捐出你的部分退休儲蓄金給一位姪女上大學，那份禮物起碼會局部減損你的未來財務保障。漢彌爾頓的整體適應度能解釋，為什麼儘管有繁殖的遺傳目標，人們——或任何有機體——仍有可能把自己的機會讓給只有部分親緣關係的其他人。

儘管親屬選擇是很普遍的生物學現象，諷刺的是，這對人們如何看待人類利他行為卻影響甚微，因為大多數普通人甚至也不會使用「利他行為」這個詞彙來描述對親族提供的援助。事實上，我們把應該幫助親族視為不證自明的事實，這本身就可以被看成一項證據，顯示我們具有強大的、內在的、隱含的照護同類的內在動機。因此，心理學有關你的幫助動機是否著眼於受害者的感受，或者你付出時是否有溫暖、柔情、無私和富有悲憫感覺等相關爭論，就整體適應度而言並不是特別相關。同樣地，經濟學就裨益你聲譽方面的相關爭論也是不相關的——除非那是會影響你基因的好處，這點我們底下就會看到。生物學有個假設，你的行為應該能帶來一些好處，起碼就長遠而言，如此它才會演化出現。由於漢彌爾頓的法則是為了解釋，為什麼任意物種協助具有共同基因的個體，都是理性的舉止，它並不解釋我們所認定的所有的人類「利他行為」活動，特別是如果你堅持將利他活動定義為純粹無私的動機驅使，還有特別就針對陌生人的類型。整體適應度也沒有解釋，這類舉止是如何在我們的腦中和體內體現，還有互異形式的利他行為是如何演化或由不同機制來予支持。因此，按照設計，漢彌爾頓的法則適用範圍只侷限於人類利他行為謎題的一部分。

儘管指出了這個限制，親屬選擇實際上是利他反應模型的根本原理，使我的觀點與這項理論互補。根據利他反應模型，我們受驅使來關照、呵護和保護自己的無助子代，確切地說，這是由於這樣做裨益了我們的祖先——這種動機我們也會擴展關照非子代個體，一般是比較不麻煩的事務。整體適應度解釋了為什麼一種保護子代的機制，能提供比其他多數解釋都更強大也更符合本能的動機，包括互惠、給別人留下好印象、想像自己處於他們的狀況、讓自己感覺良好或甚至於更好。後面這些歷程肯定有助於人類伸援，然而在我們的基因選擇中，發揮得較晚且沒有那麼強大的作用，以感受到在特定情況下做出反應的衝動。只有利他反應模型能夠解釋，為什麼當遇上了無助新生兒所需協助等一類情況時（例如，遭遇苦難並急需有幫忙能力的人伸援的無助旁人），人們會感受內心驅使必須行動，還有，為什麼拯救者會表現出這麼類似我們那群勤奮雌親的行為。只有利他反應模型能夠解釋，為什麼在功能性磁振造影實驗中那些人，僅只是讀了虛擬慈善機構的材料，就捐出了最多錢給幫助嬰幼兒的慈善機構，超過了捐給死亡風險遠遠更高的成年人的數額。

就利他行為的演化方面，人們最普遍相信的另外兩個起因就是互惠和合作。就人類而言，這兩種理論通常都假設，利他行為是在社會群體生活背景中萌生的，而社會群體則是在演化賽局的相對較晚期才形成。接下來我們就討論這兩種理論。

人類社會群體的利他行為

有關人類利他行為的多種終極階層理論都假設，人類之所以出現利他行為，是群體生活的一種必然結果。（有些理論容許這種機制在某種程度上與大猿和海豚共享，因為牠們也群體生活，並擁有相對較大型的發達頭腦。）最簡單的理論不過就是整體適應度的擴充：幫助群體中與你有若干親緣關係的夥伴能為你帶來好處。舉個極端的例子，倘若你的部落在同一個島上生活了六百年，那麼你與其他部落成員，也就共享了源自該島創始族人的基因。群體相互關聯性特別適合用來描述生活在緊密社會群體的物種，例如在蜂巢攻擊入侵者的蜜蜂、相互警告有狐逼近的地松鼠、或是為了手足長途飛行覓食的鳥類。人類的相互關聯性不如蜜蜂那麼密切，但即使有一定程度的相互關聯，也能為合作帶來好處。

進一步擴充這個想法，「群體選擇」假設合作有利於你的群體存續，比起沒有合作傾向的競爭型群體更佔優勢，即便這會讓個體付出代價。如果我們的島嶼部落一般都能合作，並能共享食物、協力對抗共同敵人，我們的集體基因就能勝過未能共同合作的群體的基因。遇上強大壓力情況，這還會特別明顯，好比當遇上飢荒、大範圍肆虐的疾病或捕食、或者來自鄰近部落的攻擊等資源瓶頸情況（這有可能迅速清除基因池中的很大部分）。群體選擇在這些年來獲得的支持起伏不定，因為人們總認為，達爾文說的選擇是發生在個體階層，在這種情況下，有利於群體卻要個體付出代價的基因是不能增殖的。這種批評帶了點諷刺意味，因為達爾文自己就在一八七一年論證支持群體選擇。當群體之間的基因池出現空間區隔，這並不總是與事實相符，不過群體選擇的一個好處是不至於那麼受制於整體適應度，也得以從其他共享偏好中生成（好比親和、相似性或與合作連帶有關的任何表現型〔phenotype〕）。

由於這些壓力都仰賴群體歷程，人們認為與群體相互關係或群體（也稱為多階層）選擇連帶有關的問題，都出現得較晚，而且影響較弱，比不上原本為了保護有親緣關係的無助子代而生的利他反應。這些終極階層的解釋，並不提供關於合作的近側階層解釋，同時也不根據援助的類別來區隔合作，於是也就忽略了終極和近側階層之間的重大差異。例如，黑猩猩和吸血蝠有類似的食物分享方式，亦即一個擁有豐沛食物的個體允許擁有較少食物的弱勢個體分享牠們的成功。兩種現象也都仰賴相當內隱式的近側機制。不過唯有就蝙蝠而論，分享時才需要（似乎不必動用龐大或複雜的大腦）主動援助；就這種情況，我們不清楚為什麼這種合作在類似群體生活的猴子當中並不常見到。相較而言，狩獵時為圈捕獵物物種的協同作用似乎需要更高度的協調，並且通常只見於大猿、海豚和人類的相關報告。我們人類儲備糧食並重新分配來餵養窮人或熬過短缺的能力，必須仰賴更高度努力來確保公平性、避免偷盜、察覺並對付叛徒，確保利益能超過成本。這些迥異的合作樣式，看來是在不同物種和不同生態系中，在不同演化階段，藉由不同的認知需求各自萌現——這些差異沒有納入某些理論考量，那些理論認為，合作大致上都是做為人類群體生活的一種適應方式才出現的。

根據定義，除非周圍有可以合作的其他人，否則就沒辦法合作。因此，強調群體背景脈絡之相關性是個循環論證。以群體合作為本的理論也沒有解釋，為什麼照顧行為和利他反應在外觀上和運作上都如此相像，並且和關係疏遠的物種（如嚙齒類動物）還是共通的——這些物種也能感受到同類的苦難並提供幫助。反過來講，某些合作形式就能以利他反應來解釋，好比出於對他人苦難和需求的同情而激發的合作。例如，你可能會在風暴來臨之前幫鄰居用沙袋加固她的房產，因為你擔心萬一河岸決堤，會給她帶來災難，或者你也可能會幫鄰居結冰的人行道剷雪，因為你不想看到那位年邁的紳士跌倒摔斷手臂。這些舉措有可能涉及人類的遠見、隱匿的動機、互惠和善意，但它們仍有可能是由於察覺了他人的脆弱性、苦難和迫切需求，才受驅策起身行動。由於哺乳類動物演化出了分享彼此情感的傾向，我們也受訓練來減輕他們的痛苦並沐浴在他們的康復喜樂當中。

互惠是對整體適應度的一種增補或替代選項，它不依賴群體內的共通基因。簡單來說：如果我付出給你，以後你或許就會回報給我，這樣我的努力就變得有價值。好幾個世紀以來，人們就一直猜想，互惠在利他行為中的作用，拉丁詞語「do ut des」（我給予，好讓你也給予）看來也道出了這相同現象。即便是最基本的以牙還牙形式，在統計模型中這種策略也十分有用。

互惠原則就像群體選擇一樣，最適用於小型社會群體，其中每個人都熟識並相互依賴（就這些情況，通常人們也都共享基因）；然而，令人驚訝的是，就我們最平凡的和最引人矚目的人類付出行為形式而論，它的適用性卻比較差。例如，人們經常向慈善機構捐款，並在街頭幫陌生人指路、告知時間，或表現完全不可能有回報的舉動，好比幫忙給停車碼表投幣。這在我們認定為典型利他行為範式的英勇救援行為中尤其明顯。為了闡釋我們願意幫助陌生人的現象，理論學家提出，互惠原則也可以透過第三方的間接作用實現，這有可能以不同形式呈現，或者涉及與你共享基因的其他人。例如，在向慈善機構或街頭陌生人捐款之後，任何觀察到或得知你慷慨義舉的人，可能都會對你產生好感、更喜歡你，有興趣與你結為社交夥伴、和你結為伴侶，或在往後與你的親屬分享好處。就狩獵——採集者部落而言，參與狩獵遠征並成功獵殺一頭大型獵物的男性，有可能會慷慨與團隊分享肉食；明年，當他獵物短缺時，某個狀況較好的家庭，就會記得他如何大方，並回報給他或他的家人。

社會演化心理學家特別著眼於，被視為樂於助人的人擁有較高度交配機會——特別能用來解釋男性的英勇行為。這種觀點與事實不符，實際上有人旁觀時，人們似乎較少提供援助。人們在私人空間中也表現出最高度養育行為，而女性在幾乎所有的調查研究和工作項目中，也表現出最高度同理心和利他舉止。利他行為的表現在小團體中效果或許會更好，特別是當共同育兒普遍可見，而且行為會受到觀察之時（例如，身處一群猿或猴，或在一群鸚鵡當中，相對於獨居型穴居田鼠）。同樣作為一種終極階層理論，互惠的侷限在於它並沒有包含其本身的近側階層機制，它沒有按照援助的樣式來區分類別，而且效益應該是後續才會實現，於是對繁殖成功的影響，比起子代照護，也就應該相形較弱。互惠也不能解釋，為什麼我們和囓齒類動物兄弟的外顯行為和機制是如此相似，畢竟牠們生存在不同的生態環境當中，並擁有較小的腦子。有些人提出，互惠需要不斷清點記錄付出的和接受的幫助，這將進一步限制人類的互惠；但考慮到互惠也發生在其他物種當中，並且能以隱含的神經情感歷程來處理（稍後我們就會看到），因此這個提案似乎並不可行。

恩斯特·費爾（Ernst Fehr）和同事提出的「強互惠」（strong reciprocity）模型假定，人類演化出一種非特定的合作傾向，並懲罰不合作的人，因為這能提增人類群體的成功程度，勝過比較不合作的群體。強互惠得到「獨裁者賽局」的支持，其中半數學生是提議者，另一半是接受者。兩個群體並不見面。提議者獲得十美元，可以給接受者任意金額，也可以不給，其餘的錢就收入囊中。平均而言，人們給陌生人一半的錢，這代表一個合理的平等或公正點，但在經濟學家看來似乎並不明智，因為根本沒有分享壓力（沒有人能知道你的決定，接受者與你沒有親緣關係，也沒有互惠的壓力）。在最後通牒賽局中，接受者可以接受或拒絕提議者的開價，如果遭拒絕，也就沒有人得到錢。這鼓勵公平對待，也驗證了人們寧願犧牲自己的獎賞來懲罰不合作的夥伴，這是強互惠理論的一個關鍵元素。藉由功能性磁振造影（fMRI）和跨顱磁刺激，研究人員證實了右側背外側前額葉皮質會參與這個歷程，來幫助人們抗拒為了長期的公平性而犧牲個人的金錢收益。

強互惠模型相對於其他終極階層模型具有一項優勢，那就是它能指明一個近側機制及其操作情境背景。當然了，對於賽局的信任是被誇大了，因為很多受試者或許並不相信實驗者對決策真的並不知情，或者只是不向他人透露，況且我們的選擇還有其他許多方式有可能被發現（包括出自我們自己），於是這就引發了聲譽上的顧慮。你的良心也可能告訴你，公平是「正確的事情」，會讓人感覺良好。但這些方法論上的疑慮引出了一個問題，即我們為什麼相信付出是好的，而自私是壞的。我們對公平似乎有強烈的傾向，但這是否就代表合作和懲罰的遺傳傾向也是必要的？

菲利普・津巴多（Philip Zimbardo）曾經論稱，我們從「媽媽和爸爸、班導師、警察、神職人員、政治家、安・蘭德斯（Ann Landers）和喬伊絲・布拉瑟斯（Joyce Brothers），以及其他制定法則和違規後果的世上所有『真』人那裡學會了服從權威。」同樣地，早期的理論家如西格蒙德・佛洛伊德（Sigmund Freud）、漢斯・艾森克（Hans Eysenck）、B. F. 史金納（B. F. Skinner）和亞伯特・班度拉（Albert Bandura）也曾表示，人們從早期的發展經歷中學到是非對錯，好比因為分享而受到嘉許，由於好鬥或自私受到譴責。這些我們行為與後果之間的連帶關係，在發展過程中深深內化，即便無法回憶起我們的訓練，它們在後來的生活中也很容易被喚起。我們的「內在聲音」、良心（如艾森克所說），或自我理想（如佛洛伊德所說）通過充滿情感的歷程，學會在涉及道德議題的情境中做出「正確」的決定——就像卡通裡的天使和魔鬼分坐對立兩肩肩上。當我們思考該怎麼做時，身體經常以內隱方式迅速產生顯著的情感和情緒反應，引導我們下達歷史上正確的抉擇。當我們想像遵從內在的「天使」時，我們感到自豪；當我們想像做了讓人不悅的淘氣事情時，我們內疚。因此，當你生活在必須合作才能解決眼前問題的持久群體中，而群體擁有能學習並預期突發情勢的腦子時，合作隨時都可能出現。哺乳動物的腦子通常都具有這種學習能力，能將付出所獲獎賞與受苦的懲罰區分開來。額外的人類前瞻能力，或許還能讓我們提前演練多種可能的選項和後果，或者抑制本能反應以獲得更長期的利益。然而，這種遠見仍然是建立在一個更基本、更強大的機制之上，這是種與其他物種共享的機制，而且似乎並不是與人類群體或認知技能緊密牽連。即便是幼童也能迅速學會，如何在躲貓貓遊戲中計數和隱藏，好讓遊戲難度恰到好處，既有趣又不會讓玩伴感到被欺騙而怒火中燒。這種高難度的平衡除了需要能高度合作的腦子外，也需要能學習又有遠見的心智。

綜合考量，強互惠得到行為的支持，並包括一個近似機制和背景脈絡。然而，由於這個理論與人類社會群體生活緊密牽連，也往往涉及高等認知技能，因此我假設這種壓力出現得較晚，對行為的影響也不如子代照護那般強烈。強互惠本身有可能根本沒有經過遺傳編碼。因此，合作可能反映後期出現的基本照護機制的延伸。

演化理論的總結

整體適應度和互惠利他行為是為解釋利他行為而提出的兩項主要理論。兩項理論各自包含了次版本，擴大了提案的範疇。有大量的證據支持這兩項理論，得自不同物種，而且雙方並不相互衝突，也不與利他反應模型相牴觸。整體適應度對於利他反應模型至關重要，因為它能解釋，為什麼父母為共享半數基因的子代提供反應靈敏的、細膩的和周到的撫育照護是具有適應性的。每當我們出於同情心伸援或合作，而非出於明確的策略或盤算，這時互惠利他行為就有可能涉及子代撫育照護機制。儘管如此，我們假設利他反應模型業已提供了一種較早期的更為明確壓力，對基因組產生了更巨大的影響，並存在於形形色色不同物種和情況當中，特別是與據信在人類社會群體中演化出現，並需要廣泛認知歷程的利他行為形式相比。這些終極解釋的好處是更為廣泛，因此可以適用於任何物種和情境；然而，這種廣泛性也是它們的弱點。由於十分籠統，它們無法解釋特定形式的人類利他行為是如何演化或如何在腦中落實。

許多物種以眾多不同方式提供協助和合作。整體適應度和互惠利他行為是種出色的通用工具，能解釋不同情境下的援助行為。然而，為了解釋人類的利他反應行為本身，需要更精確的工具，特別是針對全然陌生人士表現的英勇舉止，畢竟那些人與我們沒有共通基因，而且除非詳盡商議，否則是無法互惠回報的。

近側理論

利他行為的終極階層理論有個限制一再出現，那就是它們未能解釋援助如何建構納入體內或腦中，它何時會啟動，以及如何根據利他行為的類別而有所不同。我們不該假設啟動並促進人類援助的近側機制，等同於變形蟲形成菌柄或地松鼠發出警戒尖嘯，或者吸血蝙蝠分享食物的同類機制。我們不該假設人類趕往拯救溺水陌生人的衝動，與黑猩猩允許低階個體分享資源的方式雷同。為確立利他反應模型的實用性，這個模型就必須與現有的終極和近側階層理論的數據相符，特別是在描述相同現象或利他行為類型時。

利他反應模型與社會心理學研究權威人物或旁觀者，如何抑制利他行為所得結果特別相符，這是由於兩邊都會啟動先天抑制趨近行為的迴避反應。雖然本書沒有深入討論同理心，但利他反應模型旨在與社會心理學描述的共情理論保持一致。然而我要強調，在緊急情況下，當觀察者真正感受內心驅使必須趕往救助時，並不總是能主觀地體驗到同理心，而且在隨空間和時間開展的情境中還會更為凸顯。利他反應模型與社會神經科學中有關腦子如何支持以獎賞為本的決策歷程現有理論緊密相連；然而，我更加著重探討動作準備的角色，勝於其他方面。

心理學和神經科學對於人們為何幫助陌生人有多種近側階層的解釋。早期聚焦於權威人物和旁觀者的角色，循此來解釋人類在諸如大規模種族滅絕等殘暴和苦難的歷史事件中，為什麼表現得這般冷漠。隨後，研究人員試圖解釋，我們何時能表現共情並真正關注他人需求。最近，研究人員開始將同理心和利他行為的研究與更廣泛通用範疇的決策研究統整結合，來驗證學習、機率和情感如何支持伸援決策。利他反應模型與這些現有的近側階層解釋一致，但由於它的設計旨在整合子代照護的終極和近側階層觀點，因此在若干方面偏離了先前的研究成果。例如，只有利他反應模型提出如下假設：當觀察者知道該怎麼做，苦難和壓力就可以在不需要有意識的細密決策下促進援助。利他反應模型還做出了具體預測，根據情況推估誰會提供幫助。身為表現照護行為的哺乳類動物，在模擬我們必須保護無助子代的情況下，人們可以自然而然地從觀察受害者轉為幫助他們，而且毋須多想就能在兩者之間轉換；然而，當有足夠時間做決定時，這種直覺就有可能與共情感受以及細密思緒融合在一起，傳統上人們便認為，指導我們援助行為的就是這些因素。

對權威的敏感度

有關利他反應行為的最大規模也最切題的研究體系，設計目的卻令人啼笑皆非，竟是為了表明人們如何不肯幫忙有援助需求的陌生人。這項傳統源自二戰戰後社會心理學的一場運動，其目的是要闡釋，為什麼人們起初會參與、旁觀猶太人的大規模種族滅絕，隨後才斷然採取行動來予以制止。這些研究人員並不那麼關注妄圖宰制世界的邪惡獨裁者，他們更著眼於，為什麼即便認定那樣做是錯的，卻仍有那麼多普通百姓袖手旁觀——甚至參與。身為有愛心的人類，我們希望認為，倘若在環境中有人傷害、殺死無辜民眾，我們就會出聲。我們希望認為，若有人要求我們幫他們犯下大規模殺人暴行，我們就會拒絕。然而，研究（和現實生活）都已論證表明，在特定情況下，我們的善良天使是會墮落的。

史丹利．米爾格蘭（Stanley Milgram）論證表明，即便是出身良好家庭、沒有絲毫財務誘因，本身也全無安全風險的典型美國成年人，依然會聽從一位「權威人物」（其實也只是個老師）的指示。第一項研究中的所有四十名受試者全都遵從權威的指示，對一位實驗同謀施以電擊，當初始記憶問題答錯時便處以最低等級（「微弱」，十五伏特）；隨著電壓提高，他們依然同意施以「強烈電擊」，達到三百伏特。當電擊增強，部分比例的學生拒絕從命，但將近七成依然施以最高等級電擊——「危險嚴重電擊」或四百五十伏特），儘管違抗不受懲罰，而且同謀明顯受苦受難。我的書名《利他衝動》似乎與這般明確的證據大相逕庭，事實是我們很冷漠，甚至很殘酷。然而，米爾格蘭的資料，卻與透過解析趨近和迴避受害者之間基本張力的模型完全一致。當人們受到抑制或害怕時，他們並不會自發提供幫助。此外，當米爾格蘭的學生和受試者相隔較遠時，他們就比較會遵從施予電擊，而且會竭盡所能地避免讓自己感到該對受害者負責，或經歷受害者的痛苦，例如，避開目光或操作轉盤時盡量輕巧——類似威爾森克羅夫特所提供的那種隨機細節，這在現代論文中或許不被允許，儘管這些實際上驗證了我們的敏感度。

津巴多的史丹佛監獄實驗通常都與米爾格蘭的研究相提並論，其中同樣受過良好教育的史丹佛大學學生成為一個虛構監獄的參與者，在那裡他們被隨機指派為監獄看守或囚犯。原始情節指出，看守們自發參與霸凌行為並剝奪他們同儕的人性（特別是在晚上，較少人旁觀的時候），然而就在幾天之前，那些同儕還在課堂上與他們比肩就座。就像米爾格蘭，津巴多呈現這些結果來證明，即使是被社會化成重視同情心並能以尊重相互對待的「好人」，當被置於權威地位之時，也具有表現非人道舉止的能力。兩位研究者還都強調，人們藉由重新界定自己不必對傷害負責，來特許表現這種殘忍對待，畢竟他們只是遵從命令——將苦難的起因轉嫁到權威人物身上，來免除本身的罪責。

這些研究與相關理論與利他反應模型是一致的，因為該模型指出，當人們感到害怕或受到不同或競爭目標誘發時，他們並不會感受到幫助的衝動。在現實世界中，遵從權威人物召喚行動的人，往往是遭受了死亡威脅，指出若是不聽命，他們自己或家人就可能遇害，而在重大動盪時期，士兵也經常得仰賴權威來提供金錢、保護或食物。就像其他社會型哺乳類動物，人類同樣有階層結構，並藉由長串的獎賞和懲罰來維繫。例如，德瓦爾便廣泛探討了黑猩猩社會群體中的策略性權力博弈，包括優勢雄性個體如何使用（有時致命的）武力來確保權力。在人類社會中，包括在學校操場上，也常見嚴謹的階層體系。因此，倘若你假定我們也是逐日追蹤獎賞和懲罰，以做抉擇來增加本身適應度的學習性社會動物，那麼人們對他人造成傷害，也就不是這般不可預料。士兵未必熱衷執行命令，儘管當然有一些人是如此：就米爾格蘭的研究，百分之五的受試者在奉准得以選擇痛苦等級時，依然決定施以劇烈疼痛。人們經常以剝奪他人人性的手段來遂行他們的殘忍性情，這本身就支持了人類關切旁人苦難的自然傾向，因為先讓他們看來比較不具人性，我們就不必分攤痛苦並為他們感到遺憾。

旁觀者冷漠

同樣在二次戰後的社會心理學時代，約翰・達利（John Darley）和畢勃・拉塔內（Bibb Latané）檢視了為什麼人們在旁人受苦時袖手旁觀。典型的旁觀者冷漠實驗中，或有一名同謀研究助理在公共場所假裝受傷或感到疼痛，也或許是實驗參與者在執行無關的事項時，聽到鄰室有人發出痛苦呻吟。實驗者測量參與者花了多少時間才趨近表面受害者並提供幫助。通常情況下，參與者的反應程度會由於旁觀者在場而減弱，這就稱為「旁觀者冷漠」或「旁觀者效應」，據信這就反映在群體中的「責任擴散」現象。在觀察者群體中，沒有任何單一個人有責任出手幫忙，因為現場有很多其他可能的幫手，其中有些人甚至還可能更有資格。這種現象還經常出現在《日界線》（*Dateline*）或者《你會怎麼做？》（*What Would You Do?*）等一類電視節目並流傳了下來。在這些節目中，人們在公共場所留下鏡頭，影片顯示他們經過一位假裝受傷或昏迷的演員，驗證我們袖手旁觀的普遍景象。這種研究往往安置在現實生活事件的背景脈絡當中，好比紐約的姬蒂·吉諾維斯（Kitty Genovese）遇害案。早期新聞報導指出，有三十八名鄰居聽到她尖叫或目睹謀殺舉動，卻只任由姬蒂的前男友在她家後巷刺殺她四十三刀，而沒有設法幫忙。姬蒂的故事被拿來當成現代生活的一個實例，我們身邊都是陌生人，彼此沒有關聯性，也沒有同情心。

吉諾維斯命案、實驗中的旁觀者效應以及利他反應模型之間存在多個接觸點。不過重要的是得仔細查看數據，而不只是採信新聞或文章的標題中的隱喻。例如，在達利和拉塔內的研究中，人們在更加自然的情境下確實會提供幫助，比如當他們能自由反應，沒有奉指示留在房間裡面，或者事前曾見過受害者並與之建立聯繫。在他們一九六八年的研究中，事前曾單獨面對受害者的受試者，幾乎全都出手幫忙——絕大多數見面不到十秒鐘——而且他們表示，在聽到苦難和做出反應之間，並沒有出現什麼特定想法。即便在二戰大屠殺期間，當人們沒有成為士兵的目標之時，當他們觀察到受害者的苦難並感受到同理心、愛、同情或幫助的責任時，他們就比較有可能把受害者接來家中藏匿並給予協助。在這些情況下，利他主義者表示自己受了內心驅使起而行動，並不去「考慮風險或設想受褒揚或遭譴責之事。」就吉諾維斯的情況，她的鄰居並不像早先所描述的那般冷漠；例如，大約有十幾個人可能聽到了尖叫聲，但並不很清楚，時間也不久，還有一名男子確實大聲呼喊求援。

人們確實會有「責任分散」的經歷，但是在這些情境中，袖手旁觀或許並非不理智。例如，在暗夜巷中干預一名揮刀狂徒，肯定會帶來傷害甚或因此喪命……至少有可能會扮演起一個延續長久的危險新角色，成為一起暴力犯罪的目擊證人。實驗者有可能斥責你，或者倘若你拒絕遵從他們的研究指示，他們就可能拒絕授予課程學分，對於過著中上階層舒適大學生活的人士來講，這些都會嚴重威脅他們的前程。在街頭掙扎扭動的人有可能患有可怕的傳染性疾病，也有可能反覆無常，試圖陷害你。在醫療緊急情況下幫助某人，有可能讓情況變得更糟，或者遭受懲罰、遭人利用，甚至被殺害。就連報警也不是沒有風險的，因為我們也曾目睹，在不確定的和動蕩的（甚至原本有可能並不是問題的）情況下召來警察所釀成的悽慘後果，結果由於他們的恐懼、種族偏見和佩槍，導致事情變得更糟。因此，人們有可能並不如我們期望的那麼為他人著想，他們有可能受到權威的影響，受到旁觀者的抑制，不過他們會迅速私下盤算干預的風險和獎賞，並適應性地避免倉促行動。藉由在利他反應模型扮演核心要角的趨近和迴避之間的對立，我們既能夠解釋為什麼人們在危險情況下不提供幫助，同時也了解了他們何時以及為什麼介入（例如，當他們具有專門技能、直接觀察到受害者的苦難，並與他們有私人關聯性等）。

二戰戰後湧現了利他行為研究浪潮，隨後到了（我們就此研究不足的）一九八〇年代和一九九〇年代，社會心理學轉而藉由比較檢測人與情境的相對影響，以及雙方如何受氣質或性格的衝擊，來檢視我們的「善良天使」。接下來我們就針對那項成果做個概覽，並綜述它如何與利他反應模型產生牽連。

同理心——利他行為假設

新的利他行為心理學很大程度上根源自巴特森的豐富研究成果，他原本是個神學家，後來轉行為實驗社會心理學家。巴特森利用一系列巧妙的實驗來論證，人們實際上是能夠表現出「真正的利他行為」的——亦即有時候他們確實會出於對他人的真正關懷而提供幫助。這一系列的工作旨在對抗一種日益增長（並依然普遍存在）的信念，那就是人們追根究底都是自私的，只有在符合本身最大利益時才會提供幫助。巴特森無視無私和從行動中獲益的虛假二分法，描述了人們在感到對某人的福祉湧現「同理關懷」（同情、憐憫、柔情、溫馨）感受並專注於他們的需求時，就會提供幫助。相較於同理關懷的促進效應，人們據信只有在必要時，當感到「個人苦難」（困擾、擔憂、苦惱等）之際才會提供幫助。巴特森為了論證這種與他人導向型幫助的連帶關係奮鬥不懈，孕育出一個實驗研究的小型產業，探討人類以同理心為本之利他行為的動機基礎，這一領域至今依然持續發展。

發展心理學領域另有一條平行的研究路線並就兒童方面得出了相仿結論。南希・艾森伯格（Nancy Eisenberg）和卡蘿琳・薩恩—瓦克斯勒（Carolyn Zahn-Waxler）及其同事發現，當兒童對他人需求感受到他人導向型同情心時就會提供幫助，而這在兒童生命相對早期就會發展出來。甚至學步幼童也會在他人身陷苦難或疼痛時表現出關注和憂心，並經常採取行動來試圖緩解他們的痛苦。有趣的是，薩恩—瓦克斯勒報告說，當照護者在家中假裝痛苦時，家裡養的狗經常會做出反應，趨近並細心呵護照護者，發出哀鳴或將頭放在那位親代的膝上。這段簡短的評論提供了就非人類關懷和幫助的早期科學紀錄，後來就多個物種還進行了更詳細的實驗研究，包括狗、猿類和囓齒類動物。

這項傳統的更晚近研究驗證了我們在神經層次上分攤他人痛苦的程度。例如，莫里森和塔尼亞・辛格（Tania Singer）分別論述證明了，當人們直接經歷肉體疼痛並觀察到他人的痛苦時，腦中的前扣帶皮層和前腦島就會被激活。這種效應已經重複出現了數十次。這項成果的延伸研究還表明，人們對於他們的外團體（例如文化、種族，甚至足球隊之外的）成員會產生較少的共感痛苦，還有隨著時間推移對疼痛習慣化（例如接受手術）之後也是如此。我們在愛荷華大學——與安托萬・貝查拉（Antoine Bechara）、安東尼奧和漢娜・達馬西奧（Antonio and Hanna Damasio)、湯姆・格拉博夫斯基(Tom Grabowski)、斯坦斯菲爾德和索尼婭・梅塔(Sonya Mehta)合作——驗證表明，當你想像自己或他人在憤怒或恐懼中的情感體驗時，也會產生相似的神經特徵和情感激動，前提是你能基於自身經歷來與他人經歷產生共鳴。

這種研究一般都與利他反應模型相符，這是由於兩邊一致認為，同理關懷狀態驅動援助並經演化來促進對子代的援助，隨後並擴充到其他群體成員，有時甚至是陌生人。這些框架通常也都假設，你對於相仿的、有感情紐帶的、熟悉的、和你類似的、在你群體中的人，還有當你知道該怎麼做時，會更有感覺並更願意幫助。研究人員還普遍同意，人們是以他們自己的神經基質來處理他人的痛苦或苦難，以產生類似的感覺，不過就後續情況或者我們有多少程度能意識到這種共享感受，就存在分歧。(我認為並非總是能夠察覺。)

儘管就共情和同理心在利他行為的效用方面存有廣泛共識，但同理心——利他行為理論似乎與利他反應模型相衝突。根據同理心——利他行為假設，會讓人感受壓力、激動或見了受害者的苦難而感到痛苦的緊急情況，並不該促成援助，但在我的模型中卻可以。這種矛盾反映了「苦難」一詞的不同含義。巴特森的「個人苦難」指的是一種主觀的、令人不快的情緒或動機狀態，幾乎都是在你無法直接幫助另一個人，而對方又不急需援助的時候進行測量。相較而言，利他反應模型中的「苦難」指的是對方顯而易見的真正迫切需要，這表明他們急迫且引人嫌惡的問題之所在，而你也無需在意識中共有這種感受。你的腦子只需以你個人經驗改進完善的相仿神經表徵，來正確地處理他們的苦難狀態；不過這並不表示人們通常都會出現其他人所暗示的情況，在受苦受難或感到驚慌之時阻礙了行動。此外，具有專門技能的人遇上緊急情況時能夠迅速採取行動，並不會崩潰失控，因為他們早有準備——這是利他反應模型的關鍵原則。因此，若是你著眼於機制，那麼以同理心為本的利他行為觀點和利他反應模型的觀點是一致的，但只有後者能夠解釋，為什麼人們有時會在沒有感受同理心時迅速展開英勇拯救行動，因為這是藉由交感神經系統激活作用和壓力激素來助長的。因此，利他反應模型的設計旨在解釋以其他模型難以解釋的情況，例如，為什麼就算身陷必須表現超凡勇氣的艱危處境，縱然沒有冷靜或激情的感受，人們有時依然會向沒有親緣關係，也不可能互惠回報的受害者伸出援手。

情感、決策和神經科學

利他反應模型有個涉及決策的部分。在心理學領域，研究同理心或利他行為的人，和決策研究人員通常並不是同一群人，但有時這兩群仍會在行為經濟學和社會神經科學領域交會。社會情感或決策神經科學的理論，並不像舊有理論那樣提及我們學得的道德觀或超我，但依然假設，人們通常是由有利的神經預測選項以內隱（有時是外顯）方式並藉由情感發訊來予以引導，而這類預測是以過往經驗訓練而來。[1]例如，當你參與獨裁者賽局並試著把你那十美元分多少出去，這時你有可能感到一陣不安，想像當你的同儕得知，你什麼都沒給的情況下會有多麼氣憤（或者如果你把情況告訴你的朋友，這時他們會如何譴責你的自私），於是你決定均分。如果你想成為一個樂意付出的好人，或許就會偏向把錢全部捐出，讓雙方沉浸在燦爛的感念光輝之中。若是你餓了，或許就會專注考慮事後你能買到的美味三明治。倘若你很窮，或許就會考慮必須支付的水費。你的決策受到許多輸入項目的影響，這些都整合了過去和現在的情況，並在每個人身上的權重各不相同。

這些實驗進行時，中腦邊緣皮質系統中同樣參與子代照護的一些腦區也被激活了。例如，當人們在掃描儀中做出利他決策時，眶額皮質、依核、腦島和杏仁核通常都比較會被激活，其中眶額皮質更常參與下達有意識的、深思熟慮的決定，而依核則較常對獎賞產生反應。有些研究人員甚至還把人們在經濟賽局中懲罰背信對手時的依核激活現象，解讀為報復讓人「感覺良好」的一種跡象（儘管這種解釋並沒有得到特別確鑿的支持）。這些理論和數據與利他反應模型一致，並為它提供了資訊，但現有模型更側重於利他反應本身。因此，利他反應模型假設，反應衝動有可能是種內隱現象，並不需要人類決策經常暗示的有意識思考，而且它還提出了更詳細的預測（例如，在某些特定情況下，下視丘內側視前區、前扣帶皮層膝下區和神經激素會支持幫助衝動）。晚近假設也與現有的神經科學觀點有所區別，因為它與前述有關這種衝動是如何演化，以及它為何具有適應意義的終極階層描述更緊密結合。

總結

簡而言之，目前已有好幾種重要理論解釋利他行為如何演化，以及如何在我們的腦中和體內落實。一般而言，利他反應模型與這些理論不相互衝突——甚至在很大程度上，還取決於整體適應度或親屬選擇，以及有關情感如何為腦子提供資訊來做決策的觀點。就大半情況，這些理論都是行為的終極或近側階層解釋，並沒有考慮到近側階層機制本身如何演化，以及如何跨物種適應，也沒有具體指明，在哪些情況下援助會被誘發。終極階層理論多半能普遍適用於不同範疇和各個物種，專注於解釋真社會性動物或高度親緣關係的非人類動物，或者人類如何演化出群體合作行為。而近側階層理論主要都集中論述有意識的思考，尋找這種思考的證據，但只因為它是被納入研究設計當中，才進一步強化了這種焦點。利他反應模型是唯一探討多數利他行為理論核心信條之外種種付出樣式的模型，亦即我們應該與受害者有連帶關係，我們的行為應該能互惠回報，而且策劃行動時，也要像我們（希望自己）具有理性思考的人那般來進行。利他反應模型假定幫助決策不必然是有意識的，並且仰賴於跨物種可用的機制體系——特別是在存有一種就像對我們自己無助子代做出反應的幫助衝動之時。

註釋

1 Norbert Schwarz and Gerald L. Clore, "Mood as Information: 20 Years Later," *Psychological Inquiry* 14, no. 3–4 (2003): 296–303; Antonio Damasio, *Descartes' Error : Emotion, Reason, and the Human Brain* (New York: Putnam, 1994); Paul Slovic and Ellen Peters, "Risk Perception and Affect," *Current Directions in Psychological Science* 15, no. 6 (December 2006): 322–25, https://doi.org/10.1111/j.1467-8721.2006.00461.x; Jennifer S. Lerner et al., "Emotion and Decision Making," *Annual Review of Psychology* 66, no. 1 (January 3, 2015): 799–823, https://doi.org/10.1146/annurev-psych-010213-115043; G. F. Loewenstein et al., "Risk as Feelings," *Psychological Bulletin* 127, no. 2 (2001): 267–86, https://doi.org/10.1037/0033-2909.127.2.267; Filippo Aureli and Colleen M. Schaffner, "Relationship Assessment Through Emotional Mediation," *Behaviour* 139, nos. 2–3 (2002): 393–420. 像這類理論有很多種，包括安東尼奧．達馬西奧的軀體標記假說（somatic marker hypothesis）、喬治．洛溫斯坦（George Lowenstein）和同事的風險即情緒模型（risk-as-feelings model）、珍妮佛．勒納（Jennifer Lerner）的情緒注入選擇模型（emotion-imbued choice model）、諾伯特．施瓦茨（Norbert Schwartz）和傑拉爾德．克洛爾（Gerald Clore）的心情資訊模型（mood as information model）、保羅．斯洛維奇（Paul Slovic）和艾倫．彼得（Ellen Peter）的情感啟發法（affect heuristic）以及奧雷利的情感調節伸援（emotionally mediated helping）。

結論

為什麼在這時探究利他反應行為？

本書解釋了利他反應模型，說明人類的利他行為——甚至對陌生人表現的英勇舉止——都反映出我們能表現照護舉止的哺乳類動物祖先的特徵，他們必須對緩慢發育的無助子代迅速做出回應。這就是為什麼人們對於身處相仿背景脈絡的受害者，會湧現一股幫助衝動，好比當對方很年幼、無助、脆弱、遭受苦難，並需要有可能辦到的即時援助之時。這個歷程由古老的神經激素迴路所支配，這些迴路能確保在這樣的條件下能產生快速而直觀的反應，而這在歷史上是具有適應性的，而且並不需要人類特有的認知能力。就產後囓齒類動物的情況，這種主動反應是由受孕懷胎和分娩幼崽的歷程所觸發，並伴隨一系列的神經和激素變化，將雌親從迴避幼崽轉變為表現出趨近並照護幼崽的強烈驅動動機。這並不意味著只有已經分娩的雌性會提供幫助。即便在實驗室中，只要有時間適應身邊出現新奇幼崽，就連雄性的和非產後的囓齒類動物也會提供照護。雌親和非產後囓齒類動物都藉由基礎神經迴路的變化，從迴避轉變為趨近以提供照護。

即便在經過合宜準備的情況下，雄性和年輕雌性也能提供妥當的照護，這種遠祖形式的母性照護血統也能解釋，為什麼人類利他行為有強烈的性別差異。大多數被動的、濟助的和孜孜不倦的人類付出形式，都更傾向於女性，而我們公開宣揚的英雄，就往往都是擁有力量、專門技能和冒險精神之正確組合的男性來挺身介入。許多文化都教導女性要能關懷，男性要勇敢——這或許就部分解釋了這些性別差異——不過這些差異也很可能反映了我們所保有的身為照護者和保護者的神經生物學起源。舉個證據，即便在性別平等相對較高的文化中，在雙親都工作的異性戀雙親家庭中，母親所提供的子代照護，依然明顯超過父親的貢獻。

誠如本書開頭所介紹的威爾遜克羅夫特雌親事例，我主張人們在面對有援助需求的受害者時，也會有種迴避和趨近的自發本能對立。當人們感到不知所措、害怕、無法提供幫助或者對受害者的內在動機感到不確定時，他們就會避免趨近。但在類似子代照護的情境中，當見到一位需要即時援助、處於脆弱、無助、遭逢苦難處境的受害者，而且觀察者自認為力能伸援之時，這時他們就會轉而趨近受害者。當個體之間建立了類似雌親與牠的幼崽之間的感情紐帶時，觀察者也就比較有可能趨近。這種神經和心理上的對立狀況能確保我們只在慷慨精神不太可能被利用之時才會做出反應，因為只有在與建立了感情紐帶的社交夥伴共處，而且不太可能遇到真正無助的成年人時，我們才感到最安適。

我們的知覺和認知系統的設計也能準確預測，需求是否真的那麼迫切、適當的反應方式為何，還有我們能不能及時實現。人們很少在不會游泳的情況下跳進冰冷水中，也不會在力量不足以扛著人脫離火場的情況下衝進燃燒的建築，更不會在旁人有超出自己知識所及之醫療問題的時候趕往協助。甚至當朋友傷心落淚，但接觸只會讓對方更加激動之時，也不會趨近探問。在這些情況下選擇迴避，能確保我們得以照顧自己的親族和家人——有時還有陌生人——而不會過度削弱我們自己的存活能力或適應度。同時，這種共享的迴避——趨近二分法的內隱神經生理學也意味，我們可以在不進行任何有意識計算的情況下做出這些預測。這進一步解釋了為什麼英雄們總表示「就直覺反應」，沒有停下來細思成本和效益，他們會不會得到回報，或者感受同情和憐憫——人們經常假定能促進同理心和利他行為的因素。

儘管我描述援助是萌生自一種「衝動」，這並不會讓反應變得愚蠢、簡單或魯莽。根據設計，這種反應只在針對受害者、觀察者和情境快速整合的資訊為基礎的適應性情況下發生。即便當生物學家針對我們已經認定是以本能方式行動的物種——變形蟲、魚類、鳥類、大鼠——進行「本能」的描述，這些反應已然只是不同的傾向，根植於表觀遺傳系統當中，需要多種基因協同作用，並且受了早期發展和當前情境脈絡的影響。因此，即使一個相當基本或本能的行動，依然包含對背景脈絡敏感，並允許個體變異的複雜性。此外，由於本能必須透過特定的生物行為機制來編碼，只要了解這種機制，除了可以預測正常和預期的反應之外，我們也能預測異常和嫌惡的反應，好比當灰雁取回排球而不是牠們自己的卵，或者當人們在拯救鄰居的狗時溺死在冰冷池塘水中。

儘管利他反應模型解釋得很清楚，但它僅只適用於能誘發這種主動、直觀式反應衝動的情境。這個模型無法解釋——也不試圖解釋——所有形式的利他行為。利他行為是種廣泛的行為範疇，從為蜂后消化食物的工蜂到協力幫助數千哩外受壓迫人民的歐盟國家。聲稱能解釋所有人類付出行為的利他行為理論，往往將所有成本高昂的或付出的舉止歸入利他行為類型，並藉由從外部觀察來定義利他行為的樣式。利他反應模型則是提綱挈領解構本質，它探究利他行為的演化以及它們在腦中和體內如何處理，從而區隔出種種不同的利他行為形式。

人們有可能對某些特定類型的利他行為的「特殊性」產生情感或心理上的依戀，這似乎是人類特有的或涉及同情、憐憫、同理關懷或尋思他人感受的能力。這類形式的援助顯然是有的，數十年來就人類有關以同理心為本的利他行為或透過採行他人不同觀點的相關研究，驗證了這點。但即使是不特定於人類的衝動，依然能夠與我們的利他行為需求共鳴，讓它帶了溫暖、柔和、正向的感覺，就像我們在與感情緊密的親友家人密切接觸時所體驗的感受。因此，利他衝動仍然是溫馨愜意的——不過這種獎賞並不是金錢，而且你毋須在決定行動之前有意識地浸浴其中。良好的感覺是救援帶來的正常的、適應性的結果，能增強將來重複行動的慾望。這樣的獎賞不必然妨礙將行動理解為「真正利他」的觀點，因為獎賞是一種機制必不可少的組成部分，而且正因為這種機制有益於付出者，才持續存在於基因組中。

為什麼在這時候？

論述探討人類幫助能力的書籍有幾十本，論文有好幾千篇。在這個浩瀚領域當中，我大可以針對眾多不同主題提筆剖析，從對同理心的自有觀點到利他行為理論的概覽綜述，甚至寫本大部頭著作來廣泛探討人類善行。為什麼寫這個題材？為什麼這時候寫？

與子代取回的這種同源屬性有必要在這裡描述，因為首先，子代取回與其神經基礎的描述，非常類似於我們自己的利他行為，特別是就先前未能真正解釋的英勇形式。同源的重要性也在於，迴避和趨近之間的內在對立有助於我們理解，為什麼我們既是冷漠的旁觀者，也是共情的助人者，以及為什麼人們將人性描述為極端自私或驚人慷慨。藉由迴避和趨近旁人之間的自然二分法——推導自針對眾多物種的數十項甚至數百項照護舉止研究——我們可以將人類演化為具備同理心和反應傾向的撫育照護者的假設，與一種（迫使我們在危險情況下或有可能無法成功之時袖手旁觀的）失效保護機制兩相結合。若是我們真的幫了一個不相關的陌生人，即便這是出於一種衝動，也不應該把它當成「錯誤」或「誤差」，因為這種行動是以在人們體內和腦中歷經數百萬年演化、來幫助我們存活的內隱式歷程發起的。

英勇行為也是最欠缺深入研究或理解的利社會付出形式。英勇行為迥異於人們一般研究的利他行為形式，如警戒呼叫、社交梳理、安慰、食物分享，或在實驗室裡給陌生人幾美元。在受控實驗中很難複製英勇行為，特別是在腦部成像進行期間。利他反應模式讓我們能夠理解，手臂環抱哭泣的朋友和跳入河中救援陌生人，都源自保護自己同類是種適應性舉止之實。

這種利他反應模型與現有各種利他行為理論相符，如整體適應度、互惠、性訊號之發送、旁觀者冷漠和基於共情的利他行為。然而，由於這個模型是基於神經生物學的動物模型，它可以更具體，甚至比其他以照護付出理論為本的模型都更明確。根據利他反應模型，類似感受同情、群體協調、成本效益分析或簡單的炫耀行為等特徵都是存在的，也對人們有益，但它們並不是反應的「主要的」或「初始的」動機，因為哺乳類動物早在這些特徵出現或發揮效用前，就已經開始照護受撫養子代。利他反應模型解釋了，為什麼在腦子較小的物種身上，好比囓齒類動物，甚至還有鳥類和螞蟻，也都觀察得到相仿的援助行為。

因此，眼前我們若能把有關哺乳類動物子代照護和取回的神經生物學豐富資訊，運用於人類的利他行為，或許就能取得最大的效益。這個利他反應模型旨在填補我們對人類利他行為的認識落差，同時將現有的理論融合納入一個更宏大、更一致的框架，從而得以解釋我們一些最奇特的愛的舉止。

這本書中所提觀點，有些說不定最後會發現是錯誤的。倘若事實證明子代照護的動物模型存在嚴重問題，這個理論確實就會陷入岌岌可危的境地。所幸，考慮到為模型提供資訊的眾多不同研究人員、方法和物種數量，這種情況不太可能發生。利他反應模型不受單一不當行為研究人員的影響，也不會由於最近發現統計技術問題導致心理學家必須撤回之前所宣稱「效應」的衝擊。即便將來這個模型的某些部分需要修訂，由於我提出了具體、可測試的假設，我們便得以更理解利他行為，跨越它經常停滯不前、籠罩在猜測當中的窘態。

利他行為的未來

我對利他行為的許多層面都感到相當有信心。我能夠順心地預測普通人們在許多常見情境中會怎麼做，還有哪些腦區會參與其中。我理解有哪些刺激強烈地引導我們的行為，還有人們何時會感到行動的衝動，相對於克制的傾向。我理解更積極形式的利他行為與更審慎思考的形式有何不同。然而，模型中有些方面尚未被證實，特別是就人類向陌生人伸援方面，我還刻意留下一些有關人類之善和道德方面的未解問題。

下視丘內側視前區是必要且充分的

人類相關研究還沒有將雌親幼崽取回的最必要神經區域——下視丘內側視前區（MPOA）——與利他行為聯繫起來。要證明與這處區域連帶有關是很困難的，因為MPOA是個非常細小的核區，位於腦中深處，難以使用腦電圖或跨顱磁刺激來透過頭皮測得，也很難以功能性磁振造影來準確定位。此外，倘若MPOA確實是專門處理取回，那麼它就只會在非常類似於實際取回或者涉及親屬安全的情況下才會被激活，這在腦部掃描中是很難模擬的，因為在那裡面，人們必須躺著完全不動，觀看呈現眼前的許多重複簡短事件。

物種差異

即便哺乳類動物的腦子明顯是同源的，當涉及非常具體的細節，好比迴路中各處腦區所含神經傳遞物質、神經調節物質、激素或受體的精確數量或分佈之時，它們仍是各不相同的。例如，有關已交配雌雄個體的感情紐帶動物模型中，單配式的草原田鼠的依伏神經核中的催產素受體數量，達到非單配式山地田鼠的六倍以上。因此，即便就嚙齒類動物、靈長類動物和人類而言，像依核和額葉皮質這樣的腦區，都是以雷同方式合作來激發援助，我們預期這些相互關聯性仍會出現物種差異，並取決於各個物種的生態和配對體系。就像下視丘中對於子代取回扮演關鍵作用的那處細小的內側視前區的情況，由於我們要在存活、清醒狀態下測量這些細小腦區的能力嚴重受限，因此這類物種差異必須花點時間來記錄。

本位利他行為的神經關聯性

研究顯示，人們對於熟悉的且相依的受害者需求會有比較敏銳的感應。甚至在囓齒類動物中這點也得到證實，牠們更會救出熟悉的受困大鼠，或者幫助屬於牠們自己物種的囓齒類個體（或者牠們成長環境中的物種），勝過陌生的囓齒類動物。人們對於內團體成員也有強烈的偏私，內團體可以有多種定義方式，包括依種族、族裔、國籍，甚至大學或支持的足球隊。當觀察外團體成員的痛苦時，人們腦中貨真價實會感受較少的共情痛感。有色人種在醫院系統性地獲得較少的止痛緩解。當我們意圖傷害他人以滿足自己需求時，也比較不會因他人的痛苦而動搖，程度低於被動觀察伴侶的痛苦時。有時候脫離是有益的，好比施打疫苗來防止疾病，卻會讓兒童感到疼痛，因此醫師就得習慣適應，或重新予以審視，或者父母對孩子的哭聲不聞不問，好讓雙方都能睡一下。研究人員研究了我們本位利他行為的最終結果，卻沒有探究我們是如何走到這一步的。

同理心的知覺——行動模型解釋了為什麼我們對相似的和熟悉的人更具有同理心，這是基於以下事實：我們對其他人、情感狀態和情境的表徵，都是藉由經驗不斷精煉的，並且身為社會性照護動物，還能藉由幫助熟悉的、相互依賴的內團體成員中獲益，他們有可能回報幫助，同時他們的命運也與我們的命運相連。我們對這些人更加關注、更能理解並想像他們的感受。此外，簡單的形態特徵，好比膚色、年齡、穿著風格或性別，當我們對它們有更多經驗時也就更容易處理——當我們在成長期間不時感知並處理它們時。此外，當情況與自己的目標無關，人們也可能漠視他人的痛苦或需求，特別當他們想要與對方競爭或傷害他們時更是如此。執行你自己的目標導向行動，以及細心觀察另一個人的狀態，在神經和心理層面上兩相衝突，於是你就不能在同一時間有效兼顧。因此，有關我們為什麼偏愛與自身相似的人已有一些了解，不過對於支持這種反應的具體連串神經歷程就認識有限——我們只是記錄了令人遺憾的缺憾結果。

為了顛覆這種「硬接線」傾向，不再只對與我們相似的人能感同身受，對於與我們不同的人就沒有，於是我們就需要提供人們與外團體成員豐富而正面的經歷，避開帶了刻板印象和誤導視聽的媒體，並停止使用抱持偏見的和主觀判斷的方式來評估事物，好比感受到的疼痛。舉例來說，醫療專業人員應該遵循以法則為本的決策矩陣，來判定患者的疼痛程度，而不應強調他們主觀和偏誤的觀點。

與較高階層推理和道德的連結

利他行為的替代理論大半都假設，與群體成員合作並考慮他人想法（關於你正在思考的事情等）的需求，驅使天擇做出更大型腦部、更高度道德智慧以及整體智慧的選擇。就像我丈夫最喜歡的一首歌曲所說，「真希望我這麼有把握。」利他反應模型只著眼探討不依賴高階認知歷程的利他行為形式，因為它假定認知能力是隨後才出現的，並是位於早先就已存在的援助能力之上。藉由這個焦點，我刻意不清楚指明，我對於這些後續認知能力是何時以及如何演化出現的看法，理由在於，有關哪些汰擇壓力促使創造出具有思考能力的大型腦部，這方面論據至今尚未有哪項能讓我完全信服。

我對這些模型抱持懷疑態度的原因之一是，它們都以靈長類動物為中心，並假設只有擁有大型腦部才能合作、利他，或者聰明。然而，即使是貨真價實擁有「小鳥腦袋」的鳥類，也能夠執行許多相同的壯舉，而且每個月還都不斷發現更多事項。因此，或許社會智慧與社會生態的關聯性還更密切，程度超過是不是靈長類或者頭腦是大是小的類別。羅伯特・泰弗士（Robert L. Trivers）論稱，在正確情況下，合作有可能自發出現並構成一種穩定的策略；好比當你一再遇到相同的個體，並且經歷了涉及照護舉止和神經可塑性的長期發展階段時；然而，他並沒有具體說明，這是如何在腦子和身體層次上落實，以及就哺乳類與鳥類對比而言，這套機制體系是否存在差異。

基於類似的原因，我聲明利他反應模型適用於表現照護舉止的哺乳類動物——這是由於我對哺乳類動物之間的同源性比較有信心。不過利他行為也存在於其他物種，包括昆蟲和鳥類。鳥類能夠建立社會紐帶、欺瞞、食物共享、使用工具、情節記憶、傳染性壓力，以及鏡像自我認知——人們假定必須有人類「意識」的一切歷程。非洲灰鸚鵡不只會模仿人類講話，還能像人類孩子那般學習指涉事物以及其特性的詞彙，其中也包括不存在的事物。倘若你需要高度腦化的大型腦部，才能執行複雜的社會和具體工作項目……那麼鳥類是如何辦到的呢？我們在人類身上驗證的共激性激素和自發壓力，也見於已配對結合的斑胸草雀和甚至是雛雞身上。就連螞蟻也會透過一種與我們本身的傳染性壓力機制極其相仿的機制，來救出其他身陷困境的螞蟻，受困的螞蟻會釋出一種類壓力激素，誘發路過的（彼此相關的）螞蟻產生壓力，從而提供幫助。

社會紐帶和子代保護似乎是比腦部大小更好的利他反應預測因子。母鳥在雛鳥孵化之後提供廣泛的照護，餵養並保護牠們，直到牠們足夠強壯並得以離巢。就某些鳥類物種，雌雄配對形成感情紐帶並一同照顧子代。許多鳥兒還生活在大型社會群體，並有可能需要關於彼此與各自行為的複雜資訊。另一方面，鳥類的腦子有可能以更多神經元來補償其較小的尺寸（有利於飛行），這些神經元更緊密地填充於較小的空間。因此，或許你不必有大型腦部就能表現利他行為，但你會需要大量的神經元來表現認知複雜性。

中腦邊緣皮質系統是子代照護系統的核心部位，即便鳥類的腦子外觀有所不同（較小、較圓、較光滑，組織上有些許不同），仍是把它保留了下來。就鳥類的神經區域而言，許多部位在功能上和結構上，都與人類以及囓齒類動物中的同功或同源區域相對應，包括鳥類用於空間記憶和導航的海馬迴結構（hippocampal formation）、用於動作學習和執行的紋狀體（包括區域X〔Area X〕，這是與基底神經節同源的結構）——甚至還有一處新皮質。鳥類也有多巴胺，這能支持鳥類歌唱，而且同樣是藉由與紋狀體、蒼白球和動作系統的聯繫來落實，就如它在人類學習中的作用（見圖，結論1）。牠們還擁有「中催素」（mesotocin）一類的神經肽，中催素的功能就類似我們的催產素。這種與催產素同源的成分甚至還確認已在公蜥蜴體內找到，而且起碼與一種蜥蜴的交配連帶有關，產生類似最早在單配式田鼠中發現的配對感情紐帶機制。事實上，像催產素這類「神經分泌九胜肽」（neurosecretory nonapeptide）據信在六億多年前已經演化出現，比原口動物和後口動物分道揚鑣的時間點更早，跨物種證據顯示，這類分子有助於支持卵生鳥類、胎生囓齒類動物和人類的體液平衡與分娩歷程。因此，就算是鳥類這種腦子纖小，而且很早之前就從我們所屬之有胎盤哺乳類動物（合弓動物類群〔synapsids〕）分離出去，形成一個蜥形動物類群（sauropsids）的動物，都可能擁有與見於哺乳類動物的同源性神經結構、神經激素和神經功能。鑑於哺乳類和鳥類（甚至在某種程度上還有爬行類和昆蟲）之間的相似之處，可以想像利他反應機制的某些方面，很可能延伸超出了哺乳類動物範圍。我期待進一步的證據。

有關各不同物種子代照護行為的演化，人們往往由於過度關注靈長類動物，導致假設出現偏誤。根據靈長類動物的情況（其中大多數並不由雙親撫育），我們假設祖先形式的子代照護並不提供任何照護，隨後改為只由雌性負責照護，接著在有限條件下，改換成雙親共同照護（這在哺乳類動物中只佔百分之九）。事實上，在動物界的其他部分，這種模式順序的演變型態各異。例如，我們設想硬骨魚類從不提供子代照護演變為只由雄性負責照護、然後是雙親扶養，最後才是只由雌性提供照

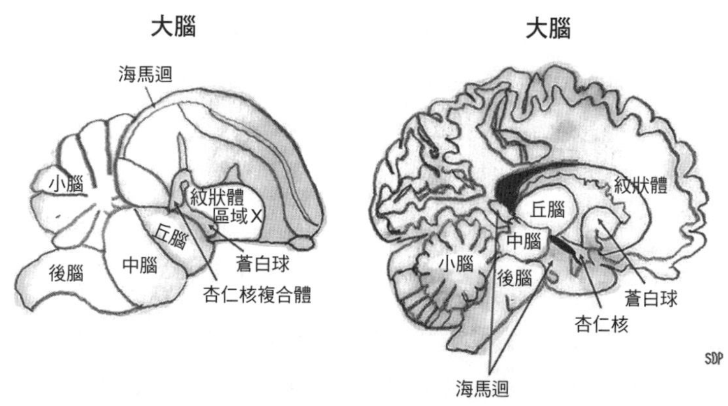

圖，結論1　本圖示重點呈現參與利他反應的紋狀體、蒼白球和皮質區，這些區域據信都是同源性結構，因為它們同時存在於人類和鳥類體內並支持相仿功能。

繪圖者：Stephanie D. Preston, CC-BY-SA-4.0, 根據以下人士與論述所提資訊繪製：Kristina Simonyan, Barry Horwitz, and Erich D. Jarvis, “Dopamine Regulation of Human Speech and Bird Song: A Critical Review,” *Brain and Language* 122, no. 3 (September 1, 2012): 142–50, https://doi.org/10.1016/j.bandl.2011.12.009.

護（經測定的物種當中，只有一種是只由雌性負責照護）。就慈鯛和鳥類，雙親扶養一般都被設想為祖先狀態（ancestral state），接著有時會演變為只由雌性提供照護，而在哺乳類動物當中，這一序列則正好相反。即便大多數鳥類都屬於雙親扶養型，其中部分則只由雌性負責照護，不過部分資料指出，只由雄性負責照護是祖先狀態。有些物種看來還甚至是違逆推定的順序，反向演化而成，例如就好幾個案例，某個卵生物種演化成為胎生，隨後卻又回歸成為卵生，或者就許多案例，一個物種先演變成雙親形式，隨後才回歸成雄性或雌性負責照護的單親形式。

回到我們對腦部同源性的理解途徑，更實際的假設似乎就是，有些跨不同物種（甚至是跨不同分類單元）的共通基因、腦區和激素，在表現上、時機上和比例上是有可能改動的（特別是在早期發育階段），從而得以產生種種迥異行為。因此，關於我們擁有某些共通的基因和藍圖，得以建造能夠因應子代需求的腦子和身體的主張，並不意味任何表現照護舉止的祖先，自然只會產出以相同方式照護子代的較新物種。更確切地說，腦子和身體對於交配、懷孕、分娩和照護子代的反應有可能根據各物種或個體的背景脈絡，視需求重新浮現，還可能放大有益於在各不同生態系中存續的歷程，並納入成為物種分化本身的一部分。

當中存有一個簡約原則，因為在各物種和各分類單元中，這般相似的機制不太可能每次都自發、獨立地出現。更確切地說，哺乳類動物中表現照護舉止的這種（仰賴跨物種和跨分類單元之相仿腦部和身體歷程的）看似自發的演化作用，取決於神經系統的有限的基本構建單元，這些構建單元允許改動早期發育中的基因進行時間和序列，得以促成有限數量和類型的變異。這就像烘焙蛋糕的情況。幾乎所有蛋糕都需要麵粉、蛋和糖，無論是因應什麼場合或希望哪種口味。要將蛋糕改為適合婚禮或野餐使用，要讓它發得很蓬鬆或完全不蓬鬆，讓它的味道像巧克力或檸檬，烘焙師只需修改這些基本成分的比例，或者添加一些額外成分，毋須改變對這些基礎、根本成分的依賴。

為了釐清其餘未解問題，我們需要更多跨領域合作，特別是納入來自演化生物學、古生物學、遺傳學和發展神經生物學的知識，來豐富心理學和神經理論。我們應該確保對利他行為的看法不受制於一種演化反諷寫照，誤以為演化是從欠缺認知能力的原始的、腦袋細小的動物，演變成總是運用意識思維的先進的、擁有大型腦部的人類。我們應該知道，跨物種和物種內看來不同的行為，有可能是產生自基因組中相對微小的改變，而這依然能夠導致我們高度關切的屬性產生引人注目的變化。根據我的專業知識，我選擇關注表現照護舉止的哺乳類動物之間的同源潛在性，不過這些歷程，起碼就整體而言，料想也應該擴展到系統發生樹的其他分支。

最後叮嚀

即使是最受稱頌的行為，我們理解事物的方式也必須考慮到人類是種動物。我們參與了一種漫長的演化歷程，並在這當中淬煉了我們感知、預測和對他人做出反應的方式，從而得以適應情況並解決對生存造成強烈衝擊的問題，好比覓食、交配和撫養子代。為什麼不運用這組從其他物種積累的龐大知識，來理解人們何時以及為什麼希望採取行動呢？畢竟，這些知識在科學儲備庫中是大致已經存在的。

利他反應模型整合了人類利他反應的終極和近側階層的解釋，縱貫了廷貝亨在此之前往往遭人漠視的四個分析階層。這個模型將利他行為看成另一種從生態學和生物學角度來檢視的行為，而不是基於實際考量篩選出供我們在實驗室中輕鬆測量的、特殊的、良好的，或者是人類獨有的認知歷程。就經濟學和心理學方面的利他行為實驗處理，大多涉及在實驗室裡支付金錢給陌生人，這與人類、人類的祖先以及其他物種所經歷的「野地環境」利他行為大不相同。甚至當人們處理工作事項時，金錢也會改變他們的心態。當我們考慮撥出x或$2x$倍額度的實驗者「實驗用款」給陌生人或我們自己時，相比於沒有明確替代方案的情況，當我們決定因應陌生人緊急需求趕往搭救，心態肯定有所不同。人類的早期祖先並不需要做出成本效益決策，當他們將嬰兒、親族和相互依賴的群體夥伴拖離險境，或者趕往搭救有紐帶關係並急需援助的苦難受困者時，他們也毋須在自己的獎勵和他人的獎勵之間做出取捨。

利他反應模型的一個特點是強調這種明顯的動作反應。同理心和利他行為經常被描述成產生自需要周密明確思維和深思熟慮的、高階層的、抽象的認知技能。我們確實會慎重思索要不要幫助某人……有時候。然而，腦子的設計適於從經驗中學習，並迅速預測結果。動作系統特別由「專門技能」來界定——採內隱方式自發產生出有關我們的身體能夠完成和不能完成哪些事項、有關最佳應對方式，以及這可以多快發生的相關專業知識。動作系統具有高度可預測性和準確度，而且就行動決定方面是屬於固有本性，毋須有意識的深思熟慮。利他反應是種行為——動作舉止，而且我們也該如此理解。

人類天生具有社會性。我們需要其他人才能生存並茁壯成長。我們付出並接受。要理解這種動態，我們不僅只要關注身邊的人，還得遠觀更廣泛的範疇，跨越物種界限，並回溯到人類遙遠的過去。

希望您喜歡這趟探究人類利他行為本質的旅程。或許下次當你發現自己盯著網上可愛小狗的照片、踉蹌衝上滑梯幫助摔倒的幼童，或者對遠方難民心生悲憫之時，你會考慮這種「利他衝動」——這絕不完美，但它是自然的、具有適應意義的、理性的，有時還很有趣或甚至很美。

參考文獻

Acebo, Christine, and Evelyn.B. Thoman. “Role of Infant Crying in the Early Mother-Infant Dialogue.” Physiology & Behavior 57, no..3 (1995): 541–47.

Addessi, Elsa, Amy.T. Galloway, Elisabetta Visalberghi, and Leann.L. Birch. “Specific Social Influences on the Acceptance of Novel Foods in 2–5-Year-Old Children.” Appetite 45, no..3 (December.2005): 264–71. https://doi.org/10.1016/j.appet.2005.07.007.

Ajzen, Icek. “The Theory of Planned Behavior.” Organizational Behavior and Human Decision Processes 50, no..2 (December.1991): 179–211. https://doi.org/10.1016/0749-5978(91)90020-T.

Andreoni, James. “Impure Altruism and Donations to Public Goods: A Theory of Warm-Glow Giving.” The Economic Journal 100, no..401 (1990): 464–77.

Andreoni, James, William T. Harbaugh, and Lise Vesterlund. “Altruism in Experiments.” In The New Palgrave Dictionary of Economics, ed. Steven N. Durlauf and Lawrence E. Bloom, 134–38. London: Palgrave Macmillan, 2008.

Anik, Lalin, Lara.B. Aknin, Michael.I. Norton, and Elizabeth.W. Dunn. “Feeling Good About Giving: The Benefits (and Costs) of Self-Interested Charitable Behavior.” SSRN Electronic Journal 2009. https://doi.org/10 .2139/ssrn.1444831.

Associated Press. “Dog Dies After Saving Trinidad Man from Fire.” Los Angeles Times, October.11, 2008.

Aureli, Filippo, Stephanie.D. Preston, and Frans.B. M. de Waal. “Heart Rate Responses to Social Interactions in Free-Moving Rhesus Macaques (Macaca Mulatta): A Pilot Study.” Journal of Comparative Psychology 113, no..1 (March.1999): 59–65.

Aureli, Filippo, and Colleen.M. Schaffner. “Relationship Assessment Through Emotional Mediation.” Behaviour 139, nos. 2–3 (2002): 393–420.

Azar, Beth. “Nature, Nurture: Not Mutually Exclusive.” APA Monitor 28 (1997): 1–28.

Bakermans-Kranenburg, Marian.J., and Marinus.H. van IJzendoorn. “A Sociability Gene? Meta-Analysis of Oxytocin Receptor Genotype Effects in Humans.” Psychiatric Genetics 24, no..2 (April.2014): 45–51. https://doi .org/10.1097/

YPG.0b013e3283643684.

Bandura, Albert. "Self-Efficacy." In The Corsini Encyclopedia of Psychology, ed. Irving. B. Weiner and W. Edward Craighead, 1–3. Hoboken, NJ: Wiley, 2010. https://doi.org/10.1002/9780470479216.corpsy0836.

Barclay, Pat. "Altruism as a Courtship Display: Some Effects of Third-Party Generosity on Audience Perceptions." British Journal of Psychology 101, no..1 (2010): 123–35. https://doi.org/10.1348/000712609x435733.

Baron-Cohen, Simon, and Sally Wheelwright. "The Empathy Quotient: An Investigation of Adults with Asperger Syndrome or High Functioning Autism, and Normal Sex Differences." Journal of Autism and Developmen-tal Disorders 34, no..2 (April.2004): 163–75. https://doi.org/10.1023/B:JADD .0000022607.19833.00.

Batson, C. D. "Altruism and Prosocial Behavior." In The Handbook of Social Psychology, ed. Daniel.T. Gilbert, Susan.T. Fiske, and Gardner Lindzey, 4th.ed., 2:282–316. New York: Oxford University Press, 1998.

——. Altruism in Humans. New York: Oxford University Press, 2011. ——. The Altruism Question: Toward a Social-Psychological Answer. New York: Taylor & Francis, 2014.

Batson, C. Daniel. "The Naked Emperor: Seeking a More Plausible Genetic Basis for Psychological Altruism." Economics and Philosophy 26, no..2 (2010): 149–64. https://doi.org/10.1017/S0266267110000179.

Batson, C. Daniel, and Jay.S. Coke. "Empathy: A Source of Altruistic Moti-vation for Helping." In Altruism and Helping Behavior, ed. J. Philippe Rushton and Richard.M. Sorrentino, 167–87.

Baumgartner, Thomas, Markus Heinrichs, Aline Vonlanthen, Urs Fischbacher, and Ernst Fehr. "Oxytocin Shapes the Neural Circuitry of Trust and Trust Adaptation in Humans." Neuron 58, no..4 (May.22, 2008): 639–50.

Bechara, Antonio, Hanna Damasio, Daniel Tranel, and Steven Ander-son. "Dissociation of Working Memory from Decision Making Within the Human Prefrontal Cortex." Journal of Neuroscience 18 (1998): 428–37.

Bechara, Antoine, Hanna Damasio, and Antonio.R. Damasio. "Emotion, Decision Making and the Orbitofrontal Cortex." Cerebral Cortex 10, no..3 (2000): 295–307.

Becker, Jill.B., and Jane.R. Taylor. "Sex Differences in Motivation." In Sex Differences in the Brain: From Genes to Behavior, ed. J. B. Becker, K. J. Berkley, N. Geary, E. Hampson, J. P. Herman, and E. A. Young, 177–

99. New York: Oxford University Press, 2008.

Becker, Selwyn.W., and Alice.H. Eagly. "The Heroism of Women and Men." American Psychologist 59, no..3 (2004): 163–78. https://doi.org/10.1037/0003 -066x.59.3.163.

Beeman, William.O. "Making Grown Men Weep." In Aesthetics in Per-formance: Formations of Symbolic Instruction and Experience, ed. Angela Hobart and Bruce Kapferer, 23–42. New York: Berghahn Books, 2005.

Beer, Jennifer.S. "Exaggerated Positivity in Self-Evaluation: A Social Neu-roscience Approach to Reconciling the Role of Self-Esteem Protection and Cognitive Bias—Social Neuroscience of Exaggerated Positivity." Social and Personality Psychology Compass 8, no..10 (October.2014): 583– 94. https://doi.org/10.1111/spc3.12133.

Ben-Ner, Avner, and Amit Kramer. "Personality and Altruism in the Dic-tator Game: Relationship to Giving to Kin, Collaborators, Competitors, and Neutrals." Personality and Individual Differences 51, no..3 (August.2011): 216–21. https://doi.org/10.1016/j.paid.2010.04.024.

Berridge, Kent C., and Terry E. Robinson. "What Is the Role of Dopamine in Reward: Hedonic Impact, Reward Learning, or Incentive Salience?" Brain Research Reviews 28, no..3 (December.1998): 309–69.

Berry, Diane.S., and Leslie.Z. McArthur. "Some Components and Conse-quences of a Babyface." Journal of Personality and Social Psychology 48, no..2 (1985): 312–23. https://doi.org/10.1037/0022-3514.48.2.312.

Birch, Jonathan. "Are Kin and Group Selection Rivals or Friends?" Current Biology 29, no..11 (June.2019): R433–38. https://doi.org/10.1016/j.cub.2019 .01.065.

Blair, R. James R. "The Amygdala and Ventromedial Prefrontal Cortex: Functional Contributions and Dysfunction in Psychopathy." Philo-sophical Transactions of the Royal Society of London. Series B: Biological Sciences 363, no..1503 (August.12, 2008): 2557–65. https://doi.org/10.1098 /rstb.2008.0027.

——. "The Amygdala and Ventromedial Prefrontal Cortex in Morality and Psychopathy." Trends in Cognitive Science 11, no..9 (September.2007): 387– 92. https://doi.org/10.1016/j.tics.2007.07.003.

Blair, R. James R., Karina S. Peschardt, Salima Budhani, Derek G. V. Mitchell, and Daniel S. Pine. "The Development of Psychopathy." Journal of Child Psychology and Psychiatry 47, nos. 3–4 (March.2006): 262–76. https://doi.org/10.1111/j.1469-7610.2006.01596.x.

Bloom, Paul. Against Empathy: The Case for Rational Compassion. New York: Ecco, 2016.

Bowlby, John. Attachment and Loss, Volume.1: Attachment. New York: Basic Books, 1969.

——. "The Nature of the Child' s Tie to His Mother." International Journal of Psycho-Analysis 39 (1958): 350–73.

Bowles, Samuel, and Herbert Gintis. "The Evolution of Strong Reciproc-ity: Cooperation in Heterogeneous Populations." Theoretical Population Biology 65, no..1 (2004): 17–28. https://doi.org/10.1016/j.tpb.2003.07.001.

Brembs, Bjrn, and Jan Wiener. "Context and Occasion Setting in Drosoph-ila Visual Learning." Learning & Memory 13, no..5 (September.1, 2006): 618–28. https://doi.org/10.1101/lm.318606.

Brennan, Kelly.A., and Phillip.R. Shaver. "Dimensions of Adult Attach-ment, Affect Regulation, and Romantic Relationship Functioning." Per-sonality and Social Psychology Bulletin 21, no..3 (1995): 267–83.

Brewer, Marilynn.B., and Ya-Ru Chen. "Where (Who) Are Collectives in Collectivism? Toward Conceptual Clarification of Individualism and Collectivism." Psychological Review 114, no..1 (2007): 133–51. https://doi .org/10.1037/0033-295X.114.1.133.

Broad, Kevin.D., James.P. Curley, and Eric.B. Keverne. "Mother-Infant Bonding and the Evolution of Mammalian Social Relationships." Philo-sophical Transactions of the Royal Society of London. Series B: Biological Sci-ences 361, no..1476 (December.29, 2006): 2199–214. https://doi.org/10.1098 /rstb.2006.1940.

Brown, Jennifer.R., Hong Ye, Roderick.T. Bronson, Pieter Dikkes, and Michael.E. Greenberg. "A Defect in Nurturing in Mice Lacking the Immediate Early Gene FosB." Cell 86, no..2 (1996): 297–309.

Brown, Stephanie.L., and R. Michael Brown. "Connecting Prosocial Behav-ior to Improved Physical Health: Contributions from the Neurobiology of Parenting." Neuroscience & Biobehavioral Reviews 55 (August.2015): 1–17. https://doi.

org/10.1016/j.neubiorev.2015.04.004.

Brown, Stephanie.L., R. Michael Brown, and Louis.A. Penner. Moving Beyond Self-Interest: Perspectives from Evolutionary Biology, Neuroscience, and the Social Sciences. New York: Oxford University Press, 2011.

Buchanan, Tony.W., Sara.L. Bagley, R. Brent Stansfield, and Stephanie.D. Preston. "The Empathic, Physiological Resonance of Stress." Social Neuro-science 7, no..2 (2012): 191–201. https://doi.org/10.1080/17470919.2011.588723.

Buchanan, Tony.W., and Stephanie.D. Preston. "Stress Leads to Prosocial Action in Immediate Need Situations." Frontiers in Behavioral Neurosci-ence 8, no..5 (2014). https://doi.org/10.3389/fnbeh.2014.00005.

Buckley, Cara. "Man Is Rescued by Stranger on Subway Tracks." New York Times, January.3, 2007.

Burkett, James.P., Elissar Andari, Zachary.V. Johnson, Daniel.C. Curry, Frans B .M. de Waal, and Larry.J. Young. "Oxytocin-Dependent Con-solation Behavior in Rodents." Science 351, no..6271 (2016): 375–78.

Burnstein, Eugene, Christian Crandall, and Shinobu Kitayama. "Some Neo-Darwinian Decision Rules for Altruism: Weighing Cues for Inclusive Fitness as a Function of the Biological Importance of the Decision." Jour-nal of Personality and Social Psychology 67, no..5 (1994): 773–89. https://doi .org/10.1037/0022-3514.67.5.773.

Carroll, Sean.B. "Evo-Devo and an Expanding Evolutionary Synthesis: A Genetic Theory of Morphological Evolution." Cell 134, no..1 (July.2008): 25–36. https://doi.org/10.1016/j.cell.2008.06.030.

Carstensen, Laura.L., John.M. Gottman, and Robert.W. Levenson. "Emo-tional Behavior in Long-Term Marriage." Psychology and Aging 10, no..1 (1995): 140–49. https://doi.org/10.1037/0882-7974.10.1.140.

Champagne, Frances.A. "Epigenetic Mechanisms and the Transgenerational Effects of Maternal Care." Frontiers in Neuroendocrinology 29 (2008): 386–97.

Champagne, Frances.A., Darlene.D. Francis, Adam Mar, and Michael.J. Meaney. "Variations in Maternal Care in the Rat as a Mediating Influ-ence for the Effects of Environment on Development." Physiology & Behavior 79, no..3 (2003): 359–71.

Chau, Lai Ling, Ronald.C. Johnson, John.K. Bowers, Thomas.J. Darvill, and George. P. Danko. "Intrinsic and Extrinsic Religiosity as Related to Conscience, Adjustment, and Altruism." Personality and Individual Dif-ferences 11, no..4 (1990): 397–400. https://doi.org/10.1016/0191-8869(90) 90222-D.

Cheng, Yawei, Ching-Po Lin, Ho-Ling Liu, Yuan-Yu Hsu, Kun-Eng Lim, Daisy Hung, and Jean Decety. "Expertise Modulates the Percep-tion of Pain in Others." Current Biology 17, no..19 (October.9, 2007): 1708–13. https://doi.org/10.1016/j.cub.2007.09.020.

Chlopan, Bruce.E., Marianne.L. McCain, Joyce.L. Carbonell, and Rich-ard.L. Hagen. "Empathy: Review of Available Measures." Journal of Personality and Social Psychology 48, no..3 (1985): 635–53. https://doi.org /10.1037/0022-3514.48.3.635.

Christov-Moore, Leonardo, Elizabeth.A. Simpson, Gino Coude, Kristina Grigaityte, Marco Iacoboni, and Pier Francesco Ferrari. "Empathy: Gender Effects in Brain and Behavior," Neuroscience & Biobehavioral Reviews 46, Part 4 (2014): 604–27. https://doi.org/10.1016/j.neubiorev .2014.09.001.

Clayton, Nicola.S., Juan.C. Reboreda, and Alex Kacelnik. "Seasonal Changes of Hippocampus Volume in Parasitic Cowbirds." Behavioural Processes 41, no..3 (December.1997): 237–43. https://doi.org/10.1016 /S0376-6357(97)00050-8.

Clutton-Brock, Tim.H. The Evolution of Parental Care. Princeton, NJ: Princ-eton University Press, 1991.

Connell, Sharon, John Fien, Jenny Lee, Helen Sykes, and David Yencken. " 'If It Doesn' t Directly Affect You, You Don' t Think About It' : A Qual-itative Study of Young People' s Environmental Attitudes in Two Aus-tralian Cities." Environmental Education Research 5, no..1 (February.1999): 95–113. https://doi.org/10.1080/1350462990050106.

Coultan, Mark. "NY Toasts Subway Superman After Death-Defying Res-cue." The Age, January.6, 2007. http://www.theage.com.au/news/world/ny -toasts-subway-superman-after-deathdefying-rescue/2007/01 /05 /1167777281613.html.

Craig, Lyn. "Does Father Care Mean Fathers Share? A Comparison of How Mothers and Fathers in Intact Families Spend Time with Children." Gender & Society 20, no..2 (April.2006): 259–81. https://doi.org/10.1177 /0891243205285212.

Crocker, Jennifer, Amy Canevello, and Ashley.A. Brown. "Social Motiva-tion: Costs and Benefits of Selfishness and Otherishness." Annual Review

of Psychology 68, no..1 (January.3, 2017): 299–325. https://doi.org/10.1146 / annurev-psych-010416-044145. Curtiss, Susan, and Harry.A. Whitaker. Genie: A

Psycholinguistic Study of a Modern-Day Wild Child. St..Louis, MO: Elsevier Science, 2014. Damasio, Antonio. Descartes' Error : Emotion, Reason, and the Human Brain. New York: Putnam, 1994.

Darley, John.M., and Bibb Latane. "Bystander Intervention in Emergen-cies: Diffusion of Responsibility." Journal of Personality and Social Psy-chology 8, no..4 (1968): 377–83.

Darwin, Charles. The Expression of the Emotions in Man and Animals. 3rd.ed. Oxford: Oxford University Press, 1872.

Davis, Mark.H. "Measuring Individual Differences in Empathy: Evidence for a Multidimensional Approach." Journal of Personality and Social Psy-chology 44, no..1 (January.1983): 113–26. https://doi.org/10.1037/0022-3514 .44.1.113.

Dawkins, Richard. The Selfish Gene. Oxford: Oxford University Press, 1976.

de Quervain, Dominique JF, Urs Fischbacher, Valerie Treyer, Melanie Schell-hammer, Ulrich Schnyder, Alfred Buck, and Ernst Fehr. "The Neural Basis of Altruistic Punishment." Science 305, no..5688 (August.27, 2004): 1254–58.

DeSteno, David, Monica.Y. Bartlett, Jolie Baumann, Lisa.A. Williams, and Leah Dickens. "Gratitude as Moral Sentiment: Emotion-Guided Coop-eration in Economic Exchange." Emotion 10, no..2 (2010): 289–93. https:// doi.org/10.1037/a0017883.

de Waal, Frans.B. M. Good Natured: The Origins of Right and Wrong in Humans and Other Animals. Cambridge, MA: Harvard University Press, 1996.

——. Peacemaking Among Primates. Cambridge, MA: Harvard University Press, 1989.

——. "Putting the Altruism Back Into Altruism: The Evolution of Empa-thy." Annual Review of Psychology 59 (2008): 279–300.

de Waal, Frans.B. M., and Filippo Aureli. "Consolation, Reconciliation, and a Possible Cognitive Difference Between Macaque and Chimpanzee." In Reaching Into Thought: The Minds of the Great Apes, ed. K. A. Bard, A.

E. Russon, and S. T. Parker, 80–110. Cambridge: Cambridge University Press, 1996.

de Waal, Frans.B. M., and Stephanie.D. Preston. "Mammalian Empathy: Behavioural Manifestations and Neural Basis." Nature Reviews Neuro-science 18, no..8 (2017): 498–510.

Dickert, Stephan, Daniel Vastfjall, Janet Kleber, and Paul Slovic. "Scope Insensitivity:

The Limits of Intuitive Valuation of Human Lives in Pub-lic Policy." Journal of Applied Research in Memory and Cognition 4, no..3 (2015): 248–55.

Doherty, R. William. "The Emotional Contagion Scale: A Measure of Indi-vidual Differences." Journal of Nonverbal Behavior 21, no..2 (1997): 131–54. https://doi.org/10.1023/A:1024956003661.

Dovidio, John.F., Jane Allyn Piliavin, David.A. Schroeder, and Louis.A. Penner. The Social Psychology of Prosocial Behavior. Philadelphia: Erlbaum, 2006.

Drwecki, Brian.B., Colleen.F. Moore, Sandra.E. Ward, and Kenneth.M. Prkachin. "Reducing Racial Disparities in Pain Treatment: The Role of Empathy and Perspective-Taking." Pain 152, no..5 (May.1, 2011): 1001–6. https://doi.org/10.1016/j.pain.2010.12.005.

Dunfield, Kristen.A. "A Construct Divided: Prosocial Behavior as Help-ing, Sharing, and Comforting Subtypes." Frontiers in Psychology 5 (Sep-tember.2, 2014): 958. https://doi.org/10.3389/fpsyg.2014.00958.

Dunn, Elizabeth.W., Laura.B. Aknin, and Michael.I. Norton. "Spending Money on Others Promotes Happiness." Science 319, no..5870 (March.21, 2008): 1687–88. https://doi.org/10.1126/science.1150952.

Dyer, Carmel Bitondo, Valory.N. Pavlik, Kathleen Pace Murphy, and David.J. Hyman. "The High Prevalence of Depression and Dementia in Elder Abuse or Neglect." Journal of the American Geriatrics Society 48, no..2 (Feb-ruary.2000): 205–8. https://doi.org/10.1111/j.1532-5415.2000.tb03913.x.

Edgar, Joanne.L., and Christine.J. Nicol. "Socially-Mediated Arousal and Contagion Within Domestic Chick Broods." Scientific Reports 8, no..1 (December 2018): 10509. https://doi.org/10.1038/s41598-018-28923-8.

Eibl-Eibesfeldt, Irenaus. Love and Hate. Trans. Geoffrey Strachan. 2nd.ed. New York: Schocken Books, 1971.

Einon, Dorothy, and Michael Potegal. "Temper Tantrums in Young Chil-dren." In The Dynamics of Aggression: Biological and Social Processes in Dyads and Groups, ed. Michael Potegal and John.F. Knutson, 157–94. New York: Psychology Press, 1994.

Eisenberg, Nancy, and Richard.A. Fabes. "Prosocial Development." In Hand-book of Child Psychology, ed. Nancy Eisenberg, 5th.ed., 3:701–78. New York: Wiley, 1998.

Eisenberg, Nancy, Richard.A. Fabes, Bridget Murphy, Mariss Karbon, Pat Maszk,

Melanie Smith, Cherie O' Boyle, and K. Suh. "The Relations of Emotionality and Regulation to Dispositional and Situational Empathy-Related Responding." Journal of Personality & Social Psychology 66, no..4 (1994): 776–97.

Eisenberg, Nancy, and Randy Lennon. "Sex Differences in Empathy and Related Capacities." Psychological Bulletin 94, no..1 (1983): 100–131.

Eisenberg, Nancy, and Janet Strayer, eds. Empathy and Its Development. New York: Cambridge University Press, 1987.

Erwin, Douglas.H., and Eric.H. Davidson. "The Evolution of Hierarchical Gene Regulatory Networks." Nature Reviews Genetics 10, no..2 (Febru-ary.2009): 141–48. https://doi.org/10.1038/nrg2499.

Farwell, Lisa, and Bernard Weiner. "Bleeding Hearts and the Heartless: Popular Perceptions of Liberal and Conservative Ideologies." Personality and Social Psychology Bulletin 26, no..7 (September.2000): 845–52. https://doi .org/10.1177/0146167200269009.

Fehr, Ernst, and Colin.F. Camerer. "Social Neuroeconomics: The Neural Circuitry of Social Preferences." Trends in Cognitive Sciences 11, no..10 (October.2007): 419–27.

Fehr, Ernst, and Urs Fischbacher. "The Nature of Human Altruism." Nature 425, no..6960 (October.23, 2003): 785–91.

Fehr, Ernst, Urs Fischbacher, and Simon Gachter. "Strong Reciprocity, Human Cooperation, and the Enforcement of Social Norms." Human Nature 13, no..1 (2002): 1–25. https://doi.org/10.1007/s12110-002-1012-7.

Fehr, Ernst, and Simon Gachter. "Altruistic Punishment in Humans." Nature 415, no..6868 (January.10, 2002): 137–40.

Fischer, Peter, Tobias Greitemeyer, Fabian Pollozek, and Dieter Frey. "The Unresponsive Bystander: Are Bystanders More Responsive in Danger-ous Emergencies?" European Journal of Social Psychology 36, no..2 (March.2006): 267–78. https://doi. org/10.1002/ejsp.297.

Fischer, Peter, Joachim.I. Krueger, Tobias Greitemeyer, Claudia Vogrincic, Andreas Kastenmller, Dieter Frey, Moritz Heene, Magdalena Wicher, and Martina Kainbacher. "The Bystander-Effect: A Meta-Analytic Review on Bystander Intervention in Dangerous and Non-Dangerous Emergencies." Psychological Bulletin 137, no..4 (2011): 517–37. https://doi .org/10.1037/a0023304.

Fleming, Alison.S., Carl Corter, Joy Stallings, and Meir Steiner. "Testos-terone and Prolactin Are Associated with Emotional Responses to Infant Cries in New Fathers." Hormones and Behavior 42, no..4 (2002): 399–413.

Fleming, Alison.S., Michael Numan, and Robert.S. Bridges. "Father of Mothering: Jay. S. Rosenblatt." Hormones and Behavior 55, no..4 (April.2009): 484–87. https://doi.org/10.1016/j.yhbeh.2009.01.001.

Fleming, Alison.S., and Jay.S. Rosenblatt. "Olfactory Regulation of Mater-nal Behavior in Rats: II. Effects of Peripherally Induced Anosmia and Lesions of the Lateral Olfactory Tract in Pup-Induced Virgins." Journal of Comparative and Physiological Psychology 86 (1974): 233–46.

Fletcher, Harvey, and W. A. Munson. "Loudness, Its Definition, Measure-ment and Calculation." Journal of the Acoustical Society of America 5 (1933): 82–108.

Fraser, Orlaith.N., and Thomas Bugnyar. "Do Ravens Show Consolation? Responses to Distressed Others." PLoS ONE 5, no..5 (May.12, 2010): e10605. https://doi.org/10.1371/journal.pone.0010605.

Frederick, Shane, George Loewenstein, and Ted O' Donoghue. "Time Dis-counting and Time Preference: A Critical Review." Journal of Economic Literature 40, no..2 (June.2002): 351–401. https://doi.org/10.1257/jel.40.2 .351.

Gansberg, Martin. "Thirty-Eight Who Saw Murder Didn' t Call the Police." New York Times, March.27, 1964.

Gintis, Herbert. "Strong Reciprocity and Human Sociality." Journal of The-oretical Biology 206, no..2 (2000): 169–79. https://doi.org/10.1006/jtbi.2000 .2111.

Gold, Joshua.I., and Michael.N. Shadlen. "Banburismus and the Brain." Neu-ron 36, no..2 (October.2002): 299–308. https://doi.org/10.1016/S0896 -6273(02)00971-6.

Golle, Jessika, Stephanie Lisibach, Fred.W. Mast, and Janek.S. Lobmaier. "Sweet Pup-pies and Cute Babies: Perceptual Adaptation to Babyfaced-ness Transfers Across Species." PLoS ONE 8, no..3 (March.13, 2013): e58248. https://doi.org/10.1371/journal.pone.0058248.

Goodson, James.L., Aubrey.M. Kelly, and Marcy.A. Kingsbury. "Evolving Nonapeptide Mechanisms of Gregariousness and Social Diversity in Birds." Hormones and Behavior 61, no..3 (March.2012): 239–50. https://doi .org/10.1016/j.yhbeh.2012.01.005.

Gould, James.L. Ethology: The Mechanisms and Evolution of Behavior. New York: Norton, 1982.

Gray, Kurt, Adrian.F. Ward, and Michael.I. Norton. "Paying It Forward: Generalized Reciprocity and the Limits of Generosity." Journal of Exper-imental Psychology: General 143, no..1 (2014): 247–54. https://doi.org/10.1037 /a0031047.

Grinstead, Charles.M., and J. Laurie Snell. "Chapter.9: Central Limit The-orem." In Introduction to Probability, 2nd.ed. Providence, RI: American Mathematical Society, 1997.

Gross, James.J., and Robert.W. Levenson. "Emotion Elicitation Using Films." Cognition & Emotion 9, no..1 (January.1995): 87–108. https://doi.org/10 .1080/02699939508408966.

Gupta, Sandeep, Reshma Maurya, Monika Saxena, and Jonaki Sen. "Defin-ing Structural Homology between the Mammalian and Avian Hippo-campus through Conserved Gene Expression Patterns Observed in the Chick Embryo." Developmental Biology 366, no..2 (June.15, 2012): 125–41. https://doi.org/10.1016/ j.ydbio.2012.03.027.

Gustafson, Gwen.E., and James.A. Green. "On the Importance of Funda-mental Frequency and Other Acoustic Features in Cry Perception and Infant Development." Child Development 60, no..4 (1989): 772–80.

Hamilton, William D. "The Evolution of Altruistic Behavior." The American Naturalist 97, no..896 (1963): 354–56.

——. "The Genetical Evolution of Social Behavior II." Journal of Theoretical Biology 7 (1964): 1–52.

Hansen, Stefan. "Maternal Behavior of Female Rats with 6-OHDA Lesions in the Ventral Striatum: Characterization of the Pup Retrieval Deficit." Physiology & Behavior 55, no..4 (April.1994): 615–20. https://doi .org/10.1016/0031-9384(94)90034-5.

Harbaugh, William.T., Ulrich Mayr, and Daniel.R. Burghart. "Neural Responses to Taxation and Voluntary Giving Rebel Motives for Chari-table Donation." Science 316 (2007): 1622–25.

Hauser, David.J., Stephanie.D. Preston, and R. Brent Stansfield. "Altruism in the Wild: When Affiliative Motives to Help Positive People Over-take Empathic Motives to Help the Distressed." Journal of Experimental Psychology: General 143, no..3 (December.23, 2014): 1295–1305. https://doi .org/10.1037/a0035464.

Healy, Susan, Selvino.R. Dekort, and Nicola.S. Clayton. “The Hippocam-pus, Spatial Memory and Food Hoarding: A Puzzle Revisited.” Trends in Ecology & Evolution 20, no..1 (January.2005): 17–22. https://doi.org/10 .1016/j.tree.2004.10.006.

Heise, Lori.L. “Violence Against Women: An Integrated, Ecological Frame-work.” Violence Against Women 4, no..3 (June.1998): 262–90. https://doi .org/10.1177/107 7801298004003002.

Hepper, Peter.G. “Kin Recognition: Functions and Mechanisms, a Review.” Biological Reviews 61, no..1 (February.1986): 63–93. https://doi.org/10.1111 /j.1469-185X.1986.tb00427.x.

Hershfield, Hal.E., Taya.R. Cohen, and Leigh Thompson. “Short Horizons and Tempting Situations: Lack of Continuity to Our Future Selves Leads to Unethical Decision Making and Behavior.” Organizational Behavior and Human Decision Processes 117, no..2 (March.2012): 298–310. https:// doi.org/10.1016/j.obhdp.2011.11.002.

Hertzberg, Hendrik. “Second Those Emotions: Hillary’ s Tears.” The New Yorker, January.21, 2008.

Hofer, Myron.A. “Multiple Regulators of Ultrasonic Vocalization in the Infant Rat.” Psychoneuroendocrinology 21, no..2 (February.1996): 203–17. https://doi.org/10.1016/0306-4530(95)00042-9.

Hoffman, Kelly.M., Sophie Trawalter, Jordan.R. Axt, and M. Norman Oli-ver. “Racial Bias in Pain Assessment and Treatment Recommendations, and False Beliefs About Biological Differences Between Blacks and Whites.” Proceedings of the National Academy of Sciences of the United States of America 113, no..16 (April.19, 2016): 4296–301. https://doi.org/10.1073 /pnas.1516047113.

Hoffman, Martin.L. “Empathy: Its Development and Prosocial Implica-tions.” Nebraska Symposium on Motivation 25 (1977): 169–217.

——. Empathy and Moral Development: Implications for Caring and Justice. New York: Cambridge University Press, 2000.

——. “Is Altruism Part of Human Nature?” Journal of Personality and Social Psychology 40 (1981): 121–37.

Holliday, Ruth, and Joanna Elfving-Hwang. “Gender, Globalization and Aesthetic Surgery in South Korea.” Body & Society 18, no..2 (June.2012): 58–81. https://doi.org/10.1177/1357034X12440828.

Hrdy, Sarah Blaffer. Mothers and Others. Cambridge, MA: Harvard Uni-versity Press, 2009.

Hume, David. A Treatise of Human Nature. North Chelmsford, MA: Cou-rier Corporation, 2003.

Ickes, William John, ed. Empathic Accuracy. New York: Guilford Press, 1997.

Insel, Thomas.R., and Larry.J. Young. "The Neurobiology of Attachment." Nature Reviews Neuroscience 2, no..2 (February.2001): 129–36.

Insel, Thomas.R., and Carroll.R. Harbaugh. "Lesions of the Hypothalamic Paraventricular Nucleus Disrupt the Initiation of Maternal Behavior." Physiology & Behavior 45 (1989): 1033–41.

Insel, Thomas.R., Stephanie.D. Preston, and James.T. Winslow. "Mating in the Monogamous Male: Behavioral Consequences." Physiology & Behav-ior 57, no..4 (1995): 615–27.

Israel, Salomon, Elad Lerer, Idan Shalev, Florina Uzefovsky, Mathias Reibold, Rachel Bachner-Melman, Roni Granot, et.al. "Molecular Genetic Studies of the Arginine Vasopressin 1a Receptor (AVPR1a) and the Oxytocin Receptor (OXTR) in Human Behaviour: From Autism to Altruism with Some Notes in Between." Progress in Brain Research 170 (2008): 435–49.

Itard, Jean Marc Gaspard, and Francois Dagognet. Victor de l' Aveyron. Paris: Editions Allia, 1994.

Jameson, Tina.L., John.M. Hinson, and Paul Whitney. "Components of Working Memory and Somatic Markers in Decision Making." Psycho-nomic Bulletin & Review 11, no..3 (2004): 515–20.

Jenni, Karen, and George Loewenstein. "Explaining the Identifiable Vic-tim Effect." Journal of Risk and Uncertainty 14, no..3 (1997): 235–57. https:// doi.org/10.1023/A:1007740225484.

Johansson, Peter, and Margaret Kerr. "Psychopathy and Intelligence: A Sec-ond Look." Journal of Personality Disorders 19, no..4 (August.2005): 357– 69. https://doi.org/10.1521/pedi.2005.19.4.357.

Johnson, Ronald.C. "Attributes of Carnegie Medalists Performing Acts of Heroism and of the Recipients of These Acts." Ethology and Sociobiology 17, no..5 (September.1996): 355–62.

Johnstone, Rufus.A. "Sexual Selection, Honest Advertisement and the Handicap Principle: Reviewing the Evidence." Biological Reviews 70 (1995): 1–65.

Jones, Alice. "The Psychology of Sustainability: What Planners Can Learn from Attitude Research." Journal of Planning Education and Research 16, no..1 (September.1996): 56–65. https://doi.org/10.1177/0739456X9601600107.

Kabelik, David, and D. Sumner Magruder. "Involvement of Different Meso-tocin (Oxytocin Homologue) Populations in Sexual and Aggressive Behaviours of the Brown Anole." Biology Letters 10, no..8 (August.31, 2014): 20140566. https://doi.org/10.1098/rsbl.2014.0566.

Kahneman, Daniel. Thinking, Fast and Slow. New York: Farrar, Straus and Giroux, 2011.

Kaul, Padma, Paul.W. Armstrong, Sunil Sookram, Becky.K. Leung, Neil Brass, and Robert.C. Welsh. "Temporal Trends in Patient and Treatment Delay Among Men and Women Presenting with ST-Elevation Myocar-dial Infarction." American Heart Journal 161, no..1 (January.2011): 91–97. https://doi.org/10.1016/j.ahj.2010.09.016.

Keating, Caroline.F. "Do Babyfaced Adults Receive More Help? The (Cross-Cultural) Case of the Lost Resume." Journal of Nonverbal Behavior 27, no. 2 (2003): 89–109. https://doi.org/10.1023/A:1023962425692.

Keczer, Zsolt, Balint File, Gabor Orosz, and Philip.G. Zimbardo. "Social Representations of Hero and Everyday Hero: A Network Study from Rep-resentative Samples." PLOS ONE 11, no..8 (August.15, 2016): e0159354. https://doi.org/10.1371/journal.pone.0159354.

Keller, Heidi, and Hiltrud Otto. "The Cultural Socialization of Emotion Regulation During Infancy." Journal of Cross-Cultural Psychology 40, no. 6 (November.2009): 996–1011. https://doi.org/10.1177/00220221093 48576.

Kendrick, Keith M., Ana PC Da Costa, Kevin D. Broad, Satoshi Ohkura, Rosalinda Guevara, Frederic Levy, and E. Barry Keverne. "Neural Con-trol of Maternal Behaviour and Olfactory Recognition of Offspring." Brain Research Bulletin 44, no..4 (1997): 383–95.

Kilner, Rebecca.M., David.G. Noble, and Nicholas.B. Davies. "Signals of Need in Parent-Offspring Communication and Their Exploitation by the Common Cuckoo." Nature 397, no..6721 (1999): 667–72.

Knill, David.C., and Alexandre Pouget. "The Bayesian Brain: The Role of Uncertainty in Neural Coding and Computation." Trends in Neurosciences 27, no..12 (December.2004): 712–19. https://doi.org/10.1016/j.tins.2004.10 .007.

Knoch, Daria, Michael A. Nitsche, Urs Fischbacher, Christoph Eisenegger, Alvaro Pascual-Leone, and Ernst Fehr. "Studying the Neurobiology of Social Interaction with Transcranial Direct Current Stimulation—The Example of Punishing Unfairness." Cerebral Cortex 18, no..9 (September.2008): 1987–90.

Knoch, D., A. Pascual-Leone, K. Meyer, V. Treyer, and E. Fehr. "Dimin-ishing Reciprocal Fairness by Disrupting the Right Prefrontal Cortex." Science 314, no..5800 (November.3, 2006): 829–32.

Koenigs, Michael, and Daniel Tranel. "Irrational Economic Decision-Making After Ventromedial Prefrontal Damage: Evidence from the Ultimatum Game." Journal of Neuroscience 27, no..4 (January.24, 2007): 951–56.

Kogut, Tehila, and Ilana Ritov. "The 'Identified Victim' Effect: An Identi-fied Group, or Just a Single Individual?" Journal of Behavioral Decision Making 18, no..3 (July.2005): 157–67. https://doi.org/10.1002/bdm.492.

Kosfeld, Michael, Markus Heinrichs, Paul J. Zak, Urs Fischbacher, and Ernst Fehr. "Oxytocin Increases Trust in Humans." Nature 435, no..7042 (June.2, 2005): 673–76.

Krain, Amy.L., Amanda.M. Wilson, Robert Arbuckle, F. Xavier Castel-lanos, and Michael.P. Milham. "Distinct Neural Mechanisms of Risk and Ambiguity: A Meta-Analysis of Decision-Making." NeuroImage 32, no..1 (2006): 477–84.

Krebs, John.R. "Food-Storing Birds: Adaptive Specialization in Brain and Behaviour?" Philosophical Transactions of the Royal Society of London. Series

B:Biological Sciences 329, no..1253 (August.29, 1990): 153–60. https://doi .org/10.1098/rstb.1990.0160.

Krueger, Frank, Kevin McCabe, Jorge Moll, Nikolaus Kriegeskorte, Roland Zahn, Maren Strenziok, Armin Heinecke, and Jordan Grafman. "Neu-ral Correlates of Trust." Proceedings of the National Academy of Sciences USA 104, no..50 (December.11, 2007): 20084–89.

Kuraguchi, Kana, Kosuke Taniguchi, and Hiroshi Ashida. "The Impact of Baby Schema on Perceived Attractiveness, Beauty, and Cuteness in Female Adults." SpringerPlus 4, no..1 (December.2015): 164. https://doi .org/10.1186/s40064-015-0940-8.

Lamm, Claus, Jean Decety, and Tania Singer. “Meta-Analytic Evidence for Common and Distinct Neural Networks Associated with Directly Expe-rienced Pain and Empathy for Pain.” Neuroimage 54, no..3 (2011): 2492–502.

Latane, Bibb, and John.M. Darley. “Bystander ‘Apathy.’ ” American Scientist 57, no..2 (1969): 244–68.

Lea, Stephen.E. G., and Paul Webley. “Money as Tool, Money as Drug: The Biological Psychology of a Strong Incentive.” Behavioral and Brain Sciences 29, no..2 (2006): 161–209.

Lerner, Jennifer.S., Ye Li, Piercarlo Valdesolo, and Karim.S. Kassam. “Emotion and Decision Making.” Annual Review of Psychology 66, no..1 (January.3, 2015): 799–823. https://doi.org/10.1146/annurev-psych-010213 -115043

Levine, Mark, and Simon Crowther. “The Responsive Bystander: How Social Group Membership and Group Size Can Encourage as Well as Inhibit Bystander Intervention.” Journal of Personality and Social Psychology 95, no..6 (2008): 1429–39. https://doi.org/10.1037/a0012634.

Levy, Frederic, Matthieu Keller, and Pascal Poindron. “Olfactory Regula-tion of Maternal Behavior in Mammals.” Hormones and Behavior 46, no..3 (September.2004): 284–302.

Liakos, Matthew, and Puja.B. Parikh. “Gender Disparities in Presentation, Management, and Outcomes of Acute Myocardial Infarction.” Current Cardiology Reports 20, no..8 (August.2018): 64. https://doi.org/10.1007 /s11886-018-1006-7.

Lichtenstein, Gabriela. “Selfish Begging by Screaming Cowbirds, a Mimetic Brood Parasite of the Bay-Winged Cowbird.” Animal Behaviour 61, no..6 (2001): 1151–58.

Ligon, J. David, and D. Brent Burt. “Evolutionary Origins.” In Ecology and Evolution of Cooperative Breeding in Birds, ed. Walter.D. Koenig and Janis.L. Dickinson, 5–34. Cambridge: Cambridge University Press, 2004.

Loewenstein, George F., Elke U. Weber, Christopher K. Hsee, and Ned Welch. “Risk as Feelings.” Psychological Bulletin 127, no..2 (2001): 267–86. https://doi.org/10.1037/0033-2909.127.2.267.

Loken, Line.S., Johan Wessberg, India Morrison, Francis McGlone, and Hakan Olausson. “Coding of Pleasant Touch by Unmyelinated Affer-ents in Humans.” Nature Neuroscience 12, no..5 (2009): 547–48.

Lonstein, Joseph S., and Alison S. Fleming. "Parental Behaviors in Rats and Mice." Current Protocols in Neuroscience 15 (2002): Unit 8.15.

Lonstein, Joseph.S., and Joan.I. Morrell. "Neuroendocrinology and Neuro-chemistry of Maternal Motivation and Behavior." In Handbook of Neu-rochemistry and Molecular Neurobiology, ed. Abel Lajtha and Jeffrey.D. Blaustein, 3rd.ed., 195–245. Berlin: Springer-Verlag, 2007. http://www .springerlink.com/content/nw8357tv143w4w21/.

Lorberbaum, Jeffrey.P., John.D. Newman, Judy.R. Dubno, Amy.R. Hor-witz, Ziad Nahas, Charlotte.C. Teneback, Courtnay.W. Bloomer, et.al.

"Feasibility of Using FMRI to Study Mothers Responding to Infant Cries." Depression and Anxiety 10, no..3 (1999): 99–104.

Lorberbaum, Jeffrey.P., John.D. Newman, Amy.R. Horwitz, Judy.R. Dubno,

R. Bruce Lydiard, Mark.B. Hamner, Daryl.E. Bohning, and Mark.S. George. "A Potential Role for Thalamocingulate Circuitry in Human Maternal Behavior." Biological Psychiatry 51, no..6 (2002): 431–45.

Lorenz, Konrad. "Die Angeborenen Formen Mglicher Erfahrung [The Innate Forms of Potential Experience]." Zeitschrift fr Tierpsychologie 5 (1943): 233–519.

——. Studies in Animal and Human Behaviour: II. Cambridge, MA: Har-vard University Press, 1971.

Lorenz, Konrad, and Nikolaas Tinbergen. "Taxis und Instinkhandlung in der Eirollbewegung der Graugans [Directed and Instinctive Behavior in the Egg Rolling Movements of the Gray Goose]." Zeitschrift fr Tier-psychologie 2 (1938): 1–29.

Lundstrm, Johan.N., Annegret Mathe, Benoist Schaal, Johannes Frasnelli, Katharina Nitzsche, Johannes Gerber, and Thomas Hummel. "Mater-nal Status Regulates Cortical Responses to the Body Odor of Newborns." Frontiers in Psychology 4 (September.5, 2013). https://doi.org/10.3389/fpsyg .2013.00597.

Lynn, Spencer.K., Jolie.B. Wormwood, Lisa.F. Barrett, and Karen.S. Quig-ley. "Decision Making from Economic and Signal Detection Perspec-tives: Development of an Integrated Framework." Frontiers in Psychol-ogy, July.8, 2015. https://doi.org/10.3389/fpsyg.2015.00952.

Macht, Michael, and Jochen Mueller. "Immediate Effects of Chocolate on Experimentally Induced Mood States." Appetite 49, no..3 (Novem-ber.2007): 667–74. https://

doi.org/10.1016/j.appet.2007.05.004.

MacLean, Paul.D. "Brain Evolution Relating to Family, Play, and the Sep-aration Call." Archives of General Psychiatry 42, no..4 (1985): 405–17.

——. "The Brain in Relation to Empathy and Medical Education." Journal of Nervous and Mental Disease 144, no..5 (1967): 374–82. https://doi.org/10 .1097/00005053-196705000-00005.

——. The Triune Brain in Evolution: Role in Paleocerebral Functions. New York: Plenum Press, 1990.

Maestripieri, Dario. "The Biology of Human Parenting: Insights from Non-human Primates." Neuroscience & Biobehavioral Reviews 23, no..3 (1999): 411–22. https://doi.org/10.1016/S0149-7634(98)00042-6.

Maestripieri, Dario, and Julia.L. Zehr. "Maternal Responsiveness Increases During Pregnancy and After Estrogen Treatment in Macaques." Hor-mones and Behavior 34, no..3 (1998): 223–30. https://doi.org/10.1006/hbeh .1998.1470.

Mampe, Birgit, Angela.D. Friederici, Anne Christophe, and Kathleen Wermke. "Newborns' Cry Melody Is Shaped by Their Native Language." Current Biology 19, no..23 (December.2009): 1994–97. https://doi.org/10 .1016/j.cub.2009.09.064.

Manning, Rachel, Mark Levine, and Alan Collins. "The Kitty Genovese Murder and the Social Psychology of Helping: The Parable of the 38 Wit-nesses." American Psychologist 62, no..6 (2007): 555.

Marikar, Sheila. "Natasha Richardson Died of Epidural Hematoma After Skiing Accident." ABC News, March.19, 2009.

Marino, Lori, James.K. Rilling, Shinko.K. Lin, and Sam.H. Ridgway. "Rel-ative Volume of the Cerebellum in Dolphins and Comparison with Anthropoid Primates." Brain, Behavior and Evolution 56, no..4 (2000): 204–11. https://doi.org/10.1159/000047205.

Marsh, Abigail.A. "Neural, Cognitive, and Evolutionary Foundations of Human Altruism." Wiley Interdisciplinary Reviews: Cognitive Science 7, no..1 (2016): 59–71.

Marsh, Abigail.A., and R. James R. Blair. "De.cits in Facial Affect Recog-nition Among Antisocial Populations: A Meta-Analysis." Neuroscience and Biobehavioral Reviews 32 (2008): 454–65.

Marsh, Abigail.A., and Robert.E. Kleck. "The Effects of Fear and Anger Facial Expressions on Approach-and Avoidance-Related Behaviors." Emotion 5, no..1 (2005): 119–24.

Marsh, Abigail.A., Megan.N. Kozak, and Nalini Ambady. "Accurate Iden-tification of Fear Facial Expressions Predicts Prosocial Behavior." Emo-tion 7, no..2 (2007): 239–51.

Martin, Loren.J., Georgia Hathaway, Kelsey Isbester, Sara Mirali, Erinn.L. Acland, Nils Niederstrasser, Peter.M. Slepian, et.al. "Reducing Social Stress Elicits Emotional Contagion of Pain in Mouse and Human Strang-ers." Current Biology 25, no..3 (February.2015): 326–32. https://doi.org/10 .1016/j.cub.2014.11.028.

Mattson, Brandi J., Sharon E. Williams, Jay S. Rosenblatt, and Joan I. Morrell. "Comparison of Two Positive Reinforcing Stimuli: Pups and Cocaine Throughout the Postpartum Period." Behavioral Neuroscience 115 (2001): 683–94.

——. "Preferences for Cocaine or Pup-Associated Chambers Differentiates Otherwise Behaviorally Identical Postpartum Maternal Rats." Psycho-pharmacology 167 (2003): 1–8.

Maynard Smith, J. "Group Selection and Kin Selection." Nature 201 (1964): 1145–47.

McCabe, Kevin, Daniel Houser, Lee Ryan, Vernon Smith, and Theodore Trouard. "A Functional Imaging Study of Cooperation in Two-Person Reciprocal Exchange." Proceedings of the National Academy of Sciences USA 98, no..20 (September.25, 2001): 11832–35.

McCarthy, Margaret M., Lee-Ming Kow, and Donald Wells Pfaff. "Spec-ulations Con-cerning the Physiological Significance of Central Oxyto-cin in Maternal Behavior." Annals of the New York Academy of Sciences 652 (June.1992): 70–82. https://doi.org/10.1111/j.1749-6632.1992.tb34347.x.

McDougall, William. An Introduction to Social Psychology. London: Methuen, 1908.

McGuire, Anne.M. "Helping Behaviors in the Natural Environment: Dimensions and Correlates of Helping." Personality and Social Psychology Bulletin 20, no..1 (February.1994): 45–56. https://doi.org/10.1177/01461672 94201004.

Meyer, Robyn.J., Andreas.A. Theodorou, and Robert.A. Berg. "Childhood Drowning." Pediatrics in Review 27, no..5 (May.2006): 163–69. https:// doi.org/10.1542/pir.27-5-163.

Meyza, Ksenia Z., Inbal Ben-Ami Bartal, Marie H. Monfils, Jules B. Panksepp, and

Ewelina Knapska. "The Roots of Empathy: Through the Lens of Rodent Models." Neuroscience & Biobehavioral Reviews 76 (May.2017): 216–34. https://doi.org/10.1016/j.neubiorev.2016.10.028.

Michelsson, K., K. Christensson, H. Rothganger, and J. Winberg. "Crying in Separated and Non-Separated Newborns: Sound Spectrographic Anal-ysis." Acta Paediatrica 85, no..4 (April.1996): 471–75. https://doi.org/10.1111 /j.1651-2227.1996.tb14064.x.

Milgram, Stanley. Obedience to Authority: An Experimental View. New York: Harper & Row, 1974.

Molenberghs, Pascal. "The Neuroscience of In-Group Bias." Neuroscience & Biobehavioral Reviews 37, no..8 (September.2013): 1530–36. https://doi.org /10.1016/ j.neubiorev.2013.06.002.

Moll, Jorge, Frank Krueger, Roland Zahn, Matteo Pardini, Ricardo de Oliveira-Souza, and Jordan Grafman. "Human Fronto-Mesolimbic Networks Guide Decisions About Charitable Donation." Proceedings of the National Academy of Sciences USA 103, no..42 (October.17, 2006): 15623–28.

Moltz, Howard. "Contemporary Instinct Theory and the Fixed Action Pat-tern." Psychological Review 72, no..1 (1965): 27–47. https://doi.org/10.1037 /h0020275.

Mooradian, Todd.A., Mark Davis, and Kurt Matzler. "Dispositional Empathy and the Hierarchical Structure of Personality." American Journal of Psychol-ogy 124, no..1 (2011): 99. https://doi.org/10.5406/amerjpsyc.124.1.0099.

Morhenn, Vera.B., Jang Woo Park, Elisabeth Piper, and Paul.J. Zak. "Mon-etary Sacrifice Among Strangers Is Mediated by Endogenous Oxytocin Release after Physical Contact." Evolution and Human Behavior 29, no..6 (2008): 375–83.

Morrison, I., Donna Lloyd, Giuseppe di Pellegrino, and Neil Roberts. "Vicarious Responses to Pain in Anterior Cingulate Cortex: Is Empa-thy a Multisensory Issue?" Cognitive, Affective, and Behavioral Neurosci-ence 4, no..2 (June.2004): 270–78.

Mullins-Sweatt, Stephanie.N., Natalie.G. Glover, Karen.J. Derefinko, Joshua.D. Miller, and Thomas.A. Widiger. "The Search for the Success-ful Psychopath." Journal of Research in Personality 44, no..4 (August.2010): 554–58. https://doi.org/10.1016/ j.jrp.2010.05.010.

Nave, Gideon, Colin Camerer, and Michael McCullough. "Does Oxytocin Increase Trust in Humans? A Critical Review of Research." Perspectives on Psychological Science 10, no..6 (November.2015): 772–89. https://doi.org /10.1177/1745691615600138.

Newell, Ben.R., and David.R. Shanks. "Unconscious Influences on Deci-sion Making: A Critical Review." Behavioral and Brain Sciences 37, no..1 (February.2014): 1–19. https://doi.org/10.1017/S0140525X12003214.

Newsom, Jason.T., and Richard Schulz. "Caregiving from the Recipient' s Perspective: Negative Reactions to Being Helped." Health Psychology 17, no..2 (1998): 172–81. https://doi.org/10.1037/0278-6133.17.2.172.

Nisbett, Richard.E., and Timothy.D. Wilson. "Telling More Than We Can Know: Verbal Reports on Mental Processes." Psychological Review 7 (1977): 231–59.

Nittono, Hiroshi, Michiko Fukushima, Akihiro Yano, and Hiroki Moriya. "The Power of Kawaii: Viewing Cute Images Promotes a Careful Behav-ior and Narrows Attentional Focus." PLoS ONE 7, no..9 (September.26, 2012): e46362. https://doi.org/10.1371/journal.pone.0046362.

Nowak, Raymond, Matthieu Keller, David Val-Laillet, and Frederic Levy. "Perinatal Visceral Events and Brain Mechanisms Involved in the Devel-opment of Mother-Young Bonding in Sheep." Hormones and Behavior 52, no..1 (2007): 92–98.

Nowbahari, Elise, and Karen L. Hollis. "Rescue Behavior: Distinguishing Between Rescue, Cooperation and Other Forms of Altruistic Behavior." Communicative & Integrative Biology 3, no..2 (2010): 77–79.

Nowbahari, Elise, Alexandra Scohier, Jean-Luc Durand, and Karen.L. Hol-lis. "Ants, Cataglyphis Cursor, Use Precisely Directed Rescue Behavior to Free Entrapped Relatives." PLoS ONE 4, no..8 (August.12, 2009): e6573. https://doi.org/10.1371/journal.pone.0006573.

Numan, Michael. "Hypothalamic Neural Circuits Regulating Maternal Responsiveness Toward Infants." Behavioral & Cognitive Neuroscience Reviews 5, no..4 (December.2006): 163–90.

——. "Motivational Systems and the Neural Circuitry of Maternal Behavior in the Rat." Developmental Psychobiology 49, no..1 (January.2007): 12–21.

——. "Neural Circuits Regulating Maternal Behavior: Implications for Understanding the Neural Basis of Social Cooperation and Competition." In Moving Beyond Self-Interest: Perspectives from Evolutionary Biology, Neuro-science, and the Social Sciences, ed. Stephanie.L. Brown, R. Michael Brown, and Louis.A. Penner, 89–108. New York: Oxford University Press, 2011.

Numan, Michael, and Thomas.R. Insel. The Neurobiology of Parental Behav-ior. New

York: Springer, 2003.

Numan, Michael, Marilyn.J. Numan, Jaclyn.M. Schwarz, Christina.M. Neuner, Thomas. F. Flood, and Carl.D. Smith. “Medial Preoptic Area Interactions with the Nucleus Accumbens-Ventral Pallidum Circuit and Maternal Behavior in Rats.” Behavioural Brain Research 158, no..1 (March.7, 2005): 53–68.

O’ Connell, Sanjida.M. “Empathy in Chimpanzees: Evidence for Theory of Mind?” Primates 36, no..3 (1995): 397–410.

Oda, Ryo, Wataru Machii, Shinpei Takagi, Yuta Kato, Mia Takeda, Toko Kiyonari, Yasuyuki Fukukawa, and Kai Hiraishi. “Personality and Altru-ism in Daily Life.” Personality and Individual Differences 56 (January 2014): 206–9. https://doi.org/10.1016/j.paid.2013.09.017.

O’ Doherty, John. “Can’ t Learn Without You: Predictive Value Coding in Orbitofrontal Cortex Requires the Basolateral Amygdala.” Neuron 39, no..5 (August.28, 2003): 731–33.

Oliner, Samuel P. “Extraordinary Acts of Ordinary People.” In Altruism and Altruistic Love: Science, Philosophy, and Religion in Dialogue, ed. Steven Post, Lynn.G. Underwood, Jeffrey.P. Schloss, and William.B. Hurlburt, 123–39. Oxford: Oxford University Press, 2002.

Olkowicz, Seweryn, Martin Kocourek, Radek.K. Lu.an, Michal Porte., W. Tecumseh Fitch, Suzana Herculano-Houzel, and Pavel N.mec. “Birds Have Primate-like Numbers of Neurons in the Forebrain.” Proceedings of the National Academy of Sciences 113, no..26 (June.28, 2016): 7255–60. https:// doi.org/10.1073/pnas.1517131113.

Ongr, Dost, and Joseph.L. Price. “The Organization of Networks Within the Orbital and Medial Prefrontal Cortex of Rats, Monkeys and Humans.” Cerebral Cortex 10 (2000): 206–19.

Oyserman, Daphna, Heather.M. Coon, and Markus Kemmelmeier. “Rethinking Individualism and Collectivism: Evaluation of Theoretical Assumptions and Meta-Analyses.” Psychological Bulletin 128, no..1 (2002): 3–72. https://doi.org/10.1037/0033-2909.128.1.3.

Panksepp, Jules.B., and Garet.P. Lahvis. “Rodent Empathy and Affective Neuroscience.” Neuroscience & Biobehavioral Reviews 35, no..9 (Octo-ber 2011): 1864–75. https://doi.org/10.1016/j.neubiorev.2011.05.013.

Pecia, Susana, and Kent.C. Berridge. "Hedonic Hot Spot in Nucleus Accumbens Shell: Where Do μ-Opioids Cause Increased Hedonic Impact of Sweetness?" Journal of Neuroscience 25, no..50 (2005): 11777–86.

Pedersen, Cort A., Jack D. Caldwell, Gary Peterson, Cheryl H. Walker, and George A. Mason. "Oxytocin Activation of Maternal Behavior in the Rata." Annals of the New York Academy of Sciences 652, no..1 (2006): 58–69.

Pedersen, Cort A., Jack D. Caldwell, Cheryl Walker, Gail Ayers, and George A. Mason. "Oxytocin Activates the Postpartum Onset of Rat Maternal Behavior in the Ventral Tegmental and Medial Preoptic Areas." Behavioral Neuroscience 108 (1994): 1163–71.

Peng, Kaiping, and Richard.E. Nisbett. "Culture, Dialectics, and Reason-ing About Contradiction." American Psychologist 54, no..9 (1999): 741–54. https://doi.org/10.1037/0003-066X.54.9.741.

Penner, Louis.A., Barbara.A. Fritzsche, J. Philip Craiger, and Tamara.R. Freifeld. "Measuring the Prosocial Personality." Advances in Personality Assessment 10 (1995): 147–63.

Pepperberg, Irene. The Alex Studies: Cognitive and Communicative Abilities of Grey Parrots. Cambridge, MA: Harvard University Press, 2009.

Perez, Emilie.C., Julie.E. Elie, Ingrid.C. A. Boucaud, Thomas Crouchet, Christophe.O. Soulage, Hedi A. Soula, Frederic E. Theunissen, and Cle-mentine Vignal. "Physiological Resonance Between Mates Through Calls as Possible Evidence of Empathic Processes in Songbirds." Hormones and Behavior 75 (September.1, 2015): 130–41. https://doi.org/10.1016/j.yhbeh.2015 .09.002.

Pillemer, Karl, and David.W. Moore. "Abuse of Patients in Nursing Homes: Findings from a Survey of Staff." The Gerontologist 29, no..3 (June.1, 1989): 314–20. https://doi.org/10.1093/geront/29.3.314.

Pistole, Carole.M. "Adult Attachment Styles: Some Thoughts on Closeness-Distance Struggles." Family Process 33, no..2 (1994): 147–59. https://doi.org /10.1111/j.1545-5300.1994.00147.x.

Pletcher, Mark.J., Stefan.G. Kertesz, Michael.A. Kohn, and Ralph Gonzales. "Trends in Opioid Prescribing by Race/Ethnicity for Patients Seeking Care in US Emergency Departments." Journal of the American Medical Association 299, no..1 (January.2, 2008): 70–78. https://doi.org/10.1001/jama.2007.64.

Potegal, Michael, and John.F. Knutson. The Dynamics of Aggression: Biologi-cal and Social Processes in Dyads and Groups. Hillsdale, NJ: Erlbaum, 1994.

"Pregnant Woman Rescues Husband from Shark Attack in Florida." BBC News, September.24, 2020. https://www.bbc.com/news/world-us-canada -54280694.

Prescott, Sara.L., Rajini Srinivasan, Maria Carolina Marchetto, Irina Grishina, Iigo Narvaiza, Licia Selleri, Fred.H. Gage, Tomek Swigut, and Joanna Wysocka. "Enhancer Divergence and Cis-Regulatory Evo-lution in the Human and Chimp Neural Crest." Cell 163, no..1 (Septem-ber.2015): 68–83. https://doi.org/10.1016/j.cell.2015.08.036.

Preston, Stephanie.D. "The Evolution and Neurobiology of Heroism." In The Hand-book of Heroism and Heroic Leadership, ed. S. T. Allison, G. R. Goeth-als, and R. M. Kramer. New York: Taylor & Francis/Routledge, 2016.

——. "The Origins of Altruism in Offspring Care." Psychological Bulletin 139, no..6 (2013): 1305–41. https://doi.org/10.1037/a0031755.

——. "The Rewarding Nature of Social Contact." Science (New York, N.Y.) 357, no..6358 (29 2017): 1353–54. https://doi.org/10.1126/science.aao7192.

Preston, Stephanie.D., Antoine Bechara, Hanna Damasio, Thomas J. Grabowski, R. Brent Stansfield, Sonya Mehta, and Antonio R. Dama-sio. "The Neural Substrates of Cognitive Empathy." Social Neuroscience 2, nos. 3–4 (2007): 254–75. https://doi.org/10.1080/17470910701376902.

Preston, Stephanie.D., and F. B. M. de Waal. "Empathy: Its Ultimate and Proximate Bases." Behavioral and Brain Sciences 25, no..1 (2002): 1–71. https://doi.org/10.1017/S0140525X02000018.

Preston, Stephanie.D., and Frans.B. M. de Waal. "Altruism." In The Hand-book of Social Neuroscience, ed. Jean Decety and John.T. Cacioppo, 565–85. New York: Oxford University Press, 2011.

Preston, Stephanie.D., Melanie Ermler, Logan.A. Bickel, and Yuxin Lei. "Understanding Empathy and Its Disorders Through a Focus on the Neu-ral Mechanism." Cortex 127 (2020): 347–70. https://doi.org/10.1016/j.cortex .2020.03.001.

Preston, Stephanie.D., Alicia.J. Hofelich, and R. Brent Stansfield. "The Ethology of Em-pathy: A Taxonomy of Real-World Targets of Need and Their Effect on Observers." Frontiers in Human Neuroscience 7, no..488 (2013): 1–13. https://doi.org/10.3389/fnhum.2013.00488.

Preston, Stephanie.D., Morten Kringelbach, and Brian Knutson, eds. The Interdisciplinary Science of Consumption. Cambridge, MA: MIT Press, 2014.

Preston, Stephanie.D., Julia.D. Liao, Theodore.P. Toombs, Rainer Romero-Canyas, Julia Speiser, and Colleen.M. Seifert. "A Case Study of a Con-servation Flagship Species: The Monarch Butterfly." Biodiversity and Con-servation 30 (2021): 2057–77.

Preston, Stephanie.D., Tingting Liu, and Nadia.R. Danienta. "Neoteny: The Adaptive Attraction Toward 'Cuteness' Across Ages and Domains." Forthcoming.

Preston, Stephanie.D., and Andrew.D. MacMillan-Ladd. "Object Attach-ment and Decision-Making." Current Opinion in Psychology 39 (June.2021): 31–37. https://doi.org/10.1016/j.copsyc.2020.07.01.

Preston, Stephanie.D., Brian.D. Vickers, Reiner Romero-Cayas, and Col-leen.M. Seifert. "Leveraging Differences in How Liberals versus Con-servatives Think About the Earth Improves Pro-Environmental Responses." Forthcoming.

Qui, Linda. "5 Irresistible National Geographic Cover Photos," n.d. https:// www.nationalgeographic.com/news/2014/12/141206-magazine-covers -photography-national-geographic-afghan-girl/.

Quiatt, Duane. "Aunts and Mothers: Adaptive Implications of Allomater-nal Behavior of Nonhuman Primates." American Anthropologist 81, no..2 (June 1979): 310–19. https://doi.org/10.1525/aa.1979.81.2.02a00040.

Rajwani, Naheed. "Study: Rats Are Nice to One Another." Chicago Tribune, January.15, 2014.

Reynolds, John D., Nicholas B. Goodwin, and Robert P. Freckleton. "Evolu-tionary Transitions in Parental Care and Live Bearing in Vertebrates." Philo-sophical Transactions of the Royal Society of London. Series B: Biological Sciences 357, no..1419 (March.29, 2002): 269–81. https://doi.org/10.1098/rstb.2001.0930.

Rilling, James K., David A. Gutman, Thorsten R. Zeh, Giuseppe Pagnoni, Gregory S. Berns, and Clinton D. Kilts. "A Neural Basis for Social Cooperation." Neuron 35, no..2 (2002): 395–405.

Rilling, James.K., and Jennifer.S. Mascaro. "The Neurobiology of Father-hood." Current Opinion in Psychology 15 (June.2017): 26–32. https://doi.org /10.1016/j.copsyc.2017.02.013.

Rilling, James.K., Alan.G. Sanfey, Jessica.A. Aronson, Leigh.E. Nystrom, and Jonathan. D. Cohen. "Opposing BOLD Responses to Reciprocated and Unreciprocated Altruism in Putative Reward Pathways." Neurore-port 15, no..16 (2004): 2539–43.

Rizzolatti, Giacomo, Luciano Fadiga, Vittorio Gallese, and Leonardo Fogassi. "Premotor Cortex and the Recognition of Motor Actions." Cog-nitive Brain Research 3, no..2 (March.1996): 131–41. https://doi.org/10.1016 /0926-6410(95)00038-0.

Robbins, Trevor.W. "Homology in Behavioural Pharmacology: An Approach to Animal Models of Human Cognition." Behavioural Pharmacology 9, no..7 (November.1998): 509–19. https://doi.org/10.1097/00008877-1998 11000-00005.

Rooney, Patrick.M. "The Growth in Total Household Giving Is Camou-flaging a Decline in Giving by Small and Medium Donors: What Can We Do About It?" Nonprofit Quarterly, August.27, 2019. https:// nonprofitquarterly.org/total-household-growth-decline-small-medium -donors.

Rosch, Eleanor. "Principles of Categorization." In Cognition and Categori-zation, ed. Eleanor Rosch and Barbara.B. Lloyd, 27–48. Hillsdale, NJ: Erlbaum, 1978.

Rosenblatt, Jay S. "Nonhormonal Basis of Maternal Behavior in the Rat." Science 156 (1967): 1512–14.

Rosenblatt, Jay S., and Kensey Ceus. "Estrogen Implants in the Medial Preoptic Area Stimulate Maternal Behavior in Male Rats." Hormones and Behavior 33 (1998): 23–30.

Ross, Heather.E., Sara.M. Freeman, Lauren.L. Spiegel, Xianghui Ren, Ernest.F. Terwilliger, and Larry.J. Young. "Variation in Oxytocin Recep-tor Density in the Nucleus Accumbens Has Differential Effects on Affil-iative Behaviors in Monogamous and Polygamous Voles." Journal of Neu-roscience 29, no..5 (February.4, 2009): 1312–18. https://doi.org/10.1523 /JNEUROSCI.5039-08.2009.

Saltzman, Wendy, and Toni.E. Ziegler. "Functional Significance of Hor-monal Changes in Mammalian Fathers." Journal of Neuroendocrinology 26, no..10 (October.2014): 685–96. https://doi.org/10.1111/jne.12176.

Sanfey, Alan G., James K. Rilling, Jessica A. Aronson, Leigh E. Nystrom, and Jonathan D. Cohen. "The Neural Basis of Economic Decision-Making in the Ultimatum Game." Science 300, no..5626 (June.13, 2003): 1755–58.

Sapolsky, Robert.M. "The Influence of Social Hierarchy on Primate Health." Science 308, no..5722 (April.29, 2005): 648–52. https://doi.org/10.1126/science .1106477.

——. "Stress, Glucocorticoids, and Damage to the Nervous System: The Current State of Confusion." Stress 1, no..1 (2009): 1–19. https://doi.org /10.3109/10253899609001092.

Schiefenhvel, Wulf. Geburtsverhalten und Reproduktive Strategien der Eipo: Ergebnisse Humanethologischer und Ethnomedizinischer Untersuchungen im Zentralen Bergland von Irian Jaya (West-Neuguinea), Indonesien [Birth Behavior and Reproductive Strategies of the Eipo: Results of Human Ethology and Ethnomedical Researches in the Central Highlands of Irian Jaya (West New Guinea), Indonesia]. Berlin: D. Reimer, 1988.

Schneirla, Theodore.C. "An Evolutionary and Developmental Theory of Biphasic Processes Underlying Approach and Withdrawal." Nebraska Symposium on Motivation 7 (1959): 1–42.

Schoenbaum, Geoffrey, Andrea.A. Chiba, and Michela Gallagher. "Orbi-tofrontal Cortex and Basolateral Amygdala Encode Expected Outcomes During Learning." Nature Neuroscience 1, no..2 (June.1998): 155–59.

Schultz, Wolfram. "Neural Coding of Basic Reward Terms of Animal Learn-ing Theory, Game Theory, Microeconomics and Behavioural Ecology." Current Opinion in Neurobiology 14, no..2 (April.2004): 139–47. https:// doi.org/10.1016/ j.conb.2004.03.017.

Schulz, Horst, Gabor L. Kovacs, and Gyula Telegdy. "Action of Posterior Pituitary Neuropeptides on the Nigrostriatal Dopaminergic System."

European Journal of Pharmacology 57, no..2–3 (1979): 185–90. https://doi .org/10.1016/0014-2999(79)90364-9. Schwarz, Norbert, and Gerald.L. Clore. "Mood as Information: 20.Years Later." Psychological Inquiry 14, no..3–4 (2003): 296–303.

Seyfarth, Robert, Dorothy.L. Cheney, and Peter Marler. "Monkey Responses to Three Different Alarm Calls: Evidence of Predator Classification and Semantic Communication." Science 210, no..4471 (November.14, 1980): 801–3. https://doi. org/10.1126/science.7433999.

Sherry, David F., M. R. Forbes, Moshe Khurgel, and Gwen O. Ivy. "Females Have a Larger Hippocampus Than Males in the Brood-Parasitic Brown-Headed Cowbird." Proceedings of the National Academy of Sciences 90, no..16 (August.15, 1993): 7839–43. https://doi.org/10.1073/pnas.90.16.7839.

Sherry, David.F., Lucia.F. Jacobs, and Steven.J. C. Gaulin. "Spatial Mem-ory and Adaptive Specialization of the Hippocampus." Trends in Neuro-sciences 15, no..8

(August.1992): 298–303. https://doi.org/10.1016/0166 -2236(92)90080-R.

Shiota, Michelle, Esther K. Papies, Stephanie D. Preston, and Disa A. Sauter. "Positive Affect and Behavior Change." Current Opinion in Behavioral Sciences 39 (2021): 222–28.

Siegel, Harold.I., and Jay.S. Rosenblatt. "Estrogen-Induced Maternal Behav-ior in Hysterectomized-Ovariectomized Virgin Rats." Physiology & Behavior 14, no..4 (1975): 465–71.

Simonyan, Kristina, Barry Horwitz, and Erich.D. Jarvis. "Dopamine Reg-ulation of Human Speech and Bird Song: A Critical Review." Brain and Language 122, no..3 (September.1, 2012): 142–50. https://doi.org/10.1016/j .bandl.2011.12.009.

Singer, Tania, Ben Seymour, John O' Doherty, Holger Kaube, Raymond J. Dolan, and Chris D. Frith. "Empathy for Pain Involves the Affective but Not Sensory Components of Pain." Science 303, no. 5661 (February 20, 2004): 1157–62.

Singer, Tania, Ben Seymour, John P. O' Doherty, Klaas E. Stephan, Ray-mond J. Dolan, and Chris D. Frith. "Empathic Neural Responses Are Modulated by the Perceived Fairness of Others." Nature 439, no..7075 (January.26, 2006): 466–69.

Singer, Tania, Romana Snozzi, Geoffrey Bird, Predrag Petrovic, Giorgia Silani, Markus Heinrichs, and Raymond J. Dolan. "Effects of Oxytocin and Prosocial Behavior on Brain Responses to Direct and Vicariously Experienced Pain." Emotion 8, no..6 (December.2008): 781–91.

Slotnick, Burton.M. "Disturbances of Maternal Behavior in the Rat Fol-lowing Lesions of the Cingulate Cortex." Behaviour 29, no..2 (1967): 204–36.

Slovic, Paul. "If I Look at the Mass I Will Never Act: Psychic Numbing and Genocide." In Emotions and Risky Technologies, ed. Sabine Roeser, 5:37–59. Dordrecht: Springer Netherlands, 2010. https://doi.org/10.1007 /978-90-481-8647-1_3.

Slovic, Paul, and Ellen Peters. "Risk Perception and Affect." Current Direc-tions in Psychological Science 15, no..6 (December.2006): 322–25. https:// doi.org/10.1111/ j.1467-8721.2006.00461.x.

Small, Deborah.A., and George Loewenstein. "Helping a Victim or Help-ing the Victim: Altruism and Identifiability." Journal of Risk and Uncer-tainty 26, no..1 (2003): 5–16. https://doi.org/10.1023/A:1022299422219.

Small, Deborah.A., George Loewenstein, and Paul Slovic. "Sympathy and Callousness:

The Impact of Deliberative Thought on Donations to Iden-tifiable and Statistical Victims." Organizational Behavior and Human Deci-sion Processes 102, no..2 (March.2007): 143–53. https://doi.org/10.1016/j .obhdp.2006.01.005.

Smith, H. Lovell, Anthony Fabricatore, and Mark Peyrot. "Religiosity and Altruism Among African American Males: The Catholic Experience." Journal of Black Studies 29, no..4 (March.1999): 579–97. https://doi.org/10 .1177/002193479902900407.

Smith, Sarah Francis, Scott.O. Lilienfeld, Karly Coffey, and James.M. Dabbs. "Are Psychopaths and Heroes Twigs off the Same Branch? Evidence from College, Community, and Presidential Samples." Journal of Research in Personality 47, no..5 (October.2013): 634–46. https://doi.org/10.1016/j.jrp .2013.05.006.

Spear, Norman.E., Winfred.F. Hill, and Denis.J. O' Sullivan. "Acquisition and Extinction After Initial Trials Without Reward." Journal of Experi-mental Psychology 69, no..1 (1965): 25–29. https://doi.org/10.1037 /h0021628.

Stallings, Joy, Alison S. Fleming, Carl Corter, Carol Worthman, and Meir Steiner. "The Effects of Infant Cries and Odors on Sympathy, Cortisol, and Autonomic Responses in New Mothers and Nonpostpartum Women." Parenting-Science and Practice 1, nos. 1–2 (2001): 71–100.

Staub, Ervin. "A Child in Distress: The Influence of Nurturance and Mod-eling on Children' s Attempts to Help." Developmental Psychology 5, no..1 (1971): 124–32. https://doi.org/10.1037/h0031084.

Staub, Ervin, Daniel Bar-Tal, Jerzy Karylowski, and Janusz Reykowski, eds. Development and Maintenance of Prosocial Behavior. Boston: Springer, 1984. https://doi.org/10.1007/978-1-4613-2645-8.

Stern, Judith.M., and Joseph.S. Lonstein. "Neural Mediation of Nursing and Related Maternal Behaviors." Progress in Brain Research 133 (2001): 263–78.

Storey, Anne E., Carolyn J. Walsh, Roma L. Quinton, and Katherine E. Wynne-Edwards. "Hormonal Correlates of Paternal Responsiveness in New and Expectant Fathers." Evolution and Human Behavior 21 (2000): 79–95.

Strassmann, Joan.E., Yong Zhu, and David.C. Queller. "Altruism and Social Cheating in the Social Amoeba Dictyostelium Discoideum." Nature 408 (2000): 965–67.

Sullivan, Helen. "Florida Man Rescues Puppy from Jaws of Alligator With-out Dropping Cigar." The Guardian, November.23, 2020. https://www .theguardian.com /us-news/2020/nov/23/man-rescues-puppy-from -alligator-without-dropping-cigar.

Swets, John.A. Signal Detection Theory and ROC Analysis in Psychology and Diagnostics: Collected Papers. New York: Psychology Press, 2014.

Taylor, Katherine, Allison Visvader, Elise Nowbahari, and Karen.L. Hol-lis. “Precision Rescue Behavior in North American Ants.” Evolutionary Psychology 11, no..3 (July.2013): 147470491301100. https://doi.org/10.1177 /147470491301100312.

Taylor, Shelley.E., Laura Cousino Klein, Brian.P. Lewis, Tara.L. Grue-newald, Regan.A. R. Gurung, and John.A. Updegraff. “Biobehavioral Responses to Stress in Females: Tend-and-Befriend, Not Fight-or-Flight.” Psychological Review 107, no..3 (2000): 411–29.

Tinbergen, Nikolaas. “On Aims and Methods of Ethology.” Zeitschrift fr Tierpsychologie 20 (1963): 410–33.

Tranel, Daniel, and Antonio.R. Damasio. “The Covert Learning of Affec-tive Valence Does Not Require Structures in Hippocampal System or Amygdala.” Journal of Cognitive Neuroscience 5, no..1 (January.1993): 79– 88. https://doi.org/10.1162/jocn.1993.5.1.79.

Trivers, Robert.L. “The Evolution of Reciprocal Altruism.” Quarterly Review of Biology 46 (1971): 35–57.

Troisi, Alfonso, Filippo Aureli, Paola Piovesan, and Francesca R. D’ Amato. “Severity of Early Separation and Later Abusive Mothering in Mon-keys: What Is the Pathogenic Threshold?” Journal of Child Psychology and Psychiatry 30, no..2 (March.1989): 277–84.

Van Anders, Sari.M., Richard.M. Tolman, and Brenda.L. Volling. “Baby Cries and Nurturance Affect Testosterone in Men.” Hormones and Behav-ior 61, no..1 (2012): 31–36. https://doi.org/10.1016/j.yhbeh.2011.09.012.

Van IJzendoorn, Marinus.H. “Attachment, Emergent Morality, and Aggres-sion: Toward a Developmental Socioemotional Model of Antisocial Behaviour.” International Journal of Behavioral Development 21, no..4 (November.1997): 703–27. https://doi.org/10.1080/016502597384631.

Van IJzendoorn, Marinus.H., and Marian.J. Bakermans-Kranenburg. “A Sniff of Trust: Meta-Analysis of the Effects of Intranasal Oxytocin Administration on Face Recognition, Trust to In-Group, and Trust to Out-Group.” Psychoneuroendocrinology 37, no..3 (March.2012): 438–43. https://doi.org/10.1016/j.psyneuen.2011.07.008.

Vareikaite, Vaiva. "60 Times Florida Man Did Something So Crazy We Had to Read the Headings Twice." Bored Panda, 2018. https://www.boredpanda .com/hilarious-florida-man-headings/?utm_source=google&utm _medium=organic&utm_campaign=organic.

Verbeek, Peter, and Frans.B. M. de Waal. "Peacemaking Among Preschool Children." Peace and Conflict: Journal of Peace Psychology 7, no..1 (2001): 5–28. https://doi.org/10.1207/S15327949PAC0701_02.

Vickers, Brian D., Rachael D. Seidler, R. Brent Stansfield, Daniel H. Weissman, and Stephanie D. Preston. "Motor System Engagement in Charitable Giving: The Offspring Care Effect." Forthcoming.

Visalberghi, Elisabetta, and Elsa Addessi. "Seeing Group Members Eating a Familiar Food Enhances the Acceptance of Novel Foods in Capuchin Monkeys." Animal Behaviour 60, no..1 (July.2000): 69–76. https://doi.org /10.1006/anbe.2000.1425.

Wagner, Allan.R. "Effects of Amount and Percentage of Reinforcement and Number of Acquisition Trials on Conditioning and Extinction." Journal of Experimental Psychology 62, no..3 (1961): 234–42. https://doi.org/10.1037 /h0042251.

Waldman, Bruce. "The Ecology of Kin Recognition." Annual Review of Ecol-ogy and Systematics 19, no..1 (November.1988): 543–71. https://doi.org/10 .1146/annurev.es.19.110188.002551.

Warneken, Felix, and Michael Tomasello. "Varieties of Altruism in Chil-dren and Chimpanzees." Trends in Cognitive Sciences 13, no..9 (2009): 397–402.

Warren, William.H. "Perceiving Affordances: Visual Guidance of Stair Climbing." Journal of Experimental Psychology: Human Perception and Performance 10, no..5 (1984): 683–703. https://doi.org/10.1037/0096-1523.10 .5.683.

Wiesenfeld, Alan.R., and Rafael Klorman. "The Mother' s Psychophysio-logical Reactions to Contrasting Affective Expressions by Her Own and an Unfamiliar Infant." Developmental Psychology 14, no..3 (1978): 294–304. https://doi.org/10.1037/0012-1649.14.3.294.

Wilkinson, Gerald.S. "Food Sharing in Vampire Bats." Scientific American 262 (1990): 76–82.

Wilson, David.S. "A Theory of Group Selection." Proceedings of the National Academy of Sciences USA 72, no..1 (January.1975): 143–46.

Wilson, David.S., and Lee.A. Dugatkin. "Group Selection and Assortative Interactions." The American Naturalist 149, no..2 (February.1, 1997): 336– 51. https://doi.org/10.1086/285993.

Wilson, Edward.O. "A Chemical Releaser of Alarm and Digging Behavior in the Ant Pogonomyrmex Badius (Latreille)." Psyche 65, no..2–3 (1958): 41–51.

Wilson, Margo, Martin Daly, and Nicholas Pound. "An Evolutionary Psychological Perspective on the Modulation of Competitive Con-frontation and Risk-Taking." Hormones, Brain and Behavior 5 (2002): 381–408.

Wilsoncroft, William.E. "Babies by Bar-Press: Maternal Behavior in the Rat." Behavior Research Methods, Instruments and Computers 1 (1969): 229–30.

Wynne-Edwards, Katherine.E. "Hormonal Changes in Mammalian Fathers." Hormones and Behavior 40, no..2 (September.2001): 139–45. https://doi.org/10.1006/hbeh.2001.1699.

Wynne-Edwards, Katherine.E., and Mary.E. Timonin. "Paternal Care in Rodents: Weakening Support for Hormonal Regulation of the Transi-tion to Behavioral Fatherhood in Rodent Animal Models of Biparental Care." Hormones and Behavior 52, no..1 (2007): 114–21.

Zahn-Waxler, Carolyn, Barbara Hollenbeck, and Marian Radke-Yarrow. "The Origins of Empathy and Altruism." In Advances in Animal Welfare Science, ed. M. W. Fox and L. D. Mickley, 21–39. Washington, DC: Humane Society of the United States, 1984.

Zahn-Waxler, Carolyn, and Marian Radke-Yarrow. "The Development of Altruism: Alternative Research Strategies." In The Development of Pro-social Behavior, ed. Nancy Eisenberg, 133–62. New York: Academic Press, 1982.

Zahn-Waxler, Carolyn, Marian Radke-Yarrow, and Robert.A. King. "Child Rearing and Children' s Prosocial Initiations Toward Victims of Distress." Child Development 50, no..2 (1979): 319–30.

Zahn-Waxler, Carolyn, Marian Radke-Yarrow, Elizabeth Wagner, and Michael Chapman. "Development of Concern for Others." Developmen-tal Psychology 28, no..1 (1992): 126–36.

Zak, Paul.J. "The Neurobiology of Trust." Scientific American 298, no..6 (June.2008): 88–92, 95.

Zak, Paul.J., Robert Kurzban, and William.T. Matzner. "Oxytocin Is Asso-ciated with Human Trustworthiness." Hormones and Behavior 48, no..5 (December.2005): 522–27.

Zak, Paul.J., Angela.A. Stanton, and Sheila Ahmadi. "Oxytocin Increases Generosity in Humans." PLoS ONE 2, no..11 (2007): e1128.

Zaki, Jamil, Niall Bolger, and Kevin.N. Ochsner. "It Takes Two: The Inter-personal Nature of Empathic Accuracy." Psychological Science 19, no..4 (April.2008): 399–404. https://doi.org/10.1111/j.1467-9280.2008.02099.x.

Zebrowitz, Leslie.A., Karen Olson, and Karen Hoffman. "Stability of Baby-faceness and Attractiveness Across the Life Span." Journal of Personality and Social Psychology 64, no..3 (1993): 453–66. https://doi.org/10.1037/0022 -3514.64.3.453.

Zeifman, Debra.M. "An Ethological Analysis of Human Infant Crying: Answering Tinbergen' s Four Questions." Developmental Psychobiology 39, no..4 (2001): 265–85. https://doi.org/10.1002/dev.1005.

Ziegler, Toni.E. "Hormones Associated with Non-Maternal Infant Care: A Review of Mammalian and Avian Studies." Folia Primatologica 71, no..1–2 (2000): 6–21.

Ziegler, Toni.E., and Charles.T. Snowdon. "The Endocrinology of Family Relationships in Biparental Monkeys." In The Endocrinology of Social Rela-tionships, ed. Peter.T. Ellison and Peter.B. Gray, 138–58. Cambridge, MA: Harvard University Press, 2009.

Zimbardo, Philip.G. "On 'Obedience to Authority.' " American Psychologist 29, no..7 (1974): 566–67. https://doi.org/10.1037/h0038158.

Zimbardo, Philip.G., Christina Maslach, and Craig Haney. "Reflections on the Stanford Prison Experiment: Genesis, Transformations, Conse-quences." In Obedience to Authority: Current Perspectives on the Milgram Paradigm, ed. T. Blass, 193–237. Hoboken, NJ: Erlbaum, 1999.

Zsambok, Caroline.E., and Gary.A. Klein. Naturalistic Decision Making. Phil-adelphia: Erlbaum, 1997.

US 010

利他衝動：驅策我們幫助他人的力量

The Altruistic Urge: Why We're Driven to Help Others

作　　者　史蒂芬妮・普雷斯頓（STEPHANIE D. PRESTON）
譯　　者　蔡承志
責任編輯　張愛玲
協力編輯　廖雅雯
封面設計　吳詩涵

總 經 理　伍文翠
出版發行　知田出版 / 福智文化股份有限公司
　　　　　地址 / 105407 台北市八德路三段 212 號 9 樓
　　　　　電話 / (02) 2577-0637
　　　　　客服信箱 / serve@bwpublish.com
　　　　　心閱網 / https://www.bwpublish.com
法律顧問　王子文律師
排　　版　陳瑜安
印　　刷　富喬文化事業有限公司
總 經 銷　時報文化出版企業股份有限公司
　　　　　地址 / 333019 桃園市龜山區萬壽路二段 351 號
　　　　　服務電話 / (02) 2306-6600 #2111
出版日期　2024 年 11 月　初版一刷
定　　價　新台幣 500 元

ISBN　978-626-98962-0-2

利他衝動：驅策我們幫助他人的力量 / 史蒂芬妮・普雷斯頓（Stephanie D. Preston）著；蔡承志譯. -- 初版. -- 臺北市：知田出版，福智文化股份有限公司，2024.11
面；　公分. --（US；10）
譯自：The Altruistic Urge: Why We're Driven to Help Others

ISBN 978-626-98962-0-2（平裝）

1. CST: 利他主義　2. CST: 利他行為
3. CST: 神經生理學　4. CST: 心理學

191.13　　　　113012252